汉语会话 301 句

康玉华　来思平　编著
朱文俊　　　　　翻译
方　立　　　　　校订

北京语言文化大学出版社

CONVERSATIONAL CHINESE 301

compiled by Kang Yuhua and Lai Siping
translated by Zhu Wenjun
revised by Fang Li

Beijing Language and Culture University Press

(京）新登字 157 号

图书在版编目（CIP）数据

汉语会话 301 句/康玉华，来思平编著．
－北京：北京语言文化大学出版社，1999 重印．
ISBN 7－5619－0642－0
Ⅰ．汉…
Ⅱ．①康… ②来…
Ⅲ．汉语－口语－对外汉语教学－语言读物
Ⅳ．H195.5

责任印制：乔学军
出版发行：北京语言文化大学出版社
　　　　　（北京海淀区学院路 15 号　邮政编码 100083）
印　　刷：北京北林印刷厂
经　　销：全国新华书店
版　　次：1990 年 6 月第 1 版　1999 年 5 月第 11 次印刷
开　　本：850 毫米×1168 毫米　1/32　印张：15
字　　数：300 千字　印数：72101－75100 册
书　　号：ISBN 7－5619－0642－0/H·68
定　　价：32.00 元

前　言

《汉语会话301句》是为初学汉语的外国人编写的速成教材。

本书共40课，另有复习课8课。40课内容包括"问候"、"相识"等交际功能项目近30个；生词800个左右以及汉语基本语法。每课分句子、会话、替换与扩展、生词、语法、练习等六部分。

本书注重培养初学者运用汉语进行交际的能力，采用交际功能与语法结构相结合的方法编写。将现代汉语中最常用、最基本的部分通过生活中常见的语境展现出来，使学习者能较快地掌握基本会话301句，并在此基础上通过替换与扩展练习，达到能与中国人进行简单交际的目的，为进一步学习打下良好的基础。

考虑到成年人学习的特点，对基础阶段的语法部分，用通俗易懂的语言，加上浅显明了的例句，作简明扼要的解释，使学习者能用语法规律来指导自己的语言实践，从而起到举一反三的作用。

练习项目多样，练习量也较大；复习课注意进一步训练学生会话与成段表达，对所学的语法进行归纳总结。各课的练习和复习课可根据实际情况全部或部分使用。

编者

1989年3月

PREFACE

《Conversational Chinese 301》 is intended to be an intensive course book for foreigners who have just started to learn Chinese.

This book consists of 40 lessons and 8 reviews. The 40 lessons encompass nearly 30 communicative functions such as "Greeting" and "Making an Acquaintance", about 800 new words and the fundamentals of Chinese grammar. Each lesson is divided into six parts--(Base) Sentences, Conversation, Substitution and Extension, New Words, Grammar and Exercises.

This book lays emphasis on improving the ability of the learner to use Chinese for communication. It integrates the communicative function with the grammatical structure and presents the most essential and useful part of the language in the linguistic environments one is usually exposed to in daily life, so as to enable the learner to master the 301 basic conversational sentences fairly quickly, and on that basis, through substitution and extension practice, to acquire the ability to carry on simple conversations with the Chinese. In this way, the book will also help lay a solid foundation for further study.

In view of the characteristics of language learning of the adult, we use not only easy-to-understand language, but also simple grammar. All this will help him use the grammatical rules to guide his own language practice and draw inferences about other cases from one instance.

The exercises are varied and plentiful. The reviews give due attention to improving the conversational and narrative skills of the learner, as well as systematically summarizing the grammar points covered. The exercises in each lesson and the reviews may be used in totality or in part, according to actual circumstances.

The Compilers
March, 1989

目 录

汉语拼音字表 …………………………………………… (19)
词类简称表 ……………………………………………… (20)
第一课 …………………………………………………… (1)
  问候(一)   你好!
    语音   1 声母(1)
               韵母(1)
          2 拼音(1)
          3 声调
          4 轻声
          5 变调
          6 拼写说明(1)
第二课 …………………………………………………… (10)
  问候(二)   你身体好吗?
    语音   1 声母(2)
               韵母(2)
          2 拼音(2)
          3 拼写说明(2)
第三课 …………………………………………………… (18)
  问候(三)   你工作忙吗?
    语音   1 韵母(3)
          2 拼音(3)
          3 拼写说明(3)

		4	"不"、"一"的变调
		5	隔音符号

第四课 ·· (28)

  相识（一） 您贵姓？
      语法 1 用"吗"的问句
            2 用疑问代词的问句
            3 形容词谓语句

第五课 ·· (36)

  相识（二） 我介绍一下
      语法 1 动词谓语句
            2 表示领属关系的定语
            3 "是"字句（一）

复习（一）·· (45)

第六课 ·· (49)

  询问（一） 你的生日是几月几号？
      语法 1 名词谓语句
            2 年、月、日、星期的表示法
            3 "……，好吗？"

第七课 ·· (59)

  询问（二） 你家有几口人？
      语法 1 "有"字句
            2 介词结构

第八课 ·· (67)

  询问（三） 现在几点？
      语法 1 钟点的读法
            2 时间词

第九课 ·· (75)

  询问（四） 你住在哪儿？

语法　1　连动句
　　　　　　2　状语
第十课 ·· (83)
　询问(五)　邮局在哪儿?
　　　语法　1　方位词
　　　　　　2　正反疑问句
复习(二) ·· (91)
第十一课 ·· (96)
　需要(一)　我要买桔子
　　　语法　1　语气助词"了"(一)
　　　　　　2　动词重叠
第十二课 ·· (104)
　需要(二)　我想买毛衣
　　　语法　1　主谓谓语句
　　　　　　2　能愿动词
第十三课 ·· (113)
　需要(三)　要换车
　　　语法　1　双宾语动词谓语句
　　　　　　2　能愿动词"会"
第十四课 ·· (122)
　需要(四)　我要去换钱
　　　语法　1　兼语句
　　　　　　2　语气助词"了"(二)
第十五课 ·· (130)
　需要(五)　我要打国际电话
　　　语法　1　"是"字句(二)
　　　　　　2　结果补语
复习(三) ·· (139)

第十六课···(145)
 相约（一） 你看过京剧吗？
  语法 1 动态助词"过"
     2 无主句
     3 "还没（有）…呢"

第十七课···(153)
 相约（二） 去动物园
  语法 1 选择疑问句
     2 表示动作方式的连动句
     3 趋向补语（一）

第十八课···(162)
 迎接（一） 路上辛苦了
  语法 1 "要…了"
     2 "是…的"

第十九课···(170)
 迎接（二） 欢迎你
  语法 1 "从"、"在"的宾语与"这儿"、"那儿"
     2 介词"从"、"离"
     3 动词、动词短语、主谓短语等作定语

第二十课···(179)
 招待 为我们的友谊干杯！
  语法 1 程度补语
     2 程度补语与宾语

复习（四）···(189)

第二十一课···(197)
 邀请 请你参加
  语法 1 介词"给"
     2 动作的进行

第二十二课···(207)
　　婉拒　　我不能去
　　　　语法　1　时段词语作状语
　　　　　　　2　动态助词"了"

第二十三课···(217)
　　道歉　　对不起
　　　　语法　1　形容词"好"作结果补语
　　　　　　　2　副词"就"、"才"
　　　　　　　3　趋向补语(二)

第二十四课···(227)
　　遗憾　　我觉得很遗憾
　　　　语法　1　用动词"让"的兼语句
　　　　　　　2　"是不是"构成正反疑问句
　　　　　　　3　"上"作结果补语

第二十五课···(236)
　　称赞　　这张画儿真美！
　　　　语法　1　"又…又…"
　　　　　　　2　"要是…就…"

复习(五)···(245)

第二十六课···(250)
　　祝贺　　祝贺你
　　　　语法　1　"开"、"下"作结果补语
　　　　　　　2　可能补语(一)
　　　　　　　3　动词"着"作结果补语或可能补语

第二十七课···(259)
　　劝告　　你别抽烟了
　　　　语法　1　"有点儿"作状语
　　　　　　　2　存现句

第二十八课··(267)
    比较   今天比昨天冷
        语法 1 用"比"表示比较
               2 数量补语
               3 用相邻的两个数表示概数

第二十九课··(276)
    爱好   我也喜欢游泳
        语法 1 用"有"或"没有"表示比较
               2 时量补语(一)
               3 用"吧"的疑问句

第三十课··(285)
    语言   请你慢点儿说
        语法 1 时量补语(二)
               2 "除了…以外"

复习(六)··(295)

第三十一课··(301)
    旅游(一)   那儿的风景美极了！
        语法 1 趋向补语(三)
               2 "不是…吗"

第三十二课··(311)
    旅游(二)   你的钱包忘在这儿了
        语法 1 动作的持续
               2 "见"作结果补语

第三十三课··(321)
    旅游(三)   有空房间吗？
        语法 1 形容词重叠与结构助词"地"
               2 可能补语(二)

第三十四课··(331)

看病　我头疼
　　语法　1　动量补语
　　　　　2　"把"字句(一)
　　　　　3　"一…就"

第三十五课·····················(342)
　　探望　你好点儿了吗？
　　语法　1　疑问代词"什么"
　　　　　2　动词"了"作可能补语

复习(七)·······················(353)

第三十六课·····················(360)
　　告别　我要回国了
　　语法　1　时量补语(三)
　　　　　2　"有的…有的…"

第三十七课·····················(370)
　　饯行　真舍不得你们走
　　语法　1　"虽然…但是…"复句
　　　　　2　"把"字句(二)

第三十八课·····················(379)
　　托运　这儿托运行李吗？
　　语法　1　"不但…而且…"复句
　　　　　2　"动"作可能补语
　　　　　3　能愿动词在"把"字句中的位置

第三十九课·····················(389)
　　送行(一)　不能送你去机场了
　　语法　1　动作的持续与进行
　　　　　2　用"不如"表示比较

第四十课·······················(399)
　　送行(二)　祝你一路平安

语法　1　"把"字句(三)
　　　　2　"…了,…就…"
复习(八)…………………………………………………(408)
词汇表……………………………………………………(416)

CONTENTS

Ⅰ. The Chinese Phonetic Alphabet ················· (19)
Ⅱ. Abbreviations ··· (20)

Lesson 1 ··· (1)
    Greetings(Ⅰ)   How are you?
    Phonetics: 1. Initials(1)
                  Finals(1)
             2. Phonetic alphabet(1)
             3. Tones
             4. Neutral tone
             5. Change of tones
             6. Notes on spelling

Lesson 2 ··· (10)
    Greetings (Ⅱ)   How is your health?
    Phonetics: 1. Initials (2)
                  Finals (2)
             2. Phonetic alphabet (2)
             3. Notes on spelling

Lesson 3 ··· (18)
    Greetings (Ⅲ)   Are you busy with your work?

Phonetics: 1. Finals (3)
2. Phonetic alphabet (3)
3. Notes on spelling
4. Change of tones for "不" and "一"
5. The dividing mark

Lesson 4 ·· (28)

　　Making an Acquaintance (Ⅰ)　　What's your name?
　　Grammar: 1. Questions with "吗"
　　　　　　2. Questions with interrogative pronouns
　　　　　　3. The sentence with an adjectival predicate

Lesson 5 ·· (36)

　　Making an Acquaintance (Ⅱ)　　Let me introduce…
　　Grammar: 1. The sentence with a verbal predicate
　　　　　　2. The attributive genitive
　　　　　　3. The "是" sentence (1)

Review (Ⅰ) ······································ (45)

Lesson 6 ·· (49)

　　Making an Inquiry (Ⅰ)　　When is your birthday?
　　Grammar: 1. The sentence with a noun as its predicate
　　　　　　2. Ways to show year, month, day and the days of a week
　　　　　　3. The question tag "…好吗"

Lesson 7 ·· (59)

　　Making an Inquiry (Ⅱ)　　How many people are there in your

family?
    Grammar: 1. The "有" sentence
             2. Prepositional constructions

Lesson 8 ·· (67)
    Making an Inquiry (Ⅲ)   What time is it?
    Grammar: 1. How to tell time
             2. Grammatical functions of time words

Lesson 9 ·· (75)
    Making an Inquiry (Ⅳ)   Where do you live?
    Grammar: 1. Sentences with verbal constructions in series
             2. Adverbial adjuncts

Lesson 10 ··· (83)
    Making an Inquiry (Ⅴ)   Where is the post office?
    Grammar: 1. Words of location
             2. The affirmative+negative question

Review (Ⅱ) ·· (91)

Lesson 11 ··· (96)
    Needs (Ⅰ)   I want to buy some oranges.
    Grammar: 1. The modal particle "了" (1)
             2. Reduplication of verbs

Lesson 12 ··· (104)
    Needs (Ⅱ)   I want to buy a sweater.

Grammar: 1. The sentence with a subject-predicate as its predicate
2. Modal verbs

Lesson 13 ·· (113)
Needs (Ⅲ)   You have to change buses.
Grammar: 1. The sentence with a ditransitive verb as its predicate
2. The modal verb "会"

Lesson 14 ·· (122)
Needs (Ⅳ)   I am going to change money.
Grammar: 1. The pivotal sentence
2. The modal particle "了"(2)

Lesson 15 ·· (130)
Needs (Ⅴ)   I want to make an international telephone call.
Grammar: 1. The "是" sentence (2)
2. The complement of result

Review (Ⅲ) ·· (139)

Lesson 16 ·· (145)
Making an Appointment (Ⅰ)   Have you ever watched any Beijing opera?
Grammar: 1. The perfective-aspect particle "过"
2. The sentence without the subject
3. The expression "还没(有)…呢"

Lesson 17 ·· (153)

    Making an Appointment (Ⅱ)　　To the zoo
        Grammar: 1. The alternative question
                2. The sentence with verbal expression in series showing the manner of an action
                3. The directional complement (1)

Lesson 18 ·· (162)

    Welcome (Ⅰ)　　Did you have a good trip?
        Grammar: 1. The expression "要…了"
                2. The expression "是…的"

Lesson 19 ·· (170)

    Welcome (Ⅱ)　　You are welcome.
        Grammar: 1. The objects of "从" and "在" with "这儿" and "那儿"
                2. The prepositions "从" and "离"
                3. A verb, verbal phrase or subject-predicate phrase as an attributive

Lesson 20 ·· (179)

    Reception　　Let's have a toast to our friendship!
        Grammar: 1. The complement of degree
                2. The complement of degree and the object

Review (Ⅳ) ·· (189)

13

Lesson 21 ·· (197)
    Invitation   Will you join us?
        Grammar: 1. The preposition "给"
                  2. The continuous action

Lesson 22 ·· (207)
    Delination   I can't go.
        Grammar: 1. Words and phrases of duration as adverbial adjuncts
                  2. The perfective-aspect particle "了"

Lesson 23 ·· (217)
    Apology   I am sorry.
        Grammar: 1. The adjective "好" as a complement of result
                  2. The adverbs "就" and "才"
                  3. The directional complement(2)

Lesson 24 ·· (227)
    Regret   It is a great pity.
        Grammar: 1. The pivotal sentence with the verb "让"
                  2. The affirmative + negtive question with "是不是"
                  3. "上" as a a complement of result

Lesson 25 ·· (236)
    Praise   This picture is very beautiful!
        Grammar: 1. The expression "又…又"

2. The expression "要是…就"

Review（Ⅴ） ··· (245)

Lesson 26 ··· (250)
    Congratuation   Congratuations.
        Grammar：1. "开" and "下" as complements of result
                 2. The potential complement（1）
                 3. The verb "着" as a complement of result or a potential complement

Lesson 27 ··· (259)
    Persuation   Please don't smoke.
        Grammar：1. "有点儿" as an adverbial
                 2. The sentence expressing existence, appearance or disappearance

Lesson 28 ··· (267)
    Comparison   It is colder today than it was yesterday.
        Grammar：1. The use of "比" for comparison
                 2. The complement of quantity
                 3. The use of two neighbouring figures to indicate an estimation

Lesson 29 ··· (276)
    Hobby   I also like swimming.
        Grammar：1. The use of "有" and "没有" for comparison
                 2. The complement of duration（1）

3. The interrogative sentence with "吧"

Lesson 30 ··· (285)
    Language   Please speak slowly.
        Grammar: 1. The complement of duration (2)
                 2. The expression "除了…以外"

Review (Ⅵ) ··· (295)

Lesson 31 ··· (301)
    Travelling (Ⅰ)   The scenery is very beautiful there!
        Grammar: 1. The directional complement (3)
                 2. The rhetoric question with "不是…吗?"

Lesson 32 ··· (311)
    Travelling (Ⅱ)   You've left your purse(or wallet)here.
        Grammar: 1. The duration of an action
                 2. "见" as a complement

Lesson 33 ··· (321)
    Travelling (Ⅲ)   Are there any vacant rooms?
        Grammar: 1. Reduplication of adjectives and the structure particle "也"
                 2. The potential complement (2)

Lesson 34 ··· (331)
    To See a Doctor   I have a headache.
        Grammar: 1. The complement of verbal measurement

2. The "把" sentence (1)

3. The expression "一…就"

Lesson 35 ··· (342)

To Pay a Visit   Are you better now?

Grammar: 1. The interrogative pronoun "什么"

2. The verb "了" as a potential complement

Review (Ⅶ) ··· (353)

Lesson 36 ··· (360)

Departure   I'll return home.

Grammar: 1. The complement of duration (3)

2. The expression "有的…有的"

Lesson 37 ··· (370)

To Give a Farewell Dinner   We are sorry to let you go.

Grammar: 1. The complex sentence with "虽然…但是…"

2. The "把" sentence (2)

Lesson 38 ··· (379)

Shipment   Is this the place for checking the luggage?

Grammar: 1. The complex sentence with "不但…而且"

2. "动" as a potential complement

3. The position of modal verbs in the "把" sentence

Lesson 39 ··· (389)

To See sb. Off (I)   I can't go to the airport to see you off.

Grammar: 1. The continuation and progression of an action
2. The use of "不如" for comparison

Lesson 40 ·· (399)
    To See sb. Off(Ⅱ)   Have a pleasant journey.
    Grammar: 1. The "把" sentence(3)
             2. The expression "…了,…就…"

Review (Ⅷ) ·· (408)
Vocabulary ·· (416)

汉语拼音字母表
The Chinese Phonetic Alphabet

印刷体 printed forms	书写体 written forms	字母名称 names	印刷体 printed forms	书写体 written forms	字母名称 names
A a	*A a*	[a]	N n	*N n*	[nɛ]
B b	*B b*	[pɛ]	O o	*O o*	[o]
C c	*C c*	[tsʼɛ]	P p	*P p*	[pʻɛ]
D d	*D d*	[tɛ]	Q q	*Q q*	[tɕʻiou]
E e	*E e*	[r]	R r	*R r*	[ar]
F f	*F f*	[ɛf]	S s	*S s*	[ɛs]
G g	*G g*	[kɛ]	T t	*T t*	[tʻɛ]
H h	*H h*	[xa]	U u	*U u*	[u]
I i	*I i*	[i]	V v	*V v*	[vɛ]
J j	*J j*	[tɕiɛ]	W w	*W w*	[wa]
K k	*K k*	[kʻɛ]	X x	*X x*	[ɕi]
L l	*L l*	[ɛl]	Y y	*Y y*	[ja]
M m	*M m*	[ɛm]	Z z	*Z z*	[tsɛ]

词类简称表
Abbreviations

1.	（名）	名词	míngcí	noun
2.	（代）	代词	dàicí	pronoun
3.	（动）	动词	dòngcí	verb
4.	（能动）	能愿动词	néngyuàn dòngcí	modal verb
5.	（形）	形容词	xíngróngcí	adjective
6.	（数）	数词	shùcí	numeral
7.	（量）	量词	liàngcí	measure word
8.	（副）	副词	fùcí	adverb
9.	（介）	介词	jiècí	preposition
10.	（连）	连词	liáncí	conjunction
11.	（助）	助词	zhùcí	particle
		动态助词	dòngtài zhùcí	aspect particle
		结构助词	jiégòu zhùcí	structural particle
		语气助词	yǔqì zhùcí	modal particle
12.	（叹）	叹词	tàncí	interjection
13.	（象声）	象声词	xiàngshēngcí	onomatopoeia
	（头）	词头	cítóu	prefix
	（尾）	词尾	cíwěi	suffix

问候（一）
wènhòu
GREETINGS (1)

第一课 Lesson 1
你好!
How do you do!

一、句子 Sentences

1. 你好!
   Nǐ hǎo!
   How do you do!

2. 你好吗?
   Nǐ hǎo ma?
   How are you?

3. 很好。
   Hěn hǎo.
   Very well.

4. 我也很好。
   Wǒ yě hěn hǎo
   I am very well too.

二、会话 Conversation

大卫： 玛丽，你好!
Dàwèi： Mǎlì, nǐ hǎo!

玛丽： 你好，大卫!
Mǎlì： Nǐ hǎo, Dàwèi!

*　　　*　　　*

王兰： 你好吗?
WángLán： Nǐ hǎo ma?

刘京： 很好。你好吗?
LiúJīng： Hěn hǎo. Nǐ hǎo ma?

王兰： 我也很好。
WángLán： Wǒ yě hěn hǎo.

注释 Notes

① "你好！" "Hello /Hi！"

日常问候语。任何时间、任何场合以及任何身份的人都可使用。对方的回答也应是"你好"。

It is an everyday greeting and is used at any time, on any occasion and by a person of any social status. The reply should also be "你好".

② "你好吗？" "How are you？"

常用问候语。回答一般是"我很好"等套语。一般用于已经相识的人之间。

It is an everyday greeting and is usually used between acquaintances. Such a polite expression as "我很好" can be used as a reply.

三、替换与扩展 Substitution and Extension

1. 你好！ 你们

2. 你好吗？ 你们 她 他 他们

*   *   *

1. 你们 好 吗？
   Nǐmen hǎo ma?

   我们 都 很 好。   你 好 吗？
   Wǒmen dōu hěn hǎo.   Nǐ hǎo ma?

   我 也 很 好。
   Wǒ yě hěn hǎo.

2

2. 你来吗?
   Nǐ lái ma?

   我来。
   Wǒ lái.

   爸爸、妈妈来吗?
   Bàba、māma lái ma?

   他们都来。
   Tāmen dōu lái.

四、生词　New Words

1	你	（代）	nǐ	you
2	好	（形）	hǎo	well
3	吗	（助）	ma	(structural particle)
4	很	（副）	hěn	very
5	我	（代）	wǒ	I, me
6	也	（副）	yě	also, too
7	你们	（代）	nǐmen	you (plural)
8	她	（代）	tā	She, her
9	他	（代）	tā	he, him
10	他们	（代）	tāmen	they, them
11	我们	（代）	wǒmen	we, us
12	都	（副）	dōu	all
13	来	（动）	lái	to come
14	爸爸	（名）	bàba	father, dad

15　妈妈　（名）　māma　　mother, mum

专名 Proper names

1. 大卫　　　　Dàwèi　　　　David
2. 玛丽　　　　Mǎlì　　　　Mary
3. 王　兰　　　Wáng Lán　　Wang Lan
4. 刘　京　　　Liú Jīng　　Liu Jing

五、语音 Phonetics

1. **声母、韵母** Initials and Finals

声母 initials	b　p　m　f d　t　n　l g　k　h
韵母 finals	a　o　e　i　u　ü ai　ei　ao　ou　en　ie an　ang　ing　iou (-iu)

2. **拼音** phonetic alphabet

	a	o	e	ai	ei	ao	ou	an	en	ang
b	ba	bo		bai	bei	bao		ban	ben	bang
p	pa	po		pai	pei	pao	pou	pan	pen	pang
m	ma	mo	me	mai	mei	mao	mou	man	men	mang
f	fa	fo			fei		fou	fan	fen	fang
d	da		de	dai	dei	dao	dou	dan	den	dang

	a	o	e	ai	ei	ao	ou	an	en	ang
t	ta		te	tai		tao	tou	tan		tang
n	na		ne	nai	nei	nao	nou	nan	nen	nang
l	la		le	lai	lei	lao	lou	lan		lang
g	ga		ge	gai	gei	gao	gou	gan	gen	gang
k	ka		ke	kai	kei	kao	kou	kan	ken	kang
h	ha		he	hai	hei	hao	hou	han	hen	hang

3. **声调** tones

汉语是有声调的语言。汉语语音有四个基本声调。分别用声调符号"ˉ（第一声）、ˊ（第二声）、ˇ（第三声）、ˋ（第四声）"表示。

Chinese is a tone language. It has four basic tones, which are indicated respectively by the tone graphs: ˉ (the first tone), ˊ (the second tone), ˇ (the third tone) and ˋ (the fourth tone).

声调有区别意义的作用。如 mā（妈）má（麻）mǎ（马）mà（骂），声调不同，意思也不同。

The tones are used to distinquish meanings of a syllable. Different tones have different meanings, e. g. mā(mother), má(hemp), mǎ (horse), mà(to curse).

当一个音节只有一个元音时，声调符号标在元音上（元音 i 上有调号时要去掉 i 上的点儿，如 nǐ）。一个音节的韵母有两个或两个以上的元音时，声调符号要标在主要元音上，如 lái。

When there is only one vowel in a syllable, the tone-graph is put above the vowel (If the graph is above the vowel i, the dot or i is omitted, e. g. nǐ). When there are two or more than two vowels in the final of a syllable, the tone-graph falls on the main vowel, e. g. lái.

声调示意图 diagram of tones

高　high-pitch

半高　mid-high-pitch

中　middle

半低　mid-low-pitch

低　low-pitch

‾ : 第一声　1st tone　　ˊ : 第二声　2nd tone

ˇ : 第三声　3rd tone　　ˋ : 第四声　4th tone

4. **轻声** neutral tone

普通话里有一些音节读得又轻又短,叫作轻声。书写时轻声不标调号,例如:bàba(爸爸)、tāmen(他们)。

In Common Speech, some syllables are pronounced both light and short. Such a tone is called the neutral tone, which lacks a tone-graph representation in writing, e. g. bàba(father), tāmen(they).

5. **变调** Change of tones

(1)两个第三声音节连在一起时,前一个音节变为第二声(调号仍用"ˇ"),如:"你好 nǐ hǎo"的实际读音为"ní hǎo"。

(1)When two 3rd tones come togather, the first tone changes into the 2nd (but its tone-graph remains ˇ), e. g. "你好" nǐ hǎo (How are you) is actually pronounced as "ní hǎo"。

（2）第三声字在第一、二、四声和大部分轻声字前边时,要变成"半三声"。"半三声"就是只读原来第三声的前一半降调。例如:你们 nǐmen ⟶ nìmen。

When a syllable in the 3rd tone precedes a syllable in the 1st, 2nd, 4th or neutral tone, it is pronounced in the half 3rd tone, that is , the tone only falls but doesn't rise, e. g. "你们" nǐmen ⟶ nìmen.

6. **拼写说明** notes on spelling

以 i 或 u 开头的韵母,前面没有声母时,必须把 i 改写为 Y;把 u 改写为 W。例如:ie ⟶ ye; uo ⟶ wo。

Finals beginning with i or u, when not preceded by any initials, should be changed respectively into y and w. E. g. ie ⟶ ye, uo ⟶ wo.

六、练习 Exercises

1. **完成对话**: Complete the following conversations.

(1) A：你好!

　　B：_____!

　　A：他好吗?

　　B：_____。

(2) A、B：你好!

　　C：_____!

(3) 玛丽：你好吗？

　　王兰：_____。 你好吗？

　　玛丽：_____。 刘京好吗？

　　王兰：_____， 我们_____。

2. **根据情境会话** Situational dialogues：

(1) 你和你的同学见面，互相问候。
You meet and greet your classmates.

(2) 你去朋友家，见到他爸爸、妈妈，向他们问候。
On a visit to your friend's home, you greet his/her father and mother.

3. **在课堂上同学、老师互相问候。**
A teacher and his students greet each other in class.

4. **语音练习** Phonetic exercises

(1) 辨音　　Discrimination of sounds

bā (八)	pā (啪)	dā (搭)	tā (他)
gòu (够)	kòu (扣)	bái (白)	pái (排)
dào (到)	tào (套)	gǎi (改)	kǎi (凯)

(2) 变调　　Changes of tones

bùkǎo	(补考)	hěn hǎo	(很好)
dǎdǎo	(打倒)	fěnbǐ	(粉笔)
měihǎo	(美好)	wǔdǎo	(舞蹈)

nǐ lái	（你来）	hěn lèi	（很累）
měilì	（美丽）	hǎiwèi	（海味）
hěn hēi	（很黑）	nǎ ge	（哪个）

(3) 轻声　Neutral tone

tóufa	（头发）	nàme	（那么）
hēi de	（黑的）	gēge	（哥哥）
lái ba	（来吧）	mèimei	（妹妹）

问候（二）
wènhòu
GREETINGS
(2)

第二课　Lesson 2
你身体好吗？
How is your health?

一、句子　Sentences

5　你早！
　　Nǐ zǎo!
　　Good morning!

6　你身体好吗？
　　Nǐ shēntǐ hǎo ma?
　　How is your health?

7　谢谢！
　　Xièxie!
　　Thanks

8　再见！
　　Zàijiàn!
　　Good-bye

二、会话　Conversation

李老师：你早！
Lǐ lǎoshī: Nǐ zǎo!

王老师：你早！
Wáng lǎoshī: Nǐ zǎo!

李老师：你身体好吗？
Lǐ lǎoshī: Nǐ shēntǐ hǎo ma?

王老师：很好。谢谢！
Wáng lǎoshī: Hěn hǎo. Xièxie!

*　　　*　　　*

张老师：你们好吗？
Zhāng lǎoshī: Nǐmen hǎo ma?

学生 A、B：我们都很好。您身体好吗？
xuésheng: Wǒmen dōu hěn hǎo. Nín shēntǐ hǎo ma?

张老师：也很好。再见！
Zhāng lǎoshī: Yě hěn hǎo. Zàijiàn!

学生 A、B：再见！
xuésheng: Zàijiàn!

注释 Notes

①"你早！" "Good morning!"

问候语。只在早上见面时说。

It is an everyday greeting, which is used only when people meet each other in the morning.

②"您" (The respectful form of "你")

第二人称代词"你"的尊称。通常用于老年人或长辈。为了表示礼貌，对同辈人，特别是初次见面时，也可用"您"。

It is a respectful form of the second person pronoun "你". It is normally reserved for old people or elders. To show politeness, one may extend its use to people of his own generation, especially at the first meeting.

三、替换与扩展 Substitution and Extension

1. 你早！ | 您　你们　张老师　李老师

2. 你身体好吗？ | 他　你们　他们
　　　　　　　　王老师　张老师

*　　　*　　　*

1. 五号　九号　十四号　二十七号　三十号
   wǔ hào　jiǔ hào　shísì hào　èrshíqī hào　sānshí hào
   三十一号
   sānshíyī haò

2. A：今天六号。李老师来吗？
   　　Jīntiān liù hào. Lǐ lǎoshī lái ma?
   B：他来。
   　　Tā lái.

四、生词　New Words

1	早	（形）	zǎo	early，
2	身体	（名）	shēntǐ	health
3	谢谢	（动）	xièxie	to thank
4	再见	（动）	zàijiàn	to say good-bye
5	老师	（名）	lǎoshī	teacher
6	学生	（名）	xuésheng	student
7	您	（代）	nín	you
8	一	（数）	yī	one
9	二	（数）	èr	two
10	三	（数）	sān	three
11	四	（数）	sì	four
12	五	（数）	wǔ	five
13	六	（数）	liù	six
14	七	（数）	qī	seven

15	八	（数）	bā	eight
16	九	（数）	jiǔ	nine
17	十	（数）	shí	ten
18	号（日）	（名）	hào (rì)	date
19	今天	（名）	jīntiān	today

专名　Proper Names

1.	李		lǐ	Li (surname)
2.	王		Wáng	Wang(″)
3.	张		Zhāng	Zhang(″)

五、语音　Phonetics

1. **声母、韵母**　Initials and Finals

声母 initials	j	q	x	z	c	s
	zh	ch	sh	r		
韵母 finals	(an)	(en)	(ang)	eng	ong	
	ia	iao	(ie)	(-iu)		
	ian	in	iang	(ing)	iong	
	-i	er				

2. **拼音**　Phonetic alphabiet

	i	ia	iao	ie	iou	ian	in	iang	ing	iong
j	ji	jia	jiao	jie	jiu	jian	jin	jiang	jing	jiong

	i	ia	iao	ie	iou	ian	in	iang	ing	iong
q	qi	qia	qiao	qie	qiu	qian	qin	qiang	qing	qiong
x	xi	xia	xiao	xie	xiu	xian	xin	xiang	xing	xiong

	a	e	-i	ai	ei	ao	ou	an	en	ang	eng	ong
z	za	ze	zi	zai	zei	zao	zou	zan	zen	zang	zeng	zong
c	ca	ce	ci	cai		cao	cou	can	cen	cang	ceng	cong
s	sa	se	si	sai		sao	sou	san	sen	sang	seng	song
zh	zha	zhe	zhi	zhai	zhei	zhao	zhou	zhan	zhen	zhang	zheng	zhong
ch	cha	che	chi	chai		chao	chou	chan	chen	chang	cheng	chong
sh	sha	she	shi	shai	shei	shao	shou	shan	shen	shang	sheng	shong
r		re	ri			rao	rou	ran	ren	rang	reng	rong

3. **拼写说明** Notes on spelling

（1）韵母 i 或 u 自成音节时，前边分别加 y 或 w。例如：i ——→yi；u ——→wu。

When the finals, "i" and "u", form syllables by themselves, they are preceded respectively by "y" and "w", e. g. i→yi, u→wu.

（2）-i 代表 z、c、s 后的舌尖前元音[ɿ]，也代表 zh、ch、sh、r 后的舌尖后元音[ʅ]。在读 zi、ci、si 或 zhi、chi、shi、ri 时，不要把-i 读成 [i]。

-i represents not only the blade-alveolar vowel [ɿ] after z,c,s, but also the blade-palatal vowel [ʅ] after zh,ch,sh,r. In zi,ci,si, or zhi, chi,shi,ri,-i should not be articulated as [i].

(3) iou 在跟声母相拼时,中间的元音 o 省略,写成-iu。调号标在后一元音上。例如:jiǔ (九)。

When "iou" follows an initial, the vowel "o" in the middle should be omitted and thus be written as -iu. The tone-graph is put above the last vowel, e. g. jiǔ(九).

六、练习 Excercises

1. **完成对话** Complete the conversation

    (1) A、B：老师，_____！

    　　老师：_____！

    (2) 大卫：刘京，你身体_____？

    　　刘京：_____，谢谢！

    　　大卫：王兰也好吗？

    　　刘京：_____，我们_____。

    (3) 王兰：妈妈，您身体好吗？

    　　妈妈：_____。

    　　王兰：爸爸_____？

    　　妈妈：他也很好。

2. **熟读下列词语** Read until fluent the following words
    也来　　都来　　再来
    很好　　也很好　　都很好
    谢谢你　谢谢您　谢谢你们　谢谢老师

15

老师再见　　王兰再见

3. **根据情境会话**　Situational dialogues：

(1) 两人互相问候并问候对方的爸爸、妈妈。

　　Two people greet each other and enquire after each other's parents.

(2) 同学们和老师见面，互相问候（同学和同学，同学和老师；一个人和几个人，几个人和另外几个人互相问候）。

　　A teacher meets his students. They greet one another (More specifically, the students greet one another, the students greet the teacher, one person greets several other persons and one group greets another.)

4. **语音练习**　Phonetic exercises

(1) 辨音　Discrimination of sounds

shāngliang	（商量）	xiǎngliàng	（响亮）
jīxīn	（鸡心）	zhīxīn	（知心）
zájì	（杂技）	zázhì	（杂志）
dà xǐ	（大喜）	dàshǐ	（大使）
bù jí	（不急）	bù zhí	（不直）
xīshēng	（牺牲）	shīshēng	（师生）

(2) 辨调　Discrimination of tones

bā kē	（八棵）	bà kè	（罢课）
bùgào	（布告）	bù gāo	（不高）
qiān xiàn	（牵线）	qiánxiàn	（前线）

xiǎojie　　　（小姐）　　xiǎo jiē　　　（小街）
jiàoshì　　　（教室）　　jiàoshī　　　（教师）

(3)读下列词语　Read the following words
zǒu lù　　　（走路）　　chūfā　　　（出发）
shōurù　　　（收入）　　liànxí　　　（练习）
yǎn xì　　　（演戏）　　sùshè　　　（宿舍）

问候（三）
wènhòu
GREETINGS
(3)

第三课 Lesson 3
你工作忙吗？
Are you busy with your work?

一、句子 Sentences

9 你 工作 忙 吗?   Are you busy with your work?
   Nǐ gōngzuò máng ma?

10 很 忙， 你 呢?   Yes, very much, And you?
   Hěn máng, nǐ ne?

11 我 不 太 忙。   I am not very busy.
   Wǒ bú tài máng.

12 你 爸爸、妈妈   How are your father and
   Nǐ bàba、māma
   身体 好 吗?   mother?
   shēntǐ hǎo ma?

二、会话 Conversation

李： 你 好!
Lǐ： Nǐ hǎo!

张： 你 好!
Zhāng： Nǐ hǎo!

李： 你 工作 忙 吗?
Lǐ： Nǐ gōngzuò máng ma?

张： 很 忙， 你 呢?
Zhāng： Hěn máng, nǐ ne?

李： 我不太忙。
Lǐ： Wǒ bú tài máng.

* * *

大卫： 您早！
Dàwèi： Nín zǎo!

玛丽： 老师好！
Mǎlì： Lǎoshī hǎo!

张： 你们好！
Zhāng： Nǐmen hǎo!

大卫： 老师忙吗？
Dàwèi： Lǎoshī máng ma?

张： 很忙，你们呢？
Zhāng： Hěn máng, nǐmen ne?

大卫： 我不忙。
Dàwèi： Wǒ bù máng.

玛丽： 我也不忙。
Mǎlì Wǒ yě bù máng.

* * *

王兰： 刘京，你好！
WángLán： Liú Jīng, nǐ hǎo!

刘京： 你好！
LiúJīng： Nǐ hǎo!

王兰： 你爸爸、妈妈身体好吗？
WángLán： Nǐ bàba、māma shēntǐ hǎo ma?

刘京： 他们都很好。谢谢！
LiúJīng： Tāmen dōu hěn hǎo. Xièxie!

注释 Notes

"你呢?" What about you?

承接上面的话题提出问题,如:"我很忙,你呢?"意思是"你忙吗?"、"我身体很好,你呢?"意思是"你身体好吗?"。

It is a question in connection with the preceding topic, e.g. "我很忙, 你呢?", which means "你忙吗?"; "我身体很好,你呢?", which means "你身体好吗?"

三、替换与扩展 Substitution and Extension

1. 老师忙吗? | 好　累 |

2. 你爸爸、妈妈身体好吗? | 哥哥、姐姐 |
   他们都很好。 | 弟弟、妹妹 |

*　　　　　*　　　　　*

1. 一月　二月　六月　十二月
   yīyuè　èryuè　liùyuè　shí'èryuè

2. 今天 十月 三十一 号。
   Jīntiān shíyuè sānshíyī hào.

   明天 十一月 一 号。
   Míngtiān shíyīyuè yī hào.

   今年 一九九〇 年, 明年 一九九一 年。
   Jīnnián yījiǔjiǔlíng nián, míngnián yījiǔjiǔyī nián.

四、生词 New Words

1　工作　(动、名)　gōngzuò　to work, work
2　忙　　(形)　　máng　　busy

3	呢	（助）	ne	(structural particle)
4	不	（副）	bù	not, no
5	太	（副）	tài	very, extremely
6	累	（形）	lèi	tired, worn out
7	哥哥	（名）	gēge	elder brother
8	姐姐	（名）	jiějie	elder sister
9	弟弟	（名）	dìdi	younger brother
10	妹妹	（名）	mèimei	younger sister
11	月	（名）	yuè	moon, month
12	明天	（名）	míngtiān	tomorrow
13	今年	（名）	jīnnián	this year
14	零(0)	（数）	líng	zero
15	年	（名）	nián	year
16	明年	（名）	míngnián	next year

五、语音 Phonetics

1. **韵母** Finals

```
ua   uo   uai   uei(-ui)   uan   uen(-un)   uang   ueng
üe   üan  ün
```

2. **拼音** Phonetic alphabet

	u	ua	uo	uai	uei (-ui)	uan	uen (-un)	uang

	u	ua	uo	uai	uei (-ui)	uan	uen (-un)	uang
d	du		duo		dui	duan	dun	
t	tu		tuo		tui	tuan	tun	
n	nu		nuo			nuan		
l	lu		luo			luan	lun	
z	zu		zuo		zui	zuan	zun	
c	cu		cuo		cui	cuan	cun	
s	su		suo		sui	suan	sun	
zh	zhu	zhua	zhuo	zhuai	zhui	zhuan	zhun	zhuang
ch	chu	chua	chuo	chuai	chui	chuan	chun	chuang
sh	shu	shua	shuo	shuai	shui	shuan	shun	shuang
r	ru	rua	ruo		rui	ruan	run	
g	gu	gua	guo	guai	gui	guan	gun	guang
k	ku	kua	kuo	kuai	kui	kuan	kun	kuang
h	hu	hua	huo	huai	hui	huan	hun	huang

	ü	üe	üan	ün
n	nü	nüe		
l	lü	lüe		
j	ju	jue	juan	jun

	ü	üe	üan	ün
q	qu	que	quan	qun
x	xu	xue	xuan	xun

3. **拼写说明** Notes on spelling

(1)ü 自成音节或在一个音节开头时写成 yu。如:Hànyǔ(汉语)、yuànzi(院子)。

"ü" will be written as "yu" when it forms a syllable by its itself or appears at the beginning of a syllable.　E. g. Hànyǔ(Chinese), yuànzi (courtyard).

(2)j、q、x 与 ü 及以 ü 开头的韵母相拼时,ü 上的两点省略。如 jùzi(句子)、xuéxí(学习)。

When "j", "q", "x" are put before "ü" and a final beginning with "ü", the two dots in "ü" will be omitted.　E. g. jùzi(sentence), xuéxí (study).

(3)uei、uen 跟声母相拼时,中间的元音省略,写成-ui、-un。如:huí(回)、dūn(吨)。

When "uei" and "uen" follow initials, they change respectively into "-ui" and "-un" in writing, i. e., the vowel in the middle is deleted. E. g. huí(return), dūn(ton).

4. **"不""一"的变调**

Change of tones of "不" and "一"

"不"在第四声字前或由第四声变来的轻声字前读第二声"bú"。如:bú xiè(不谢)、bú shì(不是)。在第一、二、三声前仍读第四声"bù"。如:bù xīn(不新)、bù lái(不来)、bù hǎo(不好)。

"不" is pronounced in the 2nd tone (bú) before a syllable in the

4th tone or a syllable in the neutral tone reduced from the 4th tone, e. g. bú xiè (Not at all), bú shì (No, it isn't). But "不" is still pronounced in the 4th tone (bù) when it precedes a syllable in the 1st, 2nd or 3rd tone, e. g. bù xīn (not new), bù lái (not come), bù hǎo (not good).

"一"在第四声字前或由第四声变来的轻声字前读第二声"yí"。如"yí kuài"(一块)、"yí ge"(一个);在第一、二、三声字前读"yì"。如"yì tiān"(一天)"yì nián"(一年)"yì qǐ"(一起)。

"一" is pronounced in the 2nd tone (yí) before a syllable in the 4th tone or a syllable in the neutral tone reduced from the 4th tone, e. g. yí kuài (a block/bar), yí ge (a piece). But "一" is pronounced as "yì" when it precedes a syllable in the 1st, 2nd or 3rd tone, e. g. yì tián (a day), yì nián (a year), yì qǐ (together).

5. **儿化** Retroflexed with "er"

er 常常跟其他韵母结合在一起,使该韵母成为儿化韵母。儿化韵母的写法是在原韵母之后加-r。如:wánr(玩儿)、huār(花儿)。

"er" is often added to another final to make it retroflexed. The retroflex final is transcribed by adding "r" to the original final, e. g. wánr (play), huār (flower).

6. **隔音符号** The dividing mark

a、o、e 开头的音节连接在其他音节后面时,为了使音节界限清楚,不致混淆,要用隔音符号" ' "隔开。如:nǚ'ér(女儿)。

When a syllable beginning with a, o, e is attached to another syllable, it is desirable to use the dividing mark " ' " to clarify the boundary between the two syllables, e. g. nǚ'ér (daughter).

24

六、练习　Excercises

1. **熟读下列词语并造句**　Read until fluent the following words and make sentences

   不好　不太好　也很忙　都很忙　都不忙　不累　不太累　都不累

2. **用所给的词完成对话**　Complete the conversation with the given words.

   (1) A：今天你来吗？

   　　B：_____。（来）

   　　A：明天呢？

   　　B：_____。（也）

   (2) A：你爸爸忙吗？

   　　B：_____。（忙）

   　　A：_____？（呢）

   　　B：她也很忙。我爸爸、妈妈_____。（都）

   (3) A：今天你累吗？

   　　B：我不太累，_____？（呢）

   　　A：我_____。（也）

   　　B：明天你_____？（来）

   　　A：_____。（不）

25

3. **根据实际情况回答下列问题:** Answer the following questions according to actual situations

   (1)你身体好吗?
   (2)你忙吗?
   (3)今天你累吗?
   (4)明天你来吗?
   (5)你爸爸(妈妈、哥哥、姐姐……)身体好吗?
   (6)他们忙吗?

4. **语音练习** Phonetic exercises

   (1)辨音　Discrimination of sounds

zhǔxí	(主席)	chūxí	(出席)
shàng chē	(上车)	shàngcè	(上策)
shēngchǎn	(生产)	zēngchǎn	(增产)
huádòng	(滑动)	huódòng	(活动)
xīn qiáo	(新桥)	xīn qiú	(新球)
tuīxiāo	(推销)	tuìxiū	(退休)

   (2)辨调　Discrimination of tones

càizǐ	(菜子)	cáizǐ	(才子)
tóngzhì	(同志)	tǒngzhì	(统治)
héshuǐ	(河水)	hē shuǐ	(喝水)
xìqǔ	(戏曲)	xīqǔ	(吸取)
huíyì	(回忆)	huìyì	(会议)

   (3)"er"和儿化韵　"er" and retroflex finals

értóng	(儿童)	nǚ'ér	(女儿)
ěrduo	(耳朵)	èrshí	(二十)

yíhuìr	（一会儿）	yìdiǎnr	（一点儿）
yíxiàr	（一下儿）	yǒudiǎnr	（有点儿）
huār	（花儿）	wánr	（玩儿）
xiǎoháir	（小孩儿）	bīnggùnr	（冰棍儿）

相识（一）
xiāngshí
MAKING ACQUAINTANCES(Ⅰ)

第四课 Lesson 4
您贵姓？
What's your name?

一、句子 Sentences

13　我叫玛丽。
　　Wǒ jiào Mǎlì.
　　I am Mary

14　认识你，很高兴。
　　Rènshi nǐ, hěn gāoxìng.
　　I am pleased to meet you.

15　您贵姓？
　　Nín guì xìng?
　　What's your name?

16　你叫什么名字？
　　Nǐ jiào shénme míngzì?
　　What's your name?

17　他姓什么？
　　Tā xìng shénme?
　　What's his name?

18　她不是老师，
　　Tā bú shì lǎoshī,
　　She is not a teacher,
　　她是学生。
　　tā shì xuésheng.
　　she is a student.

二、会话 Conversation

玛丽：　我叫玛丽，你姓什么？
Mǎlì:　Wǒ jiào Mǎlì, nǐ xìng shénme?

王兰：　我姓王，我叫王兰。
WángLán:　Wǒ xìng Wáng, wǒ jiào Wáng Lán.

玛丽： 认识你，很高兴。
Mǎlì： Rènshi nǐ, hěn gāoxìng.

王兰： 认识你，我也很高兴。
WángLán： Rènshi nǐ, wǒ yě hěn gāoxìng.

*　　　　　*　　　　　*

大卫： 老师，您贵姓？
Dàwèi： Lǎoshī, nín guì xìng?

张： 我姓张。你叫什么名字？
Zhāng： Wǒ xìng Zhāng. Nǐ jiào shénme míngzì?

大卫： 我叫大卫。她姓什么？
Dàwèi： Wǒ jiào Dàwèi. Tā xìng shénme?

张： 她姓王。
Zhāng： Tā xìng Wáng.

大卫： 她是老师吗？
Dàwèi： Tā shì lǎoshī ma?

张： 她不是老师，她是学生。
Zhāng： Tā bú shì lǎoshī, tā shì xuésheng.

注释 Notes

①"您贵姓？" May I know your name?

　　这是尊敬、客气的询问姓氏的方法。回答时要说"我姓……"，不能说"我贵姓……"。

　　It is a respectful and polite way of asking the name of a person. The answer is not "我贵姓……", but "我姓……".

②"你叫什么名字？"

　　也可说"你叫什么？"用于长辈对晚辈，或者青年人之间互相询问姓名。对长辈或要表示尊敬、客气时，不能用此问法。

One may also use "你叫什么?". It is used by elders when they want to know names of young people or between young people. One shouldn't use it, therefore, when he wants to know an elder's name or when he needs to show respect and politeness to his hearer.

③ "他姓什么?" (What's his name?)

询问第三者姓氏时用。不能用"他贵姓?"

It is used for asking another person's name. One shouldn't say "他贵姓?"

三、替换与扩展　Substitution and Extension

1. 我认识你。　| 他　那个学生　他们老师 |
   　　　　　　| 玛丽　这个人 |

2. 她是老师吗?　| 大夫　留学生 |
   她不是老师,她是学生。| 你妹妹　我朋友 |
   　　　　　　　　　　| 你朋友　我哥哥 |

*　　　*　　　*

A: 我不认识那个人,她叫什么?
　　Wǒ bú rènshi nà ge rén, tā jiào shénme?

B: 她叫玛丽。
　　Tā jiào Mǎlì.

A: 她是美国人吗?
　　Tā shì Měiguó rén ma?

B: 是,她是美国人。
　　Shì, tā shì Měiguó rén.

四、生词　New Words

1　叫　　（动）　jiào　　to call, to be known as…

2	认识	（动）	rènshi	to know
3	高兴	（形）	gāoxìng	glad
4	贵	（形）	guì	honoured
5	姓	（动）	xìng	to be called
6	什么	（代）	shénme	what
7	名字	（名）	míngzì	name
8	是	（动）	shì	to be
9	那	（代）	nà	that
10	个	（量）	gè	(measure word)
11	这	（代）	zhè	this
12	人	（名）	rén	person,
13	大夫	（名）	dàifu	doctor
14	留学生	（名）	liúxuéshēng	foreign student
15	朋友	（名）	péngyou	friend

专名 Proper Names

美国　　Měiguó　　　　　the United States

五、语法　Grammar

1. 用"吗"的问句　Questions with "吗"

在陈述句末尾加上表示疑问语气的助词"吗"，就构成了一般疑问句。例如：

An interrogative sentence is formed by adding the structural particle "吗" at the end of a declarative sentence. E. g.

(1)你好吗？

(2)你身体好吗？
(3)她是老师吗？

2. **用疑问代词的问句**　Questions with interrogative pronouns

用疑问代词("谁 shuí"、"什么"、"哪儿 nǎr"等)的问句,其词序跟陈述句一样。把陈述句中需要提问的部分改成疑问代词,就构成了疑问句。例如：

The word order of questions with interrogative pronouns ("谁 shuí","什么","哪儿 nǎr" and so on) is the same as that of the declarative sentence. To replace that part of a declarative sentence for questioning by an interrogative pronoun will result in an interrogative sentence. E. g.

(1)他姓什么？
(2)你叫什么名字？
(3)谁(shuí)是大卫？
(4)玛丽在哪儿(nǎr)？

3. **形容词谓语句**　The sentence with an adjectival predicate

谓语的主要成分是形容词的句子,叫做形容词谓语句。例如：

A sentence with an adjective as the main element of its predicate is known as the sentence with an adjectival predicate. E. g.

(1)他很忙。
(2)他不太高兴。

六、练习　Exercises

1. **完成对话**　Complete the following conversations.

(1) A：大夫，＿＿＿＿＿＿＿？

B：我姓张。

　　A：那个大夫 _____？

　　B：他姓李。

(2) A：她_____？

　　B：是，她是我妹妹。

　　A：她_____？

　　b：她叫京京。

(3) A：_____？

　　B：是，我是留学生。

　　A：你忙吗？

　　B：_____，你呢？

　　A：_____。

(4) A：今天你高兴吗？

　　B：_____，你呢？

　　A：_____。

2. 根据情境会话 Situational dialogues

(1)你和一个中国朋友初次见面，互相问候，问姓名，表现出高兴的心情。

You meet a Chinese friend for the first time. You two greet each other and ask each other's names with delight.

(2)你不认识弟弟的朋友,你向弟弟问他的姓名、身体和工作的情况。

You do not know your younger brother's friend. You ask your brother about his name, health and work.

3. **听述** Listen and Retell

我认识王英,她是学生,认识她我很高兴。她爸爸是大夫,妈妈是老师,他们身体都很好,工作也很忙。她妹妹也是学生,她不太忙。

4. **语音练习** Phonetic exercises

(1)辨音 Discrimination of sounds

piāoyáng	(飘扬)	biǎoyáng	(表扬)
dǒng le	(懂了)	tōng le	(通了)
xiāoxi	(消息)	jiāojí	(焦急)
gǔ zhǎng	(鼓掌)	kù cháng	(裤长)
shǎo chī	(少吃)	xiǎochī	(小吃)

(2)辨调 Discrimination of tones

běifāng	(北方)	běifáng	(北房)
fènliang	(分量)	fēn liáng	(分粮)
mǎi huār	(买花儿)	mài huār	(卖花儿)
dǎ rén	(打人)	dàrén	(大人)
lǎo dòng	(老动)	láodòng	(劳动)
róngyi	(容易)	róngyī	(绒衣)

(3)读下列词语： 第1声＋第1声

Read the following words:a 1st-tone syllable＋a 1st-tone syllable

fēijī	（飞机）	cānjiā	（参加）
fāshēng	（发生）	jiāotōng	（交通）
qiūtiān	（秋天）	chūntiān	（春天）
xīngqī	（星期）	yīnggāi	（应该）
chōu yān	（抽烟）	guānxīn	（关心）

相识（二）	第五课　Lesson 5
xiāngshí	我介绍一下儿
MAKING ACQUAINTANCES (2)	Let me introduce⋯

一、句子　Sentences

19　他是谁？　　　　　　Who is he?
　　Tā shì shuí?

20　我介绍一下儿。　　　Let me introduce⋯.
　　Wǒ jièshào yíxiàr.

21　你去哪儿？　　　　　Where are you going?
　　Nǐ qù nǎr?

22　张老师在家吗？　　　Is Mr. Zhang at home?
　　Zhāng lǎoshī zài jiā ma?

23　我是张老师的　　　　I am Mr. Zhāng's student.
　　Wǒ shì Zhāng lǎoshī de
　　学生。
　　xuésheng.

24　请进！　　　　　　　Please come in!
　　Qǐng jìn!

二、会话　Conversation

玛丽：　　王兰，他是谁？
Mǎlì:　　Wáng Lán, tā shì shuí?

王兰：　　玛丽，我介绍一下儿，这是我哥哥。
WángLán:　Mǎlì, wǒ jièshào yíxiàr, zhe shì wǒ gēge.

王林： 我叫王林。认识你，很高兴。
WángLín： Wǒ jiào Wáng Lín. Rènshi nǐ, hěn gāoxìng.

玛丽： 认识你，我也很高兴。
Mǎlì： Rènshi nǐ, wǒ yě hěn gāoxìng.

王兰： 你去哪儿？
WángLán： Nǐ qù nǎr?

玛丽： 我去北京大学。你们去哪儿？
Mǎlì： Wǒ qù Běijīng Dàxué. Nǐmen qù nǎr?

王林： 我们去商店。
WángLín： Wǒmen qù shāngdiàn.

玛丽： 再见！
Mǎlì： Zàijiàn!

王兰：
WángLán： 再见！
王林： Zàijiàn!
WángLín：

* * *

和子： 张老师在家吗？
Hézǐ： Zhāng lǎoshī zài jiā ma?

小英： 在。您是——
Xiǎoyīng： Zài. Nín shì ——

和子： 我是张老师的学生，我姓山
Hézǐ： Wǒ shì Zhāng lǎoshī de xuésheng, wǒ xìng Shān-

下，我叫和子。你是——
xià, wǒ jiào Hézǐ. Nǐ shì ——

小英： 我叫小英。张老师是我爸爸。请
Xiǎoyīng： Wǒ jiào Xiǎoyīng. Zhāng Lǎoshī shì wǒ bàba. Qǐng

　　　　　进！
　　　　　jìn!

和子：　谢谢！
Hézǐ：　Xièxie!

注释　Notes

①"我介绍一下儿""Let me introduce…"

　　给别人作介绍时的常用语。"一下儿"表示动作经历的时间短或轻松随便。这里是表示后一种意思。

　　It is a common expression for introducing others. "一下儿" means that an action will be of short duration or something will be done in a casual way. Here the second meaning is intended.

②"您是──""You are…"

　　意思是："您是谁？"被问者应接下去答出自己的姓名或身份。这种句子是在对方跟自己说话，而自己又不认识对方时发出的询问。注意："你是谁？"这种问法不太客气，所以对不认识的人，当面一般不问"你是谁？"、而问"您是──"。

　　It means "Who are you?". The hearer should respond with his name or social status. Such a sentence is used only when a stranger has started to speak to you. Caution："你是谁？"（Who are you?）is a rather impolite enquiry. So, normally one avoids asking a stranger "你是谁？".

三、替换与扩展　Substitution and Extension

1.　我 介绍一下儿。　| 你来　我看　你听
　　　　　　　　　　| 我休息

2.　你去哪儿？

我去北京大学。　商店　宿舍　教室

3. 张老师在家吗?　你爸爸　你妈妈　你妹妹

*　　*　　*

1. A：你去 商店 吗?
　　　Nǐ qù shāngdiàn ma?

   B：我不去 商店，我回家。
　　　Wǒ bú qù shāngdiàn, wǒ huí jiā.

2. A：大卫在宿舍吗?
　　　Dàwèi zài sùshè ma?

   B：不在，他在 301 教室。
　　　Bú zài, tā zài sānlíngyāo jiàoshì.

四、生词　New Words

1	谁	(代)	shuí	who
2	介绍	(动)	jièshào	to introduce
3	一下儿		yíxiàr	a minute, a little while
4	去	(动)	qù	to go
5	哪儿	(代)	nǎr	where
6	在	(动、介)	zài	to be at(in); in, at
7	家	(名)	jiā	home
8	的	(助)	de	(structural particle)
9	请	(动)	qǐng	to invite, please
10	进	(动)	jìn	to come in, to enter
11	商店	(名)	shāngdiàn	shop

12	看	（动）	kàn	to look, to watch
13	听	（动）	tīng	to listen, to hear
14	休息	（动）	xiūxi	to have a rest
15	宿舍	（名）	sùshè	dormitory
16	教室	（名）	jiàoshì	classroom
17	回	（动）	huí	to come back/return

专名 Proper Names

1.	王林	Wáng Lín	Wang Lin
2.	北京大学	Běijīng Dàxué	Beijing University
3.	山下和子	Shānxià Hézǐ	
4.	小英	Xiǎoyīng	Xiaoying

五、语法 Grammar

1. **动词谓语句** The sentence with a verbal predicate

谓语的主要成分是动词的句子，叫做动词谓语句。动词如带有宾语，宾语一般在动词的后边。例如：

A sentence with a verb as the main element of its preidcate is called a sentence with a verbal predicate. If the verb takes an object, the former usually precedes the latter. E. g.

(1) 他来。
(2) 张老师在家。
(3) 我去北京大学。

2. **表示领属关系的定语** The attributive genitive

代词、名词作定语表示领属关系时，后面要加结构助词"的"。例如："他的书"、"张老师的学生"、"王兰的哥哥"等。

When a personal pronoun or a noun is used as an the attributive genitive, it generally takes the structural particle "的". E. g. "他的书", "张老师的学生", "王兰的哥哥" and so on.

人称代词作定语,而中心语是亲属称谓,或表示集体、单位等的名词时,定语可以不用"的"。如"我哥哥"、"他姐姐"、"我们学校"等。

When a personal pronoun is used as an attributive and the head noun is a kin term or an institutional one, "的" may be omitted in the atrributive. E.g. "我哥哥", "他姐姐", "我们学校" and so on.

3. "是"字句(一) The "是" sentence 1

动词"是"和其他词或短语一起构成谓语的句子,叫做"是"字句。"是"字句的否定形式,是在"是"前加否定副词"不"。例如:

A sentence with the verb "是" and other words or phrases constituting its predicate is known as the "是" sentence. Its negative counterpart is formed by putting the negative adverb "不" before "是", e. g.

(1)他是大夫。
(2)大卫是她哥哥。
(3)我不是学生,是老师。

六、练习 Exercises

1. **熟读下列词语并造句** Read until fluent the following words and make sentences:
   叫什么 认识谁 在哪儿 去商店
   妈妈的朋友 王兰的哥哥

2. **用所给的词完成对话**

Complete the following conversations with the given words:

(1) A：王兰在哪儿？

B：_____。（教室）

A：_____？（回宿舍）

B：回。

(2) A：你认识王林的妹妹吗？

B：_____，你呢？

A：我认识。

B：_____？（名字）

A：她叫王兰。

(3) A：_____？（商店）

B：去。

A：这个商店好吗？

B：_____。（好）

3. 根据句中的划线部分，把句子改成用疑问代词问句

Change the following sentences into questions by replacing the underlined parts with interrogative pronouns

(1)他是<u>我</u>的老师。
(2)她姓<u>王</u>。
(3)她叫<u>京京</u>。
(4)她认识<u>王林</u>。
(5)王老师去<u>教室</u>。

(6) 玛丽在宿舍。

4. **听述** Listen and Retell

我介绍一下儿,我叫玛丽,我是美国留学生。那是大卫,他是我的朋友,他也是留学生,他是法国(Fǎguó French)人。刘京、王兰是我们的朋友,认识他们我们很高兴。

5. **语音练习** Phonetic exercises

(1) 辨音　Discrimination of sounds

zhīdao	(知道)	chídào	(迟到)
běnzi	(本子)	pénzi	(盆子)
zìjǐ	(自己)	cíqì	(瓷器)
niǎolóng	(鸟笼)	lǎonóng	(老农)
chī lí	(吃梨)	qí lú	(骑驴)
jiāotì	(交替)	jiāo dì	(浇地)

(2) 辨调　Discrimination of tones

núlì	(奴隶)	nǔlì	(努力)
chīlì	(吃力)	chī lí	(吃梨)
jiù rén	(救人)	jiǔ rén	(九人)
Měijīn	(美金)	méijìn	(没劲)
zhuāng chē	(装车)	zhuàng chē	(撞车)
wán le	(完了)	wǎn le	(晚了)

(3) 读下列词语:第1声＋第2声
　　　Read the following words: 1st tone＋2nd tone
bā lóu　　(八楼)　　gōngrén　　(工人)

43

jīnnián	（今年）	tī qiú	（踢球）
huānyíng	（欢迎）	shēngcí	（生词）
dāngrán	（当然）	fēicháng	（非常）
gōngyuán	（公园）	jiātíng	（家庭）

复习 （一） Review I

一、会话 Conversation

林(Lín)：	你好！
A：	林大夫，您好！
林：	你爸爸、妈妈身体好吗？
A：	他们身体都很好，谢谢！
林：	他是——
A：	他是我朋友，叫马小民(Mǎ Xiǎomín)
	〔对马小民说 to Ma Xiǎomín〕
	林大夫是我爸爸的朋友。
马(Mǎ)：	林大夫，您好！认识您很高兴。
林：	认识你，我也很高兴。你们去哪儿？
马：	我回家。
A：	我去他家。您呢？
林：	我去商店。再见！
A、马：	再见！

* * *

高(Gāo)：	马小民在家吗？
B：	在。您贵姓？
高：	我姓高，我是马小民的老师。
B：	高老师，请进。
高：	您是——
B：	我是马小民的姐姐，我叫马小清(Mǎ Xiǎoqīng)。

二、语法 Grammar

"也"和"都"的位置　The Positions of "也" and "都"

副词"也"和"都"必须放在主语之后、谓语动词或形容词之前。"也"、"都"同时修饰谓语时,"也"必须在"都"前边。例如:

The adverbs "也" and "都" should be put between the subject and the predicate verb or adjective. When both of them are used to modify the same predicate, "也" should be put before "都".　E. g.

(1)我也很好。
(2)他们都很好。
(3)我们都是学生,他们也都是学生。

"都"一般总括它前边出现的人或事物,因此只能说"我们都认识他",不能说"我都认识他们"。

As a rule, "都" indicates all of the persons or things referred to by the preceding noun (phrase). Therefore, one can say "我们都认识他", but not "我都认识他们".

三、练习　Exercises

1. **辨音辨调**　Discrimination of sounds and tones

    (1)送气音与不送气音　Aspirated and unaspirated sounds

b	bǎo le	(饱了	full)
p	pǎo le	(跑了	to run away)
d	dà de	(大的	big)
t	tā de	(他的	his)
g	gāi zǒu le	(该走了	It's time to leave)
k	kāizǒu le	(开走了	to drive away)
j	dì—jiǔ	(第九	No. 9)
q	dìqiú	(地球	the Earth)

    (2)区别几个易混的声母和韵母　Discrimination of a few easily confused initials and finals

j	jiějie	（姐姐）		x	Xièxie		（谢谢）
s	sìshísì	（四十四）		sh	shì yi shì		（试一试）
üe	dàxué	（大学）		ie	dà xié		（大鞋）
uan	yì zhī chuán	（一只船）					
uang	yì zhāng chuáng	（一张床）					

(3) 区别不同声调的不同意义 Discrimination of the meanings of different tones

yǒu	（有	to have	）	yòu	（又	again	）
jǐ	（几	how many	）	jì	（寄	to post	）
piāo	（漂	to float	）	piào	（票	ticket	）
shí	（十	ten	）	shì	（是	yes	）
sī	（丝	silk	）	sì	（四	four	）
xǐ	（洗	to wash	）	xī	（西	west	）

2. 三声音节连读 Liason of 3rd-tone syllables

(1) Wǒ hǎo.

　　Wǒ hěn hǎo.

　　Wǒ yě hěn hǎo.

(2) Nǐ yǒu

　　Nǐ yǒu biǎo.

　　Nǐ yě yǒu biǎo.

四、阅读短文 Read the passage

他叫大卫,他是法国(Fǎguó　French)人。他在北京语言学院(Běijīng Yǔyán Xuéyuàn　Beijing Language Institute)学习。

玛丽是美国人。她认识大卫。他们是同学(tóngxué classmate)。

刘京和(hé and)王兰都是中国(Zhōngguó Chinese)人。他们都认识玛丽和大卫。他们常去留学生宿舍看大卫和玛丽。

玛丽和大卫的老师姓张。张老师很忙,他身体不太好。张老师的爱人(àiren wife)是大夫,她身体很好,工作很忙。

询问（一）	第六课 Lesson 6
xúnwèn	你的生日是几月几号？
MAKING AN ENQUIRY (1)	When is your birthday?

一、句子 Sentences

25 今天几号？
   Jīntiān jǐ hào?
   What is the date today?

26 今天十月三十一号。
   Jīntiān shíyuè sānshíyī hào.
   Today is October the 31st.

27 今天不是星期四，昨天星期四。
   Jīntiān bú shì xīngqīsì, zuótiān xīngqīsì.
   Today is not thursday, but yesterday was.

28 晚上你作什么？
   Wǎnshang nǐ zuò shénme?
   What did you do last night?

29 你的生日是几月几号？
   Nǐ de shēngrì shì jǐ yuè jǐ hào?
   When is your birthday?

30 我们 上午 去 他 　We'll call on him at his home in
　　Wǒmen shàngwǔ qù tā　the morning, won't we?
　　家，好 吗？
　　jiā, hǎo ma?

二、会话　Conversation

玛丽： 今天几号？
Mǎlì： Jīntiān jǐ hào?

大卫： 今天十月三十一号。
Dàwèi： Jīntiān shíyuè sānshiyī hào.

玛丽： 今天星期四吗？
Mǎlì： Jīntiān xīngqīsì ma?

大卫： 今天不是星期四，昨天星期四。
Dàwèi： Jīntiān bú shì xīngqīsì, zuótiān xīngqīsì.

玛丽： 明天星期六，晚上你作什么？
Mǎlì： Míngtiān xīngqīliù, wǎnshang nǐ zuò shénme?

大卫： 我写信，你呢？
Dàwèi： Wǒ xiě xìn, nǐ ne?

玛丽： 我看电视。
Mǎlì： Wǒ kàn diànshì.

　　　　＊　　　＊　　　＊

玛丽： 你的生日是几月几号？
Mǎlì： Nǐ de shēngrì shì jǐ yuè jǐ hào?

王兰： 三月十七号，你呢？
WángLán： Sānyuè shíqī hào, nǐ ne?

玛丽： 五月九号。
Mǎlì： Wǔyuè jiǔ hào.

王兰： 四号是 张丽英 的生日。
WángLán： Sì hào shì Zhāng Lìyīng de shēngrì.

玛丽： 四号星期几？
Mǎlì： Sì hào xīngqī jǐ?

王兰： 星期天。
WángLán： Xīngqītiān.

玛丽： 你去她家吗？
Mǎlì： Nǐ qù tā jiā ma?

王兰： 去，你呢？
WángLán： Qù, nǐ ne?

玛丽： 我也去。
Mǎlì： Wǒ yě qù.

王兰： 我们 上午 去，好吗？
WángLán： Wǒmen shàngwǔ qù, hǎo ma?

玛丽： 好。
Mǎlì： Hǎo.

三、替换与扩展 Substitution and Extension

1. 今天几号？

   | 昨天　明天　这个星期六 |
   | 这个星期日 |

2. 晚上你作什么？
   我写信。

   | 看书　　听音乐 |
   | 看电视 |

3. 我们上午去她家，
   好吗？

51

> 晚上看电视
> 下午去他家
> 星期天听音乐
> 明天去买东西

    *   *   *

1. A：明天是几月几号星期几？
    Míngtiān shì jǐ yuè jǐ hào xīngqī jǐ?

    B：明天是十一月二十八号，星期日。
    Míngtiān shì shíyīyuè èrshíbā hào, xīngqīrì.

2. 这个星期五是我朋友的生日。他
    Zhè ge xīngqīwǔ shì wǒ péngyou de shēngrì. Tā
    今年二十岁。下午我去他家看他。
    jīnnián èrshí suì. Xiàwǔ wǒ qù tā jiā kàn tā.

四、生词 New Words

1	几	（数）	jǐ	What, how many
2	星期	（名）	xīngqī	week
3	昨天	（名）	zuótiān	yesterday
4	晚上	（名）	wǎnshang	evening
5	作	（动）	zuò	to do, to make
6	生日	（名）	shēngrì	birthday
7	上午	（名）	shàngwǔ	morning
8	写	（动）	xiě	to write
9	信	（名）	xìn	letter

10	电视	(名)		diànshì	television
11	星期天 (星期日)	(名)		xīngqītiān (xīngqīrì)	Sunday
12	书	(名)		shū	book
13	音乐	(名)		yīnyuè	music
14	下午	(名)		xiàwǔ	afternoon
15	买	(动)		mǎi	to buy
16	东西	(名)		dōngxi	things, goods
17	岁	(量)		suì	age

专名 Proper Names

张丽英　　Zhāng Lìyīng　　Zhang Liying

五、语法　Grammar

1. **名词谓语句**　The Sentence with a nominal predicate

由名词、名词短语或数量词等直接作谓语的句子,叫名词谓语句。肯定句不用"是"(如用"是"则是动词谓语句)。这种句子主要用来表达时间、年龄、籍贯及数量等。例如:

A sentence with a noun, noun phrase or numeral as its predicate is known as the sentence with a nominal predicate. In the affirmative sentence, "是" is not used ("是" is used in the sentence with a verbal predicate). This type of sentence is mainly used to show time, age, birthplace and quantity. E. g.

(1)今天星期天。

(2)我今年二十岁。

(3)他北京人。

如要表示否定,在名词谓语前加"不是",变成动词谓语句。例如:

The addition of "不是" before the nominal predicate makes it the negative counterpart of the sentence, resulting in a sentence with a verbal predicate at the same time. E. g.

(4)今天不是星期天。

(5)他不是北京人。

2. **年、月、日、星期的表示法**

Ways to show the year, the month, the day and the days of the week

(1)年的读法是直接读出每个数字。例如:

The way to read a year is simply to read every figure. E. g.

一九八九年
yī jiǔ bā jiǔ nián

一九九〇年
jiǔ jiǔ líng nián

一九九七年
yī jiǔ jiǔ qī nián

二〇〇〇年
èr líng líng líng nián

(2)十二个月的名称是数词1—12后边加月份。例如:

The names of the twelve months are formed by adding 月 to each of the numerals from 1 to 12. E. g.

一月　　五月　　九月　　十二月
yīyuè　　wǔyuè　　jiǔyuè　　shí'èryuè

(3)日的表示法同月。数词1—31后加"日"或"号"。("日"多用于书面;"号"多用于口语)

A day is indicated in the same way as a month, i. e., to add "日" or "号" to each of the numerals form 1 to 31. ("日" is mainly used in written Chinese, while "号" is preferred as an oral form.

(4)星期的表示法是"星期"后加数词——六。第七天为星期日或星期天。

Weekdays are indicated by putting "星期" before each of the numerals from 一 to 六. The seventh day is witten as 星期日 or 星期天.

(5)年、月、日、星期的顺序是：

The order of year, month, day and the days of a week is as follows：

1989 年 8 月 27 日（星期日）

3. "……,好吗？"

这是用来提出建议后，征询对方意见的一种问法。问句的前一部分是陈述句。例如：

It is a way of soilciting an opinion from the person you are talking to after making a proposal. The first part of the question is a declarative sentence. E. g.

(1)你来我宿舍，好吗？
(2)明天去商店，好吗？

如同意，则用"好"、"好啊(a)"等应答。

If the reply is positive, one should say "好"，"好啊".

六、练习　Exercises

1. **熟读下列短语并选四个造句**　Read until fluent the following phrases and make sentences with four of them

　　看电视　　听音乐　　写信　　看书
　　他的生日　我的宿舍　作什么　买什么

星期日下午　明天上午　今天晚上

2. **完成对话**　Complete the following conversations

   (1) A：明天星期几？

   　　B：_____。

   　　A：_____？

   　　B：我看电视。

   (2) A：星期六是几月几号？

   　　B：_____。

   　　A：你去商店吗？

   　　B：_____，我工作很忙。

   (3) A：星期日晚上你作什么？

   　　B：_____，你呢？

   　　A：_____。

3. **谈一谈**　Say what you can

   (1) 同学们互相介绍自己的生日。

   　Students talk about their own birthdays.

   (2) 介绍一下你做下面几件事情的时间。

   　Talk about the periods of time in which you do the following things.

看书，看电视，听音乐，写信。

4. **听述** Listen and retell

今天是星期天，我不学习。上午我去商店，下午我去看朋友。晚上我写信。

5. **语音练习** phonetic exercises

(1) 辨音 Discrimination of sounds

zhuàngLì	（壮丽）	chuànglì	（创立）
zǎoyuán	（枣园）	cǎoyuán	（草原）
rénmín	（人民）	shēngmíng	（声明）
pǎo bù	（跑步）	bǎohù	（保护）
niúnǎi	（牛奶）	yóulǎn	（游览）
qǐ zǎo	（起早）	xǐ zǎo	（洗澡）

(2) 辨调 Discrimination of tones

túdì	（徒弟）	tǔdì	（土地）
xuèyè	（血液）	xuéyè	（学业）
cāi yi cāi	（猜一猜）	cǎi yi cǎi	（踩一踩）
zǔzhī	（组织）	zǔzhǐ	（阻止）
jiǎnzhí	（简直）	jiānzhí	（兼职）
jiǎng qíng	（讲情）	jiǎngqīng	（讲清）

(3) 读下列词语：第1声＋第3声
Read the following words: 1st tone ＋ 3rd tone

| qiānbǐ | （铅笔） | jīchǎng | （机场） |
| xīnkǔ | （辛苦） | jīnglǐ | （经理） |

shēntǐ	(身体)	cāochǎng	(操场)
hēibǎn	(黑板)	kāishǐ	(开始)
fāngfǎ	(方法)	gēwǔ	(歌舞)

询问（二）
xúnwèn
MAKING AN ENQUIRY
(2)

第七课　Lesson 7
你家有几口人？
How many people are there in your family?

一、句子　Sentences

31　你家有几口人？
　　Nǐ jiā yǒu jǐ kǒu rén?
　　How many people are there in your family?

32　你爸爸作什么工作？
　　Nǐ bàba zuò shénme gōngzuò?
　　What does your father do?

33　他在大学工作。
　　Tā zài dàxué gōngzuò.
　　He works in a university.

34　我家有爸爸、妈妈和一个弟弟。
　　Wǒ jiā yǒu bàba、māma hé yí ge dìdi.
　　There are my father, mother and younger brother in my family.

35　哥哥结婚了。
　　Gēge jié hūn le.
　　My elder brother is married.

36　他们没有孩子。
　　Tāmen méiyǒu háizi.
　　They haven't any children.

二、会话 Conversation

大卫: 刘京,你家有几口人?
Dàwèi: Liú Jīng, nǐ jiā yǒu jǐ kǒu rén?

刘京: 四口人。你家呢?
LiúJīng: Sì kǒu rén. Nǐ jiā ne?

大卫: 三口人。爸爸、妈妈和我。
Dàwèi: Sān kǒu rén. Bàba、māma hé wǒ.

刘京: 你爸爸作什么工作?
LiúJīng: Nǐ bàba zuò shénme gōngzuò?

大卫: 他是老师。他在大学工作。
DàWèi: Tā shì lǎoshī. Tā zài dàxué gōngzuò.

* * *

大卫: 和子,你家有什么人?
Dàwèi: Hézǐ, nǐ jiā yǒu shénme rén?

和子: 爸爸、妈妈和一个弟弟
Hézǐ: Bàba、māma hé yí ge dìdi.

大卫: 你弟弟是学生吗?
Dàwèi: Nǐ dìdi shì xuésheng ma?

和子: 是。他学习英语。
Hézǐ: Shì. Tā xuéxí Yīngyǔ.

大卫: 你妈妈工作吗?
Dàwèi: Nǐ māma gōngzuò ma?

和子: 她不工作。
Hézǐ: Tā bù gōngzuò.

* * *

王兰： 你家有谁？
WángLán： Nǐ jiā yǒu shuí？

玛丽： 爸爸、妈妈、姐姐。
Mǎlì： Bàma、māma、jiějie.

王兰： 你姐姐工作吗？
WángLán： Nǐ jiějie gōngzuò ma？

玛丽： 工作。她是职员。在银行工作。
Mǎlì： Gōngzuò. Tā shì zhíyuán. Zài yínháng gōngzuò.

你哥哥作什么工作？
Nǐ gēge zuò shénme gōngzuò？

王兰： 他是大夫。
WángLán： Tā shì dàifu.

玛丽： 他结婚了吗？
Mǎlì： Tā jié hūn le ma？

王兰： 结婚了。他爱人也是大夫。
WángLán： Jié hūn le. Tā àiren yě shì dàifu.

玛丽： 他们有孩子吗？
Mǎlì： Tāmen yǒu háizi ma？

王兰： 没有。
WángLán： Méiyǒu.

注释 Notes

① "你家有几口人？" How many people are there in your family?

"几口人"只用于询问家庭的人口。其他场合询问人数时，量词要用"个"。

"几口人" is used to ask about the number of people in the family only. When one wants to ask about the number of people of an institution or a community, he should use the measure word "个".

②"你家有谁?" Who are there in your family?

此句与"你家有什么人?"意思相同。"谁"既可以指单数(一个人);也可指复数(几个人)。

The above sentence has the same meaning as "你家有什么人?" "谁" can either be singular (one person), or plural (several persons).

三、替换与扩展 Substitution and Extension

1. 他学习<u>英语</u>。

| 汉语 | 日语 |

2. 她<u>在银行</u><u>工作</u>。

教室	上课
宿舍	休息
家	看电视

3. <u>他们有孩子</u>吗?

| 你 姐姐, | 他 妹妹 |
| 你 英语书, | 他 汉语书 |

*　　　*　　　*

1. 我 在 北京 语言 学院 学习。
   Wǒ zài Běijīng Yǔyán Xuéyuàn xuéxí.

2. 今天 有 汉语 课, 明天 没有 课。
   Jīntiān yǒu Hànyǔ kè, míngtiān méiyǒu kè.

3. 下 课 了, 我 回 宿舍 休息。
   Xià kè le, wǒ huí sùshè xiūxi.

四、生词　　New Words

| 1 | 有 | (动) | yǒu | There to be, to have |
| 2 | 口 | (量) | kǒu | (measure word) |

3	大学	(名)	dàxué	university
4	和	(连)	hé	and, as well as
5	结婚		jié hūn	marriage
6	了	(助)	le	(structural particle)
7	没	(副)	méi	no, not
8	孩子	(名)	háizi	child, children
9	学习	(动)	xuéxí	to study
10	英语	(名)	Yīngyǔ	English
11	职员	(名)	zhíyuán	employee, clerk
12	银行	(名)	yínháng	bank
13	爱人	(名)	àiren	wife, husband
14	汉语	(名)	Hànyǔ	Chinese
15	日语	(名)	Rìyǔ	Japanese (language)
16	上	(动)	shàng	to go to, to have
17	课	(名)	kè	class
18	下	(动)	xià	to finish, to be over

专名 Proper Names

北京语言学院　Běijīng Yǔyán Xuéyuàn　The Beijing Language Institute

五、语法　Grammar

1. "有"字句　The "有" sentence

由"有"及其宾语作谓语的句子,叫"有"字句。这种句子表示领有。它的否定式是在"有"前加副词"没"？不能加"不"。例如：

A sentence with the predicate made up of "有" and its object is known as the "有" sentence. Such a sentence indicates possession. Its negative form is constructed by putting the adverb "没", but not "不", before "有".　　E. g.

(1)我有汉语书。
(2)他没有哥哥。
(3)他没有日语书。

2.　**介词结构**　Prepositional constructions

介词跟它的宾语组成介词结构。常在动词前作状语。如"在银行工作""在教室上课"中的"在银行"、"在教室"都是由介词"在"和它的宾语组成的介词结构。

The prepositional construction consists of a preposition and its object. It often occurs before a verb, serving as an adverbial adjunct. E. g. "在银行" and "在教室" in "在银行工作"和"在教室上课" respectively are both prepositional structures composed of the preposition "在" and its objects.

六、练习　　Exercises

1.　**选用括号中的动词填空**　Fill in the blanks with verbs in the brackets

(听　写　学习　看　有　叫　是)

(1)_____什么名字？　　(2)_____几口人？

(3)_____学生。　　(4)_____汉语。

(5)_____音乐。　　(6)_____信。

(7)_____电视。

2. 用"几"提问,完成下列对话
   Complete the diarogues by raising questions with "几"

   (1)A:_____?

   B:明天星期四。

   A:_____?

   B:明天是六月一号。

   (2)A:_____?

   B:王老师家有四口人。

   A:_____?

   B:他有一个妹妹。

3. 谈一谈 Say what you can

   (1)同学们互相介绍自己的家庭。
   Students talk about each other's family.

   (2)介绍一下自己在哪儿学习、学习什么。
   Say something about where and what you study.

4. 听述 Listen and retell
   小明五岁,他有一个哥哥,哥哥是学生。他爸爸、妈妈都工作。小明说(shuō say),他家有五口人。那一个是谁?是他的猫(māo cat)。

5. 语音练习 Phonetic exercises

(1)音节连读： 第1声＋第4声
Syllabic liason: 1st tone ＋ 4th tone

dōu qù	（都去）	gāoxìng	（高兴）
shāngdiàn	（商店）	shēngrì	（生日）
yīnyuè	（音乐）	shēngdiào	（声调）
chī fàn	（吃饭）	bāngzhù	（帮助）
gōngzuò	（工作）	xūyào	（需要）

(2)第三声的变调 Changes of 3rd tone

hěn(很) { xīn （新） / bái （白） / zǎo （早） / jiù （旧）

nǐ(你) { chī （吃） / xué （学） / zǒu （走） / zuò （坐）

询问（三）	第八课　Lesson 8
xúnwèn	现在几点？
MAKING AN ENQUIRY (3)	What time is it?

一、句子　Sentences

37	现在几点？	What time is it?
	Xiànzài jǐ diǎn?	
38	现在七点二十五分。	It's twenty five past seven now.
	Xiànzài qī diǎn èrshíwǔ fēn.	
39	你几点上课？	At what time does your class begin?
	Nǐ Jǐ diǎn shàng kè?	
40	差一刻八点去。	A quarter to eight.
	Chà yí kè bā diǎn qù.	
41	我去吃饭。	I'm going to have my lunch.
	Wǒ qù chī fàn.	
42	我们什么时候去？	When will we go?
	Wǒmen shénme shíhou qù?	
43	太早了。	It is still early/It is too early.
	Tài zǎo le.	

44 我也六点半起 I also get up at half past six.
　　Wǒ yě liù diǎn bàn qǐ
　床。
　chuáng.

二、会话　Conversation

玛丽：　　现在 几点？
Mǎlì：　　Xiànzài jǐ diǎn?

王兰：　　现在 七点 二十五 分。
WángLán：　Xiànzài qī diǎn èrshíwǔ fēn.

玛丽：　　你几点上课？
Mǎlì：　　Nǐ jǐ diǎn shàng kè?

王兰：　　八点。
WángLán：　Bā diǎn.

玛丽：　　你什么时候去教室？
Mǎlì：　　Nǐ shénme shíhou qù jiàoshì?

王兰：　　差一刻八点去。
WángLán：　Chà yí kè bā diǎn qù.

玛丽：　　现在你去教室吗？
Mǎlì：　　Xiànzài nǐ qù jiàoshì ma?

王兰：　　不去，我去吃饭。
WángLán：　Bú qù, Wǒ qù chī fàn.

　　　　　*　　　　*　　　　*

刘京：　　明天 去长城， 好吗？
LiúJīng：　Míngtiān qù Chángchéng, hǎo ma?

大卫：　　好，什么 时候去？
Dàwèi：　　Hǎo, shénme shíhou qù?

刘京： 早上 七点。
LiúJīng： Zǎoshang qī diǎn.

大卫： 太早了。七点半吧。
Dàwèi： Tài zǎo le. Qī diǎn bàn ba.

你几点起床？
Nǐ jǐ diǎn qǐ chuáng?

刘京： 六点半，你呢？
LiúJīng： Liù diǎn bàn, nǐ ne?

大卫： 我也六点半起床。
Dàwèi： Wǒ yě liù diǎn bàn qǐ chuáng.

三、替换与扩展 Substitution and Extension

1. 现在几点？
   现在七点二十五分。

10:15	3:45
11:35	12:10
2:30	8:15
2:55	5:20

2. 你什么时候去教室？
   差一刻八点去。

来教室	2:00
来我的宿舍	4:00
去食堂	11:55
去上海	7月28号
去日本	1月25号

3. 我去吃饭。

| 买书 | 上课 | 听音乐 |
| 看电影 | 买东西 | 睡觉 |

*　　　*　　　*

1. 现在 两 点 零 五 分，我 去 大卫 宿舍 看
   Xiànzài liǎng diǎn líng wǔ fēn, wǒ qù Dàwèi sùshè kàn
   他 。
   tā.
2. 早上 七 点 一 刻 吃 早饭 。
   Zǎoshang qī diǎn yí kè chī zǎofàn.

四、生词 New Words

1	现在	（名）	xiànzài	now, nowadays
2	点	（量）	diǎn	o'clock, hour
3	分	（量）	fēn	minute
4	差	（动）	chà	to lack, to be short of
5	刻	（量）	kè	quarter
6	吃	（动）	chī	to eat
7	饭	（名）	fàn	meal, rice (cooked)
8	时候	（名）	shíhou	time, hour
9	半	（数）	bàn	half
10	起	（动）	qǐ	to get up
11	床	（名）	chuáng	bed
12	早上	（名）	zǎoshang	morning
13	吧	（助）	ba	(structural particle)
14	两	（数）	liǎng	a numeral
15	食堂	（名）	shítáng	dining-room
16	电影	（名）	diànyǐng	film

17 睡觉　　　　　　shuì jiào　　　　to go to sleep
18 早饭　　（名）　zǎofàn　　　　　breakfast

　　　　　　　　专名　Proper Names
　　长城　　Chángchéng　　the Great Wall

五、语法　Grammar

1. 钟点的读法　How to tell time

　　2∶00　两点
　　　　　liǎng diǎn

　　6∶05　六点五分
　　　　　liù diǎn wǔ fēn

　　8∶15　八点
　　　　　bā diǎn
　　　　　十五分
　　　　　shíwǔ fēn

　　　　　（八点一刻）
　　　　　（bā diǎn yí kè）

　　10∶30　十点三
　　　　　shí diǎn sān-
　　　　　十分
　　　　　shí fēn

　　　　　（十点半）
　　　　　（shí diǎn bàn）

　　11∶45　十一点
　　　　　shíyī diǎn
　　　　　四十五分
　　　　　sìshíwǔ fēn

　　　　　（十一点三刻；差一
　　　　　（shíyī diǎn sān kè chà yí
　　　　　刻十二点）
　　　　　kè shí'èr diǎn）

　　1∶50　一点
　　　　　yì diǎn
　　　　　五十分
　　　　　wǔshí fēn

　　　　　（差十分两点）
　　　　　（chà shí fēn liǎng diǎn）

2. 时间词　Grammatical functions of time words

表示时间的名词或数量词可作主语、谓语、定语。例如：
Nouns or numerals indicating time may be used as subjects, predicates and attributives. E. g.

(1)现在八点。　　　　　（主语）
(2)今天五号。　　　　　（谓语）
(3)他看八点二十的电影。　（定语）
(4)晚上的电视很好。　　　（定语）

时间词作状语时，可放在主语之后谓语之前，也可放在主语之前。例如：
When used as an adverbial adjunct, a time word may be put between the subject and the predicate, or before the subject. E. g.
(5)我晚上看电视。
(6)晚上我看电视。
作状语的时间词有两个以上时，表示时间长的词在前。例如：
When more than two time words are used as adverbial adjuncts, the word showing a longer period of time comes first. E. g.
(7)今天晚上八点二十分我看电影。
时间词与处所词同时作状语时，一般来说时间词在前，处所词在时间词之后。例如：
When a time word and a place word are both used as adverbial adjuncts in the same sentence, normally the former is put before the latter. E. g.
(8)她现在在银行工作。

六、练习　　Exercises

1.　用汉语说出下列时间并选择五个造句　Tell the following

points ob time in Chinese and make sentences with five of them

  10∶00 6∶30 4∶35 8∶05 7∶15
  9∶25 11∶45 2∶55 3∶20 12∶10

2. **把下列短语扩展成对话** Develop the following phrases into a dialoque

 例:七点四十去教室
 A:你们几点上课?
 B:八点。
 A:你几点去教室?
 B:七点四十去。现在几点?
 A:现在七点半。

 (1)十一点三刻去食堂吃饭。
 (2)十点半回宿舍睡觉。

3. **按照实际情况回答问题** Answer the following questions according to actual situations

 (1)你几点起床?几点吃早饭?
 (2)你几点上课?几点下课?几点吃饭?
 (3)你几点吃晚饭(wǎn fàn dinner)?几点睡觉?
 (4)星期六你几点起床?几点睡觉?

4. **说说你的一天** Talk about a day in your life

5. **听述** Listen and retell

 今天是星期六,我们不上课。小王说(shuō said),晚上有一个好电影,他和我一起(yìqǐ together)去看,我很高兴。

下午六点我去食堂吃饭,六点半去小王的宿舍,七点我们去看电影。

6. **语音练习**　Phonetic exercises

(1)读下列词语:第1声+轻声
Read the following phrases: 1st tone + neutral tone

yīfu	（衣服）	xiūxi	（休息）
dōngxi	（东西）	zhīdao	（知道）
chuānghu	（窗户）	tāmen	（他们）
dāozi	（刀子）	bōli	（玻璃）
māma	（妈妈）	zhuōzi	（桌子）

(2)常用音节练习　Drill on the frequently used syllables

de ⎰ wǒ de （我的）
　　 xīn de （新的）
　　 cháng de （长的）
　　⎱ jiù de （旧的）

shi ⎰ jiàoshì （教室）
　　　shí ge （十个）
　　　lǎoshī （老师）
　　⎱ zhīshi （知识）

询问（四）
xúnwèn
MAKING AN INQUIRY (4)

第九课　Lesson 9
你住在哪儿？
Where do you live?

一、句子　　Sentences

45　你 住在 哪儿？　　Where do you live?
　　Nǐ zhùzài nǎr?

46　住在 留学生　　I live in the dormitary for foreign students.
　　Zhùzài liúxuéshēng
　　宿舍。
　　sùshè.

47　多少 号 房间？　　What's the number of your room?
　　Duōshao hào fángjiān?

48　你家 在 哪儿？　　Where is your home?
　　Nǐ jiā zài nǎr?

49　欢迎 你 去　　You are welcome to my home.
　　Huányíng nǐ qù
　　玩儿。
　　wánr.

50　她 常 去。　　She often goes there.
　　Tā cháng qú.

51　我们 一起 去 吧。　　Let's go there together.
　　Wǒmen yìqǐ qù ba.

52　那 太 好 了。　　That's great.
　　Nà tài hǎo le.

二、会话 Conversation

刘京： 你住在哪儿？
LiúJīng： Nǐ zhùzài nǎr?

大卫： 住在留学生宿舍。
Dàwèi： Zhùzài liúxuéshēng sùshè.

刘京： 几号楼？
LiúJīng： Jǐ hào lóu?

大卫： 九号楼。
Dàwèi： Jiǔ hào lóu.

刘京： 多少号房间？
LiúJīng： Duōshao hào fángjiān?

大卫： 308号房间。你家在哪儿？
Dàwèi： Sānlíngbā hào fángjiān. Nǐ jiā zài nǎr?

刘京： 我家在学院路25号，
LiúJīng： Wǒ jiā zài xuéyuàn lù èrshíwǔ hào,

　　　　 欢迎你去玩儿。
　　　　 huāngyíng nǐ qù wánr.

大卫： 谢谢！
Dàwèi： Xièxie!

　　　　 *　　　　*　　　　*

大卫： 张丽英家在哪儿？
Dàwèi： Zhāng Lìyīng jiā zài nǎr?

玛丽： 我不知道。王兰知道。她
Mǎlì： Wǒ bù zhīdao. Wáng Lán zhīdao. Tā

　　　　 常去。
　　　　 cháng qù.

大卫： 好，我去问她。
Dàwèi: Hǎo, wǒ qù wèn tā.

　　　　　　＊　　　　　＊　　　　　＊

大卫： 王兰，张丽英家在哪儿？
Dàwèi: Wáng Lán, Zhāng Lìyīng jiā zài nǎr?

王兰： 东四大街97号。你去她家吗？
WángLán: Dōngsì Dàjiē jiǔshíqī hào. Nǐ qù tā jiā ma?

大卫： 对，明天我去她家。
Dàwèi: Duì, míngtiān wǒ qù tā jiā.

王兰： 你不认识路，我们一起去吧！
WángLán: Nǐ bú rènshi lù, wǒmen yìqǐ qù ba!

大卫： 那太好了。
Dàwèi: Nà tài hǎo le.

注释　Notes

①"几号楼？"和"多少号房间？"　"What's the building number?" and "What's the room number?"

　　这两句中的"几"和"多少"都是用来询问数目的。估计数目在10以下，一般用"几"，10以上用"多少"。

　　"几" and "多少" in the two sentences are interrogatives of number. When the estimated number is smaller than 10, "几" is usually used; when the estimated number exceeds 10, "多少" is used.

②"那太好了。"　"That's very good."

　　这里的"那"，意思是"那样的话"。

　　"太好了"是表示满意、赞叹的用语。"太"在这里表示程度极高。

　　"那" here means "if so".

"太好了" is an expression showing satisfaction, appreciation and so on. Here "太" greatly intensifies the meaning of the word that follows it.

三、替换与扩展　　Substitution and Extension

1. 你住在哪儿？
   我住在留学生宿舍。

   | 九楼 308 号房间 |
   | 五楼 204 号房间 |
   | 上海　　北京饭店 |

2. 欢迎你去玩儿。

   | 来我家玩儿　来北京工作 |
   | 来语言学院学习 |

3. 她常去张丽英家。

   | 王老师家　　那个邮局 |
   | 留学生宿舍　我们学校 |

　　　　*　　　　　*　　　　　*

A： 你 去 哪儿？
　　Nǐ qù nǎr?

B： 我 去 邮局 买 邮票。你 知道 小王 住在
　　Wǒ qù yóujú mǎi yóupiào. Nǐ zhīdao XiǎoWáng zhùzài
　　哪儿 吗？
　　nǎr ma?

A： 他 住在 学生 宿舍 2 层 234 号 房间。
　　Tā zhùzài xuésheng sùshè èr céng èrsānsì hào fángjiān.

四、生词　New Words

1　住　　　（动）　　zhù　　　　to live
2　多少　　（代）　　duōshao　　how many, how much
3　房间　　（名）　　fángjiān　　room

4	欢迎	(动)	huānyíng	to welcome
5	玩儿	(动)	wánr	to enjoy oneself, to play
6	常(常)	(副)	cháng(cháng)	often, usually
7	一起	(副、名)	yìqǐ	together
8	楼	(名)	lóu	building
9	知道	(动)	zhīdao	to know
10	问	(动)	wèn	to ask
11	对	(形、介、动)	duì	right, opposite
12	路	(名)	lù	road
13	邮局	(名)	yóujú	post office
14	学校	(名)	xuéxiào	school
15	邮票	(名)	yóupiào	stamp
16	层	(量)	céng	floor

专名　　Proper Names

1. 学院路　　Xuéyuàn lù　　Xueyuan Road
2. 东四大街　Dōngsì Dàjiē　Dongsi Avenue
3. 上海　　　Shànghǎi　　　Shanghai
4. 北京饭店　Běijīng Fàndiàn　Beijing Hotel
5. 北京　　　Běijīng　　　　Beijing

五、语法　　Grammar

1. 连动句　Sentences with verbal constructions in series

在动词谓语句中,几个动词或动词短语连用,并有同一主语,这样的句子叫连动句。例如:

If a sentence with a verbal predicate is composed of several verbs or verbal phrases which share the same subject, it is known as the sentence with verbal constructions in series. E. g.

(1)我去问他。
(2)王林常去看电影。
(3)星期天大卫来我家玩儿。
(4)我去他宿舍看他。

2. **状语** Adverbial adjuncts

动词、形容词前面的修饰成分叫状语。副词、形容词、时间词、介词结构等都可作状语。例如:

The modifying elements before verbs and adjectives are known as adverbial adjuncts. Adverbs, adjectives, time words and prepositional constructions can all be used as adverbial adjuncts. E. g.

(1)她常去我家玩。
(2)你们快来。
(3)我们八点去上课。
(4)他姐姐在银行工作。

六、练习 Exercises

1. **熟读下列词语并选择造句** Read until fluent the following words and make sentences with some of them

一起	常	在	问	买
玩儿	看	家	老师	书
看	听	大学	大夫	饭
吃	问	教室	谁	东西
来		银行		

2. **按照实际情况回答问题** Answer the following questions according to actual situations
   (1)你家在哪儿？你的宿舍在哪儿？
   (2)你住在几号楼？多少号房间？
   (3)星期日你常去哪儿？晚上你常作什么？
       你常写信吗？

3. **用下列词语造句** Make sentences with each pair of words given below
   例： 家   在
       王老师的家在北京大学。
   (1)商店   在
   (2)谁   认识
   (3)一起   听

4. **说话** Conversation
   介绍一下你的一个朋友 Say something about a friend of yours
   提示：他(她)的家在哪儿；住在哪儿；在哪儿学习或工作等等。
   suggested points: Where does he (she) live? Where does he (she) study or work?

5. **语音练习** Phonetic exercises

   (1)读下列词语： 第2声＋第1声
   Read the following words: 2nd tone ＋ 1st tone
   míngtiān   （明天）   zuótiān   （昨天）
   jié hūn   （结婚）   fángjiān   （房间）
   máoyī   （毛衣）   pángbiān   （旁边）

qiánbiān　（前边）　　shíjiān　（时间）
hóng huā　（红花）　　huí jiā　（回家）

(2) 常用音节练习　Drill on the frequently used syllables

wo ｛ wǒmen （我们）　　　ru ｛ rúguǒ （如果）
　　　wò shǒu （握手）　　　　　　rù xué （入学）
　　　niǎo wō （鸟窝）　　　　　　wǔrǔ （侮辱）

询问（五）	第十课　Lesson 10
xúnwèn	邮局在哪儿？
MAKING AN ENQUIRY (5)	Where is the post office?

一、句子　Sentences

53　八楼在九楼旁边。
　　Bā lóu zài jiǔ lóu pángbiān.
　　Building No. 8 stands next to Building No. 9.

54　去八楼怎么走？
　　Qù bā lóu zěnme zǒu?
　　Which way leads to building No. 8.

55　那个楼就是八楼。
　　Nà ge lóu jiù shì bā lóu.
　　That's Building No. 8.

56　请问，邮局在哪儿？
　　Qǐngwèn, yóujú zài nǎr?
　　Excuse me, but could you tell me where the post office is?

57　往前走，就是邮局。
　　Wàng qián zǒu, jiù shì yóujú.
　　The post office is just down the road.

58　邮局离这儿远
　　yóujú lí zhèr yuǎn
　　Is the post office far from here?

不远？
bu yuǎn?

59 百货大楼在什么地方？ Where is the department store?
Bǎihuò Dàlóu zài shénme dìfang?

60 在哪儿坐汽车？ Where is the bus stop?
Zài nǎr zuò qìchē?

二、会话 Conversation

学生： 同志，八楼在哪儿
xuésheng: Tóngzhì, bā lóu zài nǎr?

刘京： 在九楼旁边。
LiúJīng: Zài jiǔ lóu pángbiān.

学生： 怎么走？
xuésheng: Zěnme zǒu?

刘京： 你看，那个楼就是。
LiúJīng: Nǐ kàn, nà ge lóu jiù shì.

* * *

和子： 请问，邮局在哪儿？
Hézǐ: Qǐngwèn, yóujú zài nǎr?

A ： 在前边。
Zài qiánbiān.

和子： 怎么走？
Hézǐ: Zěnme zǒu?

A ： 往前走。
Wàng qián zǒu.

和子：离这儿远 不远？
Hézǐ： Lí zhèr yuǎn bu yuǎn?

A ： 不太远。就在银行旁边。
Bú tài yuǎn. Jiù zài yínháng pángbiān.

    *   *   *

玛丽：请问，百货大楼在什么地方？
Mǎlì： Qǐngwèn, Bǎihuò Dàlóu zài shénme dìfang?

B ： 王府井。
Wángfǔjǐng.

玛丽：远 吗？
Mǎlì： yuǎn ma?

B ： 不远。
Bù yuǎn

玛丽：在哪儿坐汽车？
Mǎlì： Zài nǎr zuò qìchē?

B ： 在那儿。
Zài nàr.

玛丽：谢谢！
Mǎlì： Xièxie!

注释 Notes

① "请问，邮局在哪儿？" "Please tell me where the post office is."
　　"请问"是向别人提问时的客套话。一定要用在提出问题之前。
　　"请问"（please）is a polite expression for making an enquiry of somebody about something. It is used before the actual question.

② "那个楼就是"、"就在银行旁边" "The building over there." "Right beside the bank."

85

这两句中的副词"就"都是用来加强肯定语气的。
The adverb "就" in both sentences is used to heighten the positive tone.

三、替换与扩展 Substitution and Extension

1. 八楼在哪儿?
   在九楼旁边。

留学生食堂	那个楼前边
他的宿舍	302号旁边

2. 邮局离这儿远不远?

他家	语言学院
北京饭店	这儿
食堂	宿舍

3. 在哪儿坐汽车?

学习汉语	工作
吃饭	休息

* * *

他爸爸在商店工作。那个商店离他家很近。他爸爸早上七点半去工作,下午五点半回家。
Tā bàba zài shāngdiàn gōngzuò. Nà ge shāngdiàn lí tā jiā hěn jìn. Tā bàba zǎoshang qī diǎn bàn qù gōngzuò, xiàwǔ wǔ diǎn bàn huí jiā.

四、生词 New Words

1	旁边	(名)	pángbiān	beside, next to
2	怎么	(代)	zěnme	how
3	走	(动)	zǒu	to go, to walk
4	就	(副)	jiù	right

5	请问		qǐngwèn	please (tell me), Excuse me, but…
6	往	(介)	wàng	to, towards
7	前	(名)	qián	front, before
8	离	(介)	lí	away from (a place)
9	这儿	(代)	zhèr	here
10	远	(形)	yuǎn	far
11	地方	(名)	dìfang	place, region
12	坐	(动)	zuò	to sit, to take a seat
13	汽车	(名)	qìchē	bus, car
14	同志	(名)	tóngzhì	comrade
15	前边	(名)	qiánbiān	in front of
16	那儿	(代)	nàr	there, over there
17	近	(形)	jìn	near

专名　Proper Names

1. 百货大楼　Bǎihuò Dàlóu　department store
2. 王府井　Wángfǔjǐng　the Wangfujing street

五、语法　Grammar

1. **方位词**　Words of location

"旁边"、"前边"等都是方位词。方位词是名词的一种，可以作主语、宾语、定语等句子成分。

方位词作定语时，一般要用"的"与中心语连接。例如"东边的房间"、"前边的商店"等。

"旁边"、"前边" are words of location, which make up a subclass of nouns. They may serve as such sentence elements as subjects, objects and attributives.

When used as attributives, they are normally linked with head nouns with "的", for example, "东边的房间" (the room on the east side), "前边的商店" (the shop in the front).

2. 正反疑问句　The Affirmative＋negative question

将谓语中的动词或形容词的肯定式和否定式并列，就构成了正反疑问句。例如：

An affirmative ＋negative question is formed by juxtaposing the verb or adjective of the predicate and its negative form. E. g.

(1) 你今天来不来？

(2) 这个电影好不好？

(3) 这是不是你们的教室？

(4) 王府井离这儿远不远？

六、练习　Exercises

1. 选词填空　Choose words to fill in the blanks

（去　在　离　回　买　往）

(1) 八楼＿＿＿九楼不太远。

(2) 食堂＿＿＿宿舍旁边。

(3) 邮局很近，＿＿＿前走就是。

(4) 今天晚上我不学习，＿＿＿家看电视。

(5) 我们＿＿＿宿舍休息一下吧。

(6) 这本(běn　measure word)书很好，你＿＿＿不＿＿＿？

2. **按照实际情况回答问题** Answer the questions according to actual situations

(1)谁在你旁边？谁在你前边？
(2)谁住在你旁边的房间？
(3)你知道邮局、银行在哪儿吗？怎么走？

3. **听述** Listen adn retell
邮局离银行不远,我常去那儿买邮票、寄(jì to post)信。书店在银行旁边。那个书店很大,书很多,我常去那儿买书。

4. **语音练习** Phonetic exercises

(1)读下列词语： 第2声＋第2声
Read the following words：2nd tone＋2nd tone

liúxué	（留学）	yínháng	（银行）
zhíyuán	（职员）	xuéxí	（学习）
shítáng	（食堂）	huídá	（回答）
tóngxué	（同学）	rénmín	（人民）
wénmíng	（文明）	értóng	（儿童）

(2)常用音节练习 Drills on the frequently used syllables

yi
- yīshēng （医生）
- yí ge （一个）
- yǐzi （椅子）
- yìjiàn （意见）
- piányi （便宜）

bu
- bù xīn （不新）
- bú qù （不去）
- bǔyǔ （补语）
- bùxié （布鞋）
- hǎo bu hǎo （好不好）

(3)朗读会话　Read aloud the conversation

A: Qǐngwèn, Běijīng Dàxué zài nǎr?
B: Zài Qīnghuá Dàxué xībiān.
A: Qīnghuá Dàxué dōngbiān shì Yǔyán Xuéyuàn ma?
B: Duì. Zhèr yǒu hěn duō dàxué. Yǔyán Xuéyuàn nánbiān hái yǒu hǎo jǐ ge dàxué.
A: Cóng zhèr wàng běi zǒu dàxué bù duō le.
B: Shì de.

复习 （二） Review II

一、会话 Conversation

王： 小卫(Xiǎo Wèi Little Wei)，我们什么时候去小李家？
卫： 星期天，好吗？
王： 好，他家在上海饭店(Shànghǎi Fàndiàn Shanghai Hotel)旁边吧？
卫： 他搬家(bān jiā move)了，现在在中华路(Zhōnghuá lù)38号。你认识那个地方吗？
王： 不认识，问一下小马吧。

    *   *   *

卫： 小马，中华路在什么地方？你知道吗？
马： 中华路离我奶奶(nǎinai grandma)家很近。你们去那儿作什么？
王： 看一个朋友。那儿离这儿远吗？
马： 不太远。星期天我去奶奶家，你们和我一起去吧。

    *   *   *

王： 小马，你奶奶不和你们住在一起吗？
马： 不住在一起。奶奶一个人住，我和爸爸、妈妈常去看她。
卫： 你奶奶身体好吗？
马： 身体很好。她今年六十七岁了。前边就是我奶奶家，你们去坐一会儿(yíhuìr a moment)吧！
王： 十点了，我们不去了。
马： 再见！
卫、王： 再见！

二、语法　Grammar

句子的主要成分 The main elements of a sentence

1. **主语和谓语** The subject and the predicate

　　句子一般可分为主语和谓语两大部分。主语一般在谓语之前。例如：

　　A sentence is normally divided into two parts, the subject and the predicate. Generally, the subject precedes the predicate.　E. g.

　　(1)你好！

　　(2)我去商店。

　　如果语言环境清楚，主语或谓语可省略。例如：

　　If the language situation is clear, the subject or predicate can be omitted. E. g.

　　(3)你好吗？

　　　　(我)很好。

　　(4)谁是学生？

　　　　他(是学生)。

2. **宾语** The Object

　　宾语是动词的连带成分，一般在动词后边。例如：

　　The object is an element related to a verb and usually follows the verb.

　　(1)我认识他。

　　(2)他有一个哥哥。

　　(3)他是学生。

3. **定语**　The Attributive

　　定语一般都修饰名词。定语和中心语之间有时用结构助词

"的",如"王兰的朋友";有时不用,如"我姐姐"、"好朋友"(见第五课语法2)。

An attributive usually modifies a noun. Sometimes, the structural particle "的" is needed between the attributive and the head noun, e. g. "王兰的朋友"; at other times, however, it is not required, e. g. "我姐姐","好朋友". (see Grammar 2 of Lesson 5)

4. **状语** The Adverbial adjunct

状语是用来修饰动词或形容词的。它一般要放在中心语的前边。例如:

An adverbial adjunct is used to modify a verb or an adjective. It usually precedes the head of a phrase. E. g.

(1)我很好。
(2)他们都来。
(3)他在家看电视。

三、练习 Exercises

1. **回答问题** Answer the questions
   (1)一年有几个月? 一个月有几个星期? 一个星期有几天(tiān days)?
   (2)今天几月几号? 明天星期几? 星期天是几月几号?
   (3)你家有几口人? 他们是谁? 你妈妈工作不工作? 你住在哪儿? 你家离学校远不远?

2. **用下面所给的句子练习会话** Practise conversations with the given words.
   (1)问候 Greet each other
   你好! 你早! 你…身体好吗?

你好吗？　　　早上好！　　他好吗？
你身体好吗？　你工作忙不忙？

(2) 相识、介绍　Get to know each other
你贵姓？　　　　他姓什么？　　我介绍一下儿。
你叫什么名字？　他是谁？　　　我叫_____。
你是_____。　　　　　　　　　我是_____。
　　　　　　　　　　　　　　　这是_____。
　　　　　　　　　　　　　　　认识你很高兴。

(3) 询问　Make an enquiry
 a. 问时间　about time　　b. 问住址　about an address
 …几月几号星期几？　　　你家在哪儿？
 …几点　　　　　　　　　你住在哪儿？
 你的生日_____？　　　　你住在多少号房间？
 你几点_____？
 你什么时候_____？

 c. 问路　about the way　d. 问家庭　about family
 …在哪儿？　　　　　　　你家有几口人？
 去…怎么走？　　　　　　你家有什么人？
 …离这儿远吗？　　　　　你家有谁？
 　　　　　　　　　　　　你有…吗？
 　　　　　　　　　　　　你…作什么工作？

3.　**语音练习**　Phonectic exercises

(1) 声调练习：　第 2 声＋第 2 声

Drill on tones: 2nd tone + 2nd tone

　　tóngxué　　　　（同学）

　　nán tóngxué　　　　（男同学）

　　nán tóngxué lái　　　　（男同学来）

　　nán tóngxué lái huá chuán　　　　（男同学来划船）

(2) 朗读会话　Read aloud the conversation

　A: yóujú lí zhèr yuǎn ma?

　B: Bú tài yuǎn, jiù zài nàr.

　A: Nà ge yóujú dà bu dà?

　B: Hěn dà. Nǐ jì dōngxi ma?

　A: Duì, hái mǎi jìniàn youpiào.

四、阅读短文　Read the passage

　　小张家有四口人：爸爸，妈妈、姐姐和他。

　　他爸爸是大夫。五十七岁了，身体很好。他工作也很忙，星期天常常不休息。

　　他妈妈是银行职员，今年五十五岁。

　　他姐姐是老师。今年二月结婚了。她不住在爸爸、妈妈家。

　　昨天是星期六，下午没有课。我们去小张家了。小张家在北京饭店旁边。我们到(dào arrive at)小张家的时候，小张的爸爸、妈妈不在家。我们和小张一起谈话(tán huà talk)、听音乐、看电视……。

　　五点半小张的爸爸、妈妈都回家了。他姐姐也来了。我们在他家吃了晚饭，晚上八点半我们就回学校了。

> 需要（一）
> xūyào
> NEEDS(1)

第十一课 Lesson 11
我要买桔子
I want to buy some oranges.

一、句子 Sentences

61 您要什么？ What would you like?
    Nín yào shénme?

62 苹果多少钱一斤？ How much is a jin of apples?
    Píngguǒ duōshao qián yì jīn?

63 两块五（毛）一斤。 Two yuan and fifty cents a jin.
    Liǎng kuài wǔ (máo) yì jīn.

64 您要多少？ How much would you like?
    Nín yào duōshao?

65 您还要别的吗？ What else do you want?
    Nín hái yào biéde ma?

66 我要买桔子。 I want to buy some oranges.
    Wǒ yào mǎi júzi.

67 （桔子）太贵了。 (Oranges) It is too expensive.
    (Júzi) tài guì le.

68 您尝尝。 Please have a taste.
    Nín chángchang.

二、会话 Conversation

售货员： 您要什么？
shòuhuòyuán： Nín yào shénme?

大卫： 我要苹果。多少钱一斤？
Dàwèi： Wǒ yào píngguǒ. Duōshao qián yì jīn?

售货员： 两块五（毛）。
shòuhuòyuán： Liǎng kuài wǔ (máo).

大卫： 那种呢？
Dàwèi： Nà zhǒng ne?

售货员： 一块三。
shòuhuòyuán： Yì kuài sān.

大卫： 要这种吧。
Dàwèi： Yào zhè zhǒng ba.

售货员： 要多少？
shòuhuòyuán： Yào duōshao?

大卫： 两斤。
Dàwèi： Liǎng jīn.

售货员： 还要别的吗？
shòuhuòyuán： Hái yào biéde ma?

大卫： 不要了。
Dàwèi： Bú yào le.

* * *

售货员： 您要买什么？
shòuhuòyuán： Nín yào mǎi shénme?

玛丽： 我要买桔子。一斤多少钱？
Mǎlì： Wǒ yào mǎi júzi. Yì jīn duōshao qián?

售货员：　　两　块　八。
shòuhuòyuán：　Liǎng kuài bā.

玛丽：　　太　贵　了。
Mǎlì：　　Tài guì le.

售货员：　　那　种　便宜。
shòuhuòyuán：　Nà zhǒng piányi.

玛丽：　　那　种　好不　好？
Mǎlì：　　Nà zhǒng hǎo bu hǎo?

售货员：　　您　尝尝。
shòuhuòyuán：　Nín chángchang.

玛丽：　　好，我　要　四　个。
Mǎlì：　　Hǎo, wǒ yào sì ge.

售货员：　　这　是　一　斤　半，三　块　七　毛　五　分。
shòuhuòyuán：　Zhè shì yī jīn bàn, sān kuài qī máo wǔ fēn.
　　　　　　还　买　别的　吗？
　　　　　　Hái mǎi biéde ma?

玛丽：　　不　要　了。
Mǎlì：　　Bú yào le.

注释　Notes

① "(苹果)多少钱一斤？"与"(桔子)一斤多少钱？"

　　这两句的句意相同，都是询问一斤的价钱。只是前句侧重"多少钱"能买一斤；后句侧重"一斤"需要多少钱。

　　Both sentences make an enquiry about the price of a jin (of oranges) and are thus the same in meaning. However, while the first lays stress on "多少钱", the second gives emphasis to "一斤".

② "**两块五毛**。"

人民币的计算单位是"元、角、分",口语里常用"块、毛、分",都是十进位。处于最后一位的"毛"或"分"可以省略不说。例如：

"元、角、分" are the monetary units of "Renminbi" (the Chinese currency), which adopts the decimal system. In colloquial Chinese, however, the use of "块、毛、分" is more preferable. "毛" and "分" may be omitted when they are at the end. E. g.

1.30 元 → 一块三　　　2.85 元 → 两块八毛五

③ "**两斤**"　　two jin

"两"和"二"都表示"2"。在量词前（或不用量词的名词前）一般都用"两",不用"二"。如"两个朋友"、"两斤苹果"等。但 10 以上数字中的"2"如 12、32 等数字中的"2",不管后面有无量词,都用"二",不用"两"。例如："十二点"、"二十二个学生"。

"两" and "二" both mean "2". Generally, "两" is used instead of "二" before a measure word (or a noun which does not take a measure word). E. g. "两个朋友", "两斤苹果" and so on. But for a figure bigger than 10, e. g. 12. 32. "二" is used instead of "两" no matter whether it is followed by a measure word or not. E. g. "十二点", 二十二个学生".

三、替换与扩展　Substitution and Extension

1. 您要什么？
   我要<u>苹果</u>。

看	看汉语书
吃	吃桔子
听	听录音
学习	学习汉语

2. 你尝尝。

| 吃 | 看 | 听 | 问 |

3. 我要买<u>桔子</u>。

看电视　吃苹果　喝汽水

*　　　　　*　　　　　*

1. 我　常　去　百货　大楼　买　东西。那儿　的　东西
   Wǒ cháng qù Bǎihuò Dàlóu mǎi dōngxi. Nàr de dōngxi
   很 多，也 很 便宜。
   hěn duō, yě hěn piányi.

2. A：你 要 喝 什么？
      Nǐ yào hē shénme?

   B：有 汽水 吗？
      Yǒu qìshuǐ ma?

   A：有。
      yǒu.

   B：要 两 瓶 吧。
      Yào liǎng píng ba.

四、生词　New Words

1	要	（动、能愿）	yào	to want, would like
2	苹果	（名）	píngguǒ	apples
3	钱	（名）	qián	money, currency
4	斤	（量）	jīn	jin (unit of weight)
5	块(元)	（量）	kuài(yuán)	(unit of currency)
6	毛(角)	（量）	máo (jiǎo)	(unit of currency)
7	还	（副）	hái	still
8	别的	（代）	biéde	anything else, other
9	桔子	（名）	júzi	oranges

10	尝	（动）	cháng	to taste
11	售货员	（名）	shòuhuòyuán	shop assistant
12	种	（量）	zhǒng	kind, sort
13	便宜	（形）	piányi	inexpensive, cheap
14	分	（量）	fēn	(smallest unit of Chinese currency)
15	录音			lù yīn	recording
16	喝	（动）	hē	to drink
17	汽水	（名）	qìshuǐ	soda water
18	多	（形、数、副）	duō	much, many
19	瓶	（名）	píng	bottle

五、语法 Grammar

1. **语气助词"了"（一）** The modal particle "了"

语气助词"了"有时表示情况有了变化。例如：

The modal particle "了" sometimes denotes that the situation has changed. E.g.

(1)这个月我不忙了。(以前很忙)

(2)现在他有工作了。(以前没有工作)

2. **动词重叠** Reduplication of verbs

汉语中某些动词可以重叠。动词重叠表示动作经历的时间短促或轻松、随便。有时也表示尝试。单音节动词重叠的形式是"AA"。例如"看看"、"听听"、"尝尝"。双音节动词重叠的形式是"ABAB"。例如："休息休息"、"介绍介绍"。

In the Chinese language, certain verbs may be reduplicated to denote short duration or ease and casualness of an act. Sometimes they mean to have a try. The form of reduplication for a monosyllabic verb is "AA", e. g. "看看"、"听听"、"尝尝", while the form of reduplication for a disyllabic verb is "ABAB", e. g. "休息休息""介绍介绍"。

六、练习　　Exercises

1. **用汉语读出下列钱数**　Read the following sums in Chinese：
   6.54元　　10.05元　　2.30元　　8.20元　　42.52元
   1.32元　　9.06元　　57.04元　　100元　　142.92元

2. **用动词的重叠式造句**　Make sentences with reduplicated verb forms：

   介绍　　看　　听　　学习　　休息　　玩儿

   例：问
   → 问问老师,明天上课吗？

3. **完成对话**　Complete the conversations：
   (1) A：_____。
   　　B：一瓶汽水八毛钱。

   (2) A：您买什么？
   　　B：_____。
   　　A：您要多少？
   　　B：_____。一斤桔子多少钱？
   　　A：_____。还要别的吗？
   　　B：_____。

4. **听述** Listen and retell:

我要买汉语书,不知道去哪儿买。今天我问小王,她说(shuō say),新华书店(Xīnhuá Shūdiàn Xinhua Bookstore)有,那儿的汉语书很多。明天下午我去看看。

5. **语音练习** Phonetic exercises

(1) 读下列词语　第2声＋第3声

Read the following words: 2nd tone ＋3rd tone

píjiǔ	(啤酒)	píngguǒ	(苹果)
yóulǎn	(游览)	shíjiǔ	(十九)
méiyǒu	(没有)	jiéguǒ	(结果)
máobǐ	(毛笔)	tíngzhǐ	(停止)
cídiǎn	(词典)	shípǐn	(食品)

(2) 常用音节练习　Drill on the frequently used syllables

you ┌ yǒuhǎo　(友好)　　　　zhi ┌ zhīshi　(知识)
　　│ yóuyǒng　(游泳)　　　　　　│ xìnzhǐ　(信纸)
　　│ zuǒyòu　(左右)　　　　　　│ yìzhí　(一直)
　　└ péngyou　(朋友)　　　　　└ zhèngzhì　(政治)

需要（二）
xūyào
NEEDS (2)

第十二课　Lesson 12
我想买毛衣
I want to buy a sweater.

一、句子　　Sentences

69　天冷了。
　　Tiān lěng le.
　　It is getting cold.

70　我想买件毛衣。
　　Wǒ xiǎng mǎi jiàn máoyī.
　　I want to buy a sweater.

71　星期天去，怎么样？
　　Xīngqītiān qù, zěnmeyàng?
　　What about going there on Sunday?

72　星期天人太多。
　　Xīngqītiān rén tài duō.
　　It is too crowded on Sunday.

73　我看看那件毛衣。
　　Wǒ kànkan nà jiàn máoyī.
　　I want to have a look at that sweater.

74　这件毛衣我可以试试吗？
　　Zhè jiàn máoyī wǒ kěyǐ shìshi ma?
　　Can I try on this sweater?

75 这件毛衣不大　　This sweater is just the right size.
　　Zhè jiàn máoyī bú dà
　　也不小。
　　yě bù xiǎo.

76 好极了。　　That's very nice.
　　Hǎo jí le.

二、会话　Conversation

大卫：　天冷了。我想买件毛衣。
Dàwèi：　Tiān lěng le. wǒ xiǎng mǎi jiàn máoyī.

玛丽：　我也要买东西。我们什么时候去？
Mǎlì：　Wǒ yě yào mǎi dōngxi. Wǒmen shénme shíhou qù?

大卫：　星期天去，怎么样？
Dàwèi：　Xīngqītiān qù, zěnmeyàng?

玛丽：　星期天人太多。
Mǎlì：　Xīngqītiān rén tài duō.

大卫：　那明天下午去吧。
Dàwèi：　Nà míngtiān xiàwǔ qù ba.

　　　　　＊　　　＊　　　＊

大卫：　同志，我看看那件毛衣。
Dàwèi：　Tóngzhì, wǒ kànkan nà jiàn máoyī.

售货员：　好。
shòuhuòyuán：　Hǎo.

大卫：　我可以试试吗？
Dàwèi：　Wǒ kěyǐ shìshi ma?

售货员：　您试一下儿吧。
shòuhuòyuán：　Nín shì yíxiàr ba.

玛丽： 这件太短了。
Mǎlì： Zhè jiàn tài duǎn le.

售货员： 您试试那件。
shòuhuòyuán： Nín shìshi nà jiàn.

大卫： 好，我再试一下儿。
Dàwèi： Hǎo, wǒ zài shì yíxiàr.

玛丽： 这件不大也不小。
Mǎlì： Zhè jiàn bú dà yě bù xiǎo.

大卫： 好极了，我就买这件。
Dàwèi： Hǎo jí le, wǒ jiù mǎi zhè jiàn.

注释 Notes

①"我想买件毛衣"（I want to buy a sweater）

量词前的数词"一"如不在句首，可以省略。所以"买一件毛衣"可以说"买件毛衣"。

The numeral "一" before a measare word may be omitted, if it does not occur at the beginning of a sentence. So "买一件毛衣" may be reduced to "买件毛衣".

②"这件太短了"（This one is too short.）

句中省略了中心语"毛衣"。在语言环境清楚时，中心语可以省略。

The head word "毛衣" in the sentence is omitted. When the language context is clear, the head word may be omitted.

③"好极了"wonderful

"极了"在形容词或某些状态动词后，表示达到最高程度。例如："累极了"、"高兴极了"、"喜欢(xǐhuan like, enjoy)极了"等等。

"极了" after adjectives or certain state verbs denotes "to the highest degree". E. g. "累极了"、"高兴极了"、"喜欢(xǐhuan like, enjoy)

极了.

三、替换与扩展　　Substitution and Extension

1. 我想买毛衣。

| 学习汉语 | 看电影 |
| 写信 | 喝汽水 |

2. 我看看那件 毛衣。

作	课	练习
穿	件	衣服
尝	种	桔子

3. 这件 毛衣不大也不小。

| 件 | 衣服 | 长 | 短 |
| 课 | 生词 | 多 | 少 |

*　　　　*　　　　*

1. 今天的 工作 很多，我累极了。
   Jīntiān de gōngzuò hěn duō, wǒ lèi jí le.

2. 那个电影 不太好，我不想 看。
   Nà ge diànyǐng bú tài hǎo, wǒu bù xiǎng kàn.

3. 请 你介绍介绍北京吧。
   Qǐng nǐ jièshao jièshao Běijīng ba.

四、生词　New Words

1	天	（名）	tiān	weather, sky
2	冷	（形）	lěng	cold
3	想	（能愿、动）	xiǎng	to feel like, to want
4	件	（量）	jiàn	a piece (measure word)
5	毛衣	（名）	máoyī	sweater

6	怎么样	（代）	zěnmeyàng	how, what about…
7	可以	（能愿）	kěyǐ	can, may
8	试	（动）	shì	to try on, to test
9	大	（形）	dà	big, large
10	小	（形）	xiǎo	little, small
11	极了		jí le	extremely, very
12	短	（形）	duǎn	short
13	再	（副）	zài	again
14	练习	（名、动）	liànxí	exercise, to practise
15	穿	（动）	chuān	to wear, to put on
16	衣服	（名）	yīfu	dress, clothes
17	长	（形）	cháng	long
18	生词	（名）	shēngcí	new words
19	少	（形）	shǎo	little, few

五、语法 Grammar

1. **主谓谓语句** The Sentence with a subject-predicate construction as its predicate

　　由主谓短语作谓语的句子叫主谓谓语句。主谓短语的主语所指的人或事物常跟全句的主语有关。例如：

　　A sentence with a subject-predicate phrase as its predicate is called the sentence with a subject-predicate construction as its predicate. The person or thing denoted by the subject of this phrase is often related to the subject of the whole sentence. E. g.

　　(1)他身体很好。

(2)我工作很忙。
(3)星期天人很多。

2. **能愿动词** Modal Verbs

能愿动词"想、要、可以、会"等常放在动词前边表示意愿、能力或可能。能愿动词的否定式是在能愿动词前加"不"。例如：

Modal verbs such as "想,要,可以,会" are often put before verbs to show will, capability or possibility. The negative forms of these verbs are formed by putting "不" before them. E. g.

(1)他要买书。
(2)我想回家。
(3)可以去那儿。
(4)我不想买东西。

能愿动词"要"的否定形式常用"不想"。例如：

"不想" is often used as the negative form of the modal verb "要". E. g.

(5)你要喝汽水吗？
——我现在不想喝。

带有能愿动词的句子,只要把能愿动词的肯定形式与否定形式并列起来,就构成了正反疑问句。例如：

For a sentence with a modal verb, its affirmative＋negative (V＋不＋V) question is formed by juxtaposing the positive form and the negative form of that modal verb. E. g.

(6)你想不想去长城？
(7)你要不要吃个苹果？

六、练习　Exercises

1. **填入适当的量词，然后用"几"或"多少"提问**
   Fill in the blanks with proper measure words and then raise questions with "几" or "多少"

   例：我要三_____桔子。

   → 　我要三斤桔子。

   　　你要几斤桔子？

   (1) 我想喝一_____汽水。

   (2) 我要买两_____衣服。

   (3) 我家有五_____人。

   (4) 一件毛衣八十_____六_____三。

   (5) 这是六_____苹果。

   (6) 那个银行有二十五_____职员。

   (7) 这课有十七_____生词。

2. **用括号中的词语完成句子**　Complete the following sentences with the words in the brackets.

   (不…也不…、太…了、…极了、可以、想)

   (1) 这种_____，那种便宜，我买那种。

   (2) 我很忙，今天_____，想休息休息。

   (3) 这件衣服_____，你穿_____极了。

   (5) 今天不上课，我们_____。

(5) 明天星期天，我＿＿＿＿＿＿＿＿＿＿＿＿＿＿＿。

3. **谈谈你买的一件东西** Talk about a thing you've bought
   提示：多少钱？贵不贵？买的时候有几种？那几种怎么样？
   Suggested points: How much money did you spend on it? Was it expen-sive? How many kinds were there at the time when you bought it? What did you think of the others?

4. **听述** Listen and retell
   A：这是小张买的毛衣。他穿太小，我穿太大，你试试怎么样？
   B：不长也不短，好极了。多少钱？
   A：不知道。不太贵。
   B：我们去问问小张。
   A：现在小张不在，下午再去问吧。

5. **语音练习** Phonetic exercises

   (1) 读下列词语： 第2声＋第4声
   Read the following words: 2nd tone＋4th tone

yóupiào	（邮票）	yúkuài	（愉快）
tóngzhì	（同志）	xuéyuàn	（学院）
shíyuè	（十月）	qúnzhòng	（群众）
chéngdù	（程度）	guójì	（国际）
wénhuà	（文化）	dédào	（得到）

   (2) 常用音节练习 Drill on the frequently used syllables

ji { jǐ ge　　　（几个）
　　 jì xìn　　　（寄信）
　　 zháojí　　　（着急）
　　 shōuyīnjī　（收音机）

yong { yóuyǒng　（游泳）
　　　 bú yòng　（不用）
　　　 yōngjǐ　　（拥挤）
　　　 yǒnggǎn　（勇敢）

需要（三）
xūyào
NEEDS(3)

第十三课　Lesson 13
要换车
You have to change buses.

一、句子　　Sentences

77　这 路 车 到 天安门 吗？
　　Zhè lù chē dào Tiān'ānmén ma?
　　Does this bus go to Tian An Men?

78　我买两张票。
　　Wǒ mǎi liǎng zhāng piào.
　　I want two tickets.

79　到天安门还有几站？
　　Dào Tiān'ānmén hái yǒu jǐ zhàn?
　　How many more stops are there before we reach Tian An Men?

80　天安门到了。
　　Tiān'ānmén dào le.
　　Here we are at Tian An Men?

81　哪儿上的？
　　Nǎr shàng de?
　　Where did you get on the bus?

82　去语言学院要换车吗？
　　Qù Yǔyán Xuéyuàn yào huàn chē ma?
　　Shall I change buses on my way to the Beijing Language Institute?

83　我会说一点儿
　　Wǒ huì shuō yìdiǎnr
　　I can speak a bit of Chinese.

汉语。
Hànyǔ.

84 换 几 路 车？　　Which bus shall I change into?
　　Huàn jǐ lù chē?

二、会话　Conversation

玛丽：　　同志，这路车到天安门吗？
Mǎlì:　　Tóngzhì, zhè lù chē dào Tiān'ānmén ma?

售票员：　到。上 车 吧。
shòupiàoyuán:　Dào. Shàng chē ba.

大卫：　　买 两 张 票。多少 钱 一 张？
Dàwèi:　　Mǎi liǎng zhāng piào. Duōshao qián yì zhāng?

售票员：　两 毛。
shòupiàoyuán:　Liǎng máo.

大卫：　　给 你 一 块 钱。
Dàwèi:　　Gěi nǐ yí kuài qián.

售票员：　找 你 六 毛。
shòupiàoyuán:　Zhǎo nǐ liù máo.

玛丽：　　请问，到天安门 还有 几 站？
Mǎlì:　　Qǐngwèn, dào Tiān'ānmén hái yǒu jǐ zhàn?

A：　　　三 站，你们 会 说 汉语？
　　　　Sān zhàn, nǐmen huì shuō Hànyǔ?

大卫：　　会 说 一点儿。
Dàwèi:　　Huì shuō yìdiǎnr.

玛丽：　　我 说 汉语 你 懂 吗？
Mǎlì:　　Wǒ shuō Hànyǔ, nǐ dǒng ma?

A：	懂。你们是哪国人？
	Dǒng. Nǐmen shì nǎ guó rén?
大卫：	我是法国人。
Dàwèi：	Wǒ shì Fǎguó rén.
玛丽：	我是美国人。
Mǎlì：	Wǒ shì Měiguó rén.
售票员：	天安门到了。请下车吧。
shòupiàoyuán：	Tiān'ānmén dào le. Qǐng xià chē ba.

* * *

大卫：	同志，我买一张票。
Dàwèi：	Tóngzhì, wǒ mǎi yì zhāng piào.
售票员：	哪儿上的？
shòupiàoyuán：	Nǎr shàng de?
大卫：	前一站。
Dàwèi：	Qián yí zhàn.
售票员：	去哪儿？
shòupiàoyuán：	Qù nǎr?
大卫：	去语言学院。要换车吗？
Dàwèi：	Qù Yǔyán Xuéyuàn. Yào huàn chē ma?
售票员：	要换车。
shòupiàoyuán：	Yào huàn chē.
大卫：	在哪儿换车？
Dàwèi：	Zài nǎr huàn chē?
售票员：	平安里
shòupiàoyuán：	Píng'ānlǐ.
大卫：	换几路车？
Dàwèi：	Huàn jǐ lù chē?

售票员：	换　331 路。
shòupiàoyuán：	Huàn sānsānyāo lù.
大卫：	谢谢！
Dàwèi：	Xièxie!
售票员：	不谢。
shòupiàoyuán：	Bú xiè.

注释

①"哪儿上的？" Where did you get on the bus?

句尾的"的"表示动作已经发生。

"的" at the end indicates that an action has already occurred.

②"要换车。" One has to change buses?

能愿动词"要"在这里表示事实上的需要。

The modal verb "要" here expresses an actual necessity.

③"你们会说汉语？" Can you speak Chinese?

句末用升调,表示疑问语气。

The rising tone at the end of a sentence has an interrogative implication.

三、替换与扩展　Substitution and Extension

1. 买两张票。

张	电影票,	个	本子
张	八分的邮票		
本	英语书		

2. 给你一块钱。

他	书,	我	本子
你	汽水,	你	苹果

3. 你是哪国人？
   我是法国人。

中国	美国
英国	日本

* * *

A： 你们会说汉语吗？
Nǐmen huì shuō Hànyǔ ma?

B： 他会说一点儿。我不会。
Tā huì shuō yìdiǎnr. Wǒ bú huì.

四、生词 New Words

1	车	（名）	chē	bus, train
2	到	（动）	dào	to reach, to get to
3	张	（量）	zhāng	(measure word)
4	票	（名）	piào	ticket
5	站	（名、动）	zhàn	bus stop; to stand
6	上	（动）	shàng	to get on
7	换	（动）	huàn	to change
8	会	（能愿、动）	huì	can, be able to
9	说	（动）	shuō	to speak
10	一点儿		yìdiǎnr	a bit, a little
11	售票员	（名）	shòupiàoyuán	conductor
12	给	（动、介）	gěi	to give
13	找	（动）	zhǎo	to look for, to change
14	懂	（动）	dǒng	to understand
15	哪	（代）	nǎ	which
16	国	（名）	guó	nation
17	下	（动）	xià	to get off

| 18 | 本子 | (名) | běnzi | exercise book |
| 19 | 本 | (量) | běn | (measure word) |

专名 Proper Names

1. 天安门 Tiān'ānmén Tian An Men
2. 法国 Fǎguó France
3. 平安里 Píng'ānlǐ Ping An Li
4. 中国 Zhōngguó China
5. 英国 Yīngguó Britain
6. 日本 Rìběn Japan

五、语法 Grammar

1. 双宾语动词谓语句

The sentence with a ditransitive verb as its predicate

汉语中某些动词可以带两个宾语,前一个是间接宾语(一般指人),后一个是直接宾语(一般指事物)。这种句子叫双宾语动词谓语句。例如:

Some verbs in Chinese may take two objects, the first being the indirect object (normally referring to persons) and the second being the direct object (normally referring to things). Such a sentence is known as the sentence with a ditransitive verb as its predicate. E. g.

(1) 我给你一本书。
(2) 他找我八毛钱。

2. 能愿动词"会" The Modal verb "会"

能愿动词"会"可以表示几种不同的意思。常用的有以下两种:

The Modal verb "会" has several different meanings. Frequently used are the following two:

(a) 通过学习掌握了某种技巧。例如:

to master a skill through learning, e.g.

(1) 他会说汉语。

(2) 我不会做中国饭。

(b) 表示可能性。例如:

to express possibility, e.g.

(3) 他会来吗?

——现在九点半了,他不会来了。

3. **数量词作定语** Numeral-measure compounds acting as attributives

在现代汉语里数词一般不能直接修饰名词。中间必须加上特定的量词。如"两张票"、"三个本子"、"五个学生"。

In modern Chinese, numerals are generally not used to modify nouns directly. One needs to put specific measure words befween them. e.g. "两张票","三个本子","五个学生".

六、练习 Exercises

1. **熟读下列短语并选择五个造句** Read until fluent the following phrases and choose five of them to make sentences:

给你   找钱   吃(一)点儿   说英语
作练习 穿衣服 坐汽车   去商店

2. **用上"在""往""去"完成句子** Complete the following sentences with "在","往","去"

(1)大卫_____学习汉语。

(2)我去王府井,不知道_____坐汽车。

(3)_____走,就是331路车站。

(4)请问,_____怎么走?

(5)我_____,欢迎你来玩儿。

3. **根据划线部分,用疑问代词提问** To use interrogative pronouns to ask questions about the underlined parts:

(1)山下和子是<u>日本</u>留学生。
(2)我有<u>三</u>个本子,<u>两</u>本书。
(3)我认识<u>大卫的</u>妹妹。
(4)<u>今天晚上</u>我去看电影。
(5)我<u>在平安里</u>坐汽车。
(6)他爸爸的身体<u>好极了</u>。

4. **听述** Listen and retell

我认识一个中国朋友,他在北京大学学习。昨天我想去看他。问小刘去北京大学怎么走。小刘说,北京大学离这儿很近,坐331路汽车可以到,我就去坐331路汽车。

331路车站就在前边,汽车来了,我问售票员,去不去北京大学,售票员说去,我很高兴,就上车了。

5. **语音练习** Phonetic exercises

(1) 读下列词语:第2声+轻声

Read the following words: 2nd tone+neutral tone

biéde　　　(别的)　　　pútao　　　(葡萄)

nánde	（男的）	lái le	（来了）
chuán shang	（船上）	júzi	（桔子）
máfan	（麻烦）	shénme	（什么）
tóufa	（头发）	liángkuai	（凉快）

(2) 常用音节练习　Drill on the frequently used syllables

liang ｛ liǎng ge （两个）　　lao ｛ láodòng （劳动）
　　　　liángkuai （凉快）　　　　　lǎoshī （老师）
　　　　yuèliang （月亮）　　　　　dǎlāo （打捞）

需要（四）
xūyào
NEEDS(4)

第十四课 Lesson 14
我要去换钱
I am going to change money.

一、句子　　Sentences

85　我没钱了。　　　　I am short of money.
　　Wǒ méi qián le.

86　听说，饭店里　　I hear that one can change money
　　Tīngshuō, fàndiàn li　in a hotel.
　　可以换钱。
　　kěyǐ huàn qián.

87　这儿能不能　　Is it possible to change money
　　Zhèr néng bu néng　here?
　　换钱？
　　huàn qián?

88　您带的什么钱？　What kind of money have you
　　Nín dài de shénme qián?　brought with you?

89　请您写一下儿　Please write down the sum of
　　Qǐng nín xiě yíxiàr　money.
　　钱数。
　　qián shù.

90　请数一数。　　　Please count the money.
　　Qǐng shǔ yi shǔ.

91　时间不早了。　　It is getting late.
　　Shíjiān bù zǎo le.

122

92 我们 快 走 吧! Let us hurry.
Wǒmen kuài zǒu ba!

二、会话 Conversation

玛丽: 钱 都 花 了，我 没 钱 了。我 要 去
Mǎlì: Qián dōu huā le, wǒ méi qián le. Wǒ yào qù
换 钱。
huàn qián.

大卫: 听说，饭店 里 可以 换 钱。
Dàwèi: Tīngshuō, Fàndiàn li kěyǐ huàn qián.

玛丽: 我们 去 问问 吧。
Mǎlì: wǒmen qù wènwen ba.

*　　　*　　　*

玛丽: 请问，这儿 能 不 能 换 钱?
Mǎlì: Qǐngwèn, zhèr néng bu néng huàn qián?

营业员: 能，您 带 的 什么 钱?
yíngyèyuán: Néng, Nín dài de shénme qián?

玛丽: 美元。
Mǎlì: Měiyuán.

营业员: 换 多少?
yíngyèyuán: Huàn duōshao?

玛丽: 五 百 美元。一 美元 换 多少
Mǎlì: Wǔ bǎi Měiyuán. Yì Měiyuán huàn duōshao
外汇券?
Wàihuìquàn?

营业员: 三 块 七 毛 四。请 您 写 一下儿
yíngyèyuán: Sān kuài qī máo sì. Qǐng nín. xiě yíxiàr

	钱 数。再写一下儿名字。
	qián shù. Zài xiě yíxiàr míngzì.
玛丽：	这样写，对不对？
Mǎlì:	Zhèyàng xiě, duì bu duì?
营业员：	对，给您钱，请数一数。
yíngyèyuán:	Duì, gěi nín qián, qǐng shǔ yi shǔ.
玛丽：	谢谢！
Mǎlì:	Xièxie!
大卫：	时间不早了。我们快走吧！
Dàwèi:	Shíjiān bù zǎo le. Wǒmen kuài zǒu ba!

注释 Notes

"请数一数"。 Please count the money

"数一数"与"数数"的意思相同。单音节动词重叠，中间可加"一"。例如"听一听"、"问一问"等。

"数一数" means the same as "数数". If a monosyllabic verb is reduplicated, one may add "一" in between, e.g. "听一听","问一问" and so on.

三、替换与扩展　Substitution and Extension

1. 听说，饭店里可以换钱。

他回国了	
大卫会说汉语	
小王会一点儿英语	

2. 请您写一下儿钱数。

问	电话号码
念	生词
写	这个汉字
等	玛丽

3. <u>我们快走吧!</u>

你来，	你们去
我们吃，	玛丽写

* * *

1. 没有 时间 了，不 等 他 了。
   Méiyǒu shíjiān le, bù děng tā le.
2. 这 是 他 的 信。请 你 给 他。
   Zhè shì tā de xìn. qǐng nǐ gěi tā.

四、生词 New Words

1	听说		tīng shuō	It is said, I hear
2	饭店	（名）	fàndiàn	hotel
3	里	（名）	lǐ	inside
4	能	（能愿）	néng	can, to be able to
5	带	（动）	dài	to take, to bring
6	数	（名）	shù	number
7	数	（动）	shǔ	to count
8	时间	（名）	shíjiān	time
9	快	（形）	kuài	quick, rapid
10	花	（动）	huā	to spend
11	营业员	（名）	yíngyèyuán	shop employee
12	美元	（名）	Měiyuán	American dollar
13	百	（数）	bǎi	hundred
14	外汇券	（名）	Wàihuìquàn	foreign exchange certificate

15	这样	（代）	Zhèyàng	this
16	电话	（名）	diànhuà	telephone
17	号码	（名）	hàomǎ	telephone number
18	念	（动）	niàn	to read
19	汉字	（名）	Hànzì	Chinese character
20	等	（动）	děng	to wait

五、语法　Grammar

1. **兼语句**　The pivotal sentence

谓语由两个动词短语组成,前一个动词的宾语同时又是后一个动词的主语,这种句子叫兼语句。兼语句的动词常常是带有使令意义的动词。如"请""让 ràng""叫"等。例如：

A sentence is called a pivotal sentence if its predicate consists of two verb phrases with the object of the first verb functioning at the same time as the subject of the second verb. In such a sentence, the first verb often has a causative meaning. "请","让","叫",etc. are verbs of this type. E. g.

(1)请您写一下儿名字。

(2)请他吃饭。

2. **语气助词"了"(二)**　Th modal particle "了"(2)

有时"了"表示某件事或某种情况已经发生。试比较下面两组对话：

Sometimes, "了" is used to denote that a certain event or situation has already taken place. Please compare the following two dialogues：

(1) $\begin{cases} 你去哪儿？\\ ——我去商店。\\ 你买什么？\\ ——我买苹果。\end{cases}$ (2) $\begin{cases} 你去哪儿了？\\ ——我去商店了。\\ 你买什么了？\\ ——我买苹果了。\end{cases}$

第(1)组对话没用"了"，表示"去商店""买苹果"这两件事尚未发生；第(2)组用"了"，表示这两件事已经发生了。

In the first dialogue "了" doesn't occur, which shows that the two events "去商店","买苹果" have not yet happened, but in the second dialogue "了" is used, which shows that the above-mentioned events have already taken place.

带语气助词"了"的句子，其否定形式是在动词前加副词"没（有）"，去掉句尾的"了"。正反疑问句是在句尾加上"……了没有"，或者并列动词的肯定形式和否定形式"…没…"。例如：

The negative form of the sentence with the modal particle "了" is realized by putting the adverb "没（有）" before the verb while omitting "了" at the end of the sentence. To form an affirmative＋negative sentence, one adds at its end "…了没有" or juxtaposes the affirmative and negative forms of the verb like this: "…没…". E.g.

(1) 他没去商店。
(2) 我没买苹果。
(3) 你吃饭了没有？
(4) 你吃没吃饭？

六、练习　Exercises

1. 用"要""想""能""会""可以"和括号中的词语完成句子
   Complete the following sentences with "要","想","能","会",

"可以"and words in the parentheses:

(1)明天我有课,＿＿＿＿＿＿＿＿＿＿＿＿。(玩儿)

(2)听说那个电影很好,＿＿＿＿＿＿＿＿＿＿。(看)

(3)你＿＿＿＿＿＿＿＿＿＿＿＿＿吗?(说)

(4)这个本子不太好,＿＿＿＿＿＿＿＿＿＿＿?(换)

(5)现在我＿＿＿＿＿＿＿,请你明天再来吧。(上课)

2. 用"再""可以""会""想"填空　Fill in the blands with "再","可以","会","想":

这个汉字我不＿＿＿＿写,张老师说,我＿＿＿＿去问他。我＿＿＿＿明天去。大卫说,张老师很忙,明天不要去,星期天＿＿＿＿去吧。

3. 完成对话　Complete the conversation

(1)A:＿＿＿＿＿＿＿＿＿＿＿＿＿?

B:我去看朋友了。

A:＿＿＿＿＿＿＿＿＿＿＿＿＿?

B:现在我回学校。

(2)A:＿＿＿＿＿＿＿＿＿＿＿＿,好吗?

B:好。你等一下,我去换件衣服。

A:＿＿＿＿＿＿＿＿＿＿＿＿,

B:这件衣服＿＿＿＿＿＿＿＿＿＿?

A：很好，我们走吧。

4. **听述**　　Listen and retell

和子想换钱。她听说学校的银行能换，就去了。营业员问她带的什么钱，要换多少，还说要写一下钱数和名字，和子都写了。换钱的时候营业员笑(xiào　lauhg)了。和子给营业员的不是钱，是食堂的饭票(fànpiào　mess card)，和子也笑了，她回宿舍去拿(ná to take)钱。

5. **语音练习**　　Phonetic exercises

(1) 读下列词语：第3声＋第1声
Read the following words: 3rd tone＋1st tone

Běijīng	（北京）	shǒudū	（首都）
hǎochī	（好吃）	měi tiān	（每天）
lǎoshī	（老师）	kǎoyā	（烤鸭）
qǐfēi	（起飞）	jiǎndān	（简单）
hěn gāo	（很高）	huǒchē	（火车）

(2) 常用音节练习　　Drill on frequently used syllables

li { lǐbiān （里边） / lìshǐ （历史） / líkāi （离开） / dàoli （道理） }

dao { zhīdao （知道） / dào le （到了） / shuāidǎo （摔倒） / dāozi （刀子） }

第十五课 Lesson 15
我要打国际电话
I want to make an international telephone call.

> 需要（五）
> xūyào
> NEEDS(5)

一、句子　　Sentences

93　这是新出的纪念邮票。
　　Zhè shì xīn chū de jìniàn yóupiào.
　　This is a newly-issued commemorative stamp.

94　还有好看的吗？
　　Hái yǒu hǎokàn de ma?
　　Are there any other good-looking stamps?

95　这几种怎么样？
　　Zhè jǐ zhǒng zěnmeyàng?
　　How about these kinds?

96　请你帮我挑挑。
　　Qǐng nǐ bāng wǒ tiāotiao.
　　Please help me choose…

97　一样买一套吧。
　　Yí yàng mǎi yí tào ba.
　　Give me a set each.

98　我要打国际电话。
　　Wǒ yào dǎ guójì
　　I want to make an international telephone call.

电话。
dianhuà.

99 电话 号码 是 多少？ What is the telephone number?
Diànhuà hàomǎ shì duōshao?

100 您的电话接通了。 Your line is through.
Nín de diànhuà jiē- tōng le.

二、会话 Conversation

和子： 有 纪念 邮票 吗？
Hézǐ： Yǒu jìniàn yóupiào ma?

营业员： 有，这是新出的。
yíngyèyuán： yǒu, zhè shì xīn chū de.

和子： 好。买两套。还有好看的吗？
Hézǐ： Hǎo. Mǎi liǎng tào Hái yǒu hǎokàn de ma?

营业员： 你看看，这几种 怎么样？
yíngyèyuán： Nǐ hànkan, zhè jǐ zhǒng zěnmeyàng?

和子： 请你帮我挑挑。
Hézǐ： Qǐng nǐ bāng wǒ tiāotiao.

营业员： 我看这四种 都很好。
yíngyèyuán： Wǒ kàn zhè sì zhǒng dōu hěn hǎo.

和子： 那一样买一套吧。这儿能打
Hézǐ： Nà yí yàng mǎi yí tào ba. Zhèr néng dǎ

	国际 电话 吗？
	guójì diànhuà ma?
营业员：	能，在 那儿。
yíngyèyuán:	Néng, zài nàr.

* * *

和子：	我 要 打 国际 电话。
Hézǐ:	Wǒ yào dǎ guójì diànhuà.
营业员：	打到 哪儿？
yíngyèyuán:	Dǎdào nǎr.
和子：	东京。
Hézǐ:	Dōngjīng.
营业员：	电话 号码 是 多少？
yíngyèyuán:	Diànhuà hàomǎ shì duōshao?
和子：	0 3- 9 0 7- 8 1 6 0
Hézǐ:	Líng sān- jiǔ líng qī- bā yāo liù líng
营业员：	请 写 一下儿。
yíngyèyuán:	Qǐng xiě yíxiàr.
和子：	要 先 交 钱 吗？
Hézǐ:	Yào xiān jiāo qián ma?
营业员：	要。
yíngyèyuán:	Yào.

* * *

营业员：	您 的 电话 接通 了。
yíngyèyuán:	Nín de diànhuà jiētōng le.
和子：	好，谢谢！
Hézǐ:	Hǎo, xièxie!

注释　Notes

"这几种怎么样?"（What about these few kinds?）

这里的"几"不是提问,是表示概数。是用来表示一个十以下的不确定的数目。例如"我有十几张邮票"、"教室里有几十个学生"等。

"几"here is not interrogative, but an approximation denoting an indefinite number under 10. E. g. "我有十几张邮票", "教室里有几十个学生", and so on.

三、替换与扩展　Substitution and Extension

1. 这是新出的纪念邮票。

   | 买 | 照相机 | | |
   | 做 | 衣服, | 来 | 老师 |

2. 请你帮我挑挑邮票。

   | 我 | 拿东西, | 我 | 找玛丽 |
   | 他 | 问电话号码, | 我 | 介绍工作 |

*　　　*　　　*

1. 我去邮局寄信。
   Wǒ qù yóujú jì xìn.

2. 他给我照一张相。
   Tā gěi wǒ zhào yì zhāng xiàng.

3. 我给东京的朋友打电话。我说汉语,
   Wǒ gěi Dōngjīng de péngyou dǎ diànhuà. Wǒ shuō Hànyǔ,
   他不懂,说日语,他懂了。
   tā bù dǒng, shuō Rìyǔ, tā dǒng le.

四、生词　New Words

| 1 | 新 | （形） | xīn | new |
| 2 | 出 | （动） | chū | to issue, to publish |

3	纪念	（名、动）	jìniàn	commemoration, to commemorate
4	好看	（形）	hǎokàn	good-looking, nice
5	帮	（动）	bāng	to help
6	挑	（动）	tiāo	to choose
7	样	（量、名）	yàng	kind, type
8	套	（量）	tào	set
9	打	（动）	dǎ	to make (a call)
10	国际	（名）	guójì	international
11	接	（动）	jiē	to answer (the call)
12	通	（动）	tōng	to be through
13	先	（副）	xiān	before hand, in advance
14	交	（动）	jiāo	to pay
15	照相机	（名）	zhàoxiàngjī	camera
16	做	（动）	zuò	to do, to make
17	拿	（动）	ná	to take
18	照相		zhào xiàng	to take a photo
19	寄	（动）	jì	to mail, to post

专名　Proper Names

东京　　Dōng jīng　　Tokyo

五、语法　Grammar

1. "是"字句（二）　The "是" sentence（2）

名词、代词、形容词等后面加助词"的"组成"的"字结构,具有名词的性质和作用,可独立使用。这种"的"字结构常出现在"是"字句里。例如：

The "的" construction, which consists of a noun, a pronoun or an adjective and the particle "的", has the same characteristics and functions as a noun. It may be used independently. The "的" construction often occurs in the "是" sentence. E. g.

(1)这个本子是我的。
(2)那套邮票是新的。
(3)这件毛衣不是玛丽的。

2. **结果补语**　The Complement of result

说明动作结果的补语叫结果补语。结果补语常由动词或形容词充任。例如"接通""写对"等。

The complement which tells the result of an action is known as the complement of result. As a rule, it is a verb or an adjective that acts as the complement of result. E. g. "接通", "写对" and so on.

动词"到"作结果补语,表示人或运行的器物通过动作达到某个地点或动作持续到某时间,也可以表示动作进行到某种程度。例如：

When the verb "到" is used as a complement of result, it shows that a person or a transportation vehicle has reached a certain place in the manner indicated by the preceding verb, or that the action expressed by the preceding verb (has) lasted up to a certain point of time or reached to a certain degree. E. g.

(1)他回到北京了。
(2)我们学到第十五课了。

(3)昨天晚上工作到十点。

带结果补语的句子的否定式是在动词前加"没(有)"。例如：
The negative form of a sentence with a complement of result is realized by putting "没(有)" before the main verb. E. g.
(4)我没买到那本书。
(5)大卫没找到玛丽。

六、练习 Exercises

1. **熟读下列词组，每组选择一个造句** Read until fluent the following phrases and make a sentence with one from each group：

$$新\begin{cases}书\\本子\\衣服\end{cases} \quad 帮\begin{cases}你找找\\他拿东西\\妈妈做饭\end{cases} \quad 先\begin{cases}去\\说\\吃\end{cases}$$

2. **仿照例句改写句子（用上适当的量词）** Rewrite the sentences by following the model (Try to use some appropriate measure words)

例： 这是一件新毛衣。
→这件毛衣是新的。

(1)这是妹妹的邮票。
(2)那是一本新书。
(3)这是第十二课的生词。
(4)这是一个日本电影。

3. **完成对话** Complete the conversations

(1)A：你找什么？

B：_____。

　　A：你的书是新的吗？

　　B：_____。

(2) A：_____？

　　B：我没有。你有纪念邮票吗？

　　A：有。

　　B：_____。

　　A：对，是新出的。

(3) A：这个照相机是谁的？

　　B：_____。

　　A：_____。

　　B：对，你看，很新。

4. **听述**　Listen and retell

　　这个照相机是大卫的。他新买的。昨天北京大学的两个中国学生来玩儿，我们一起照相了。北京大学的朋友说，星期日请我们去玩儿。北京大学很大，也很好看。我们去的时候，要先给他们打电话。

5. **语音练习**　Phonetic exercises

　　(1) 读下列词语：第3声＋第2声

　　Read the following words：3rd tone＋2nd tone

　　yǔyán　　　（语言）　　　yǐqián　　　（以前）

yǒu míng	（有名）	qǐ chuáng	（起床）
lǚxíng	（旅行）	Měiguó	（美国）
hěn cháng	（很长）	jǔxíng	（举行）
jiǎnchá	（检查）	zǎochén	（早晨）

(2)常用音节练习　Drill on frequently used syllables

zhong { yì zhǒng （一种） / fēn zhōng （分钟） / zhòngyào （重要）

zi { Hànzì （汉字） / zhuōzi （桌子） / zìjǐ （自己）

复习 （三） Review（Ⅲ）

一、会话　　Conversation

李：谁啊？〔听见敲门，去开门 to open the door.〕
王：小李，你好！
卫：我们来看你了。
李：是你们啊！快请进！
　　请坐；请喝茶(chá　tea)。
王、卫：谢谢！
李：你们怎么找到这儿的？
王：小马带我们来的。
卫：小马的奶奶家离这儿很近。他去奶奶家，我们就和他一起来了。
李：你们走累了吧？
王：不累，我们下车以后(yǐhou after)很快就找到了这个楼。
卫：你家离你工作的地方很远吧？
李：不远，坐18路汽车就可以到那儿。你们学习忙吧？
王：很忙，每天(měi tiān everyday)都有课，作业(zuòyè home work)也很多。
卫：今天怎么你一个人在家？你爸爸、妈妈呢？
李：我爸爸、妈妈的一个朋友要去美国，今天他们去看那个朋友了。
王：啊(à ah)十一点半了，我们去饭店吃饭吧。
李：到饭店去吃饭要等很长时间，也很贵，就在我家吃吧。我还要请你们尝尝我的拿手(náshǒu　to be good at)菜呢？
王、卫：太麻烦(máfan　troublesome　)你了。

二、语法　　Grammar

能愿动词小结　Summery of modal verbs

1. **想**

    表示主观上的意愿,侧重"打算"、"希望"。例如:

    想 expresses the will of a person, emphasising "打算(intention)", "希望(desire)". E. g.

    (1)你想去商店吗?

    ——我不想去商店,我想在家看电视。

2. **要**

    能愿动词"要"的主要意思和用法有:

    The main meanings and uses of the modal verb "要" are as follows:

    a. 表示主观意志上的要求。否定式是"不想"。例如:

    to express the wish of a person. Its negative form is "不想". E. g.

    (1)我要买件毛衣。

    (2)你要看这本书吗?

    ——我不想看,我要看那本杂志。

    b. 表示客观事实上的需要。否定式常用"不用"。例如:

    to express practical necessity. It's negative form is usually "不用". E. g.

    要换车吗?

    ——要换车(不用换车)。

3. **会**

    a. 表示通过学习掌握一种技能。例如:

    to show that one masters a skill through learning. E. g.

    (1)他会说汉语。

    (2)我不会做菜。

b. 表示可能性。例如：
to express possibility. E. g.

现在十点了，他不会来了吧？
——别着急(bié zháojí don't worry)，他会来的。

4. 能
表示具有某种能力。例如：
to express capability. E. g.
大卫能用汉语谈话(tánhuà　talk, speak　)

也可表示客观上的允许。例如：
also to express objective permission. E. g.
你明天上午能来吗？
——不能来，明天我有事。

5. 可以
表示客观或情理上的许可。例如：
to express objective or rational permission. E. g.
(1)我们可以走了吗？
——可以。
(2)我们可以在这儿玩儿吗？
——不可以，这儿要上课。

三、练习　　Exercises

1. **用动词"给"和括号内词语造双宾语句** Make sentences with two objects by using the verb "给" and the words in the parentheses：

(本子　词典　钱　纪念邮票　苹果)

2. **回答问题**　Answer the following questions:
   (1)这本书生词多吗？
   (2)你的词典是新的吗？　那本书是谁的？
   (3)你会说汉语吗？　你会不会写汉字？

3. **用下面所给的句子,进行会话练习**　Practise conversations with the following sentences:

   (1)买东西
   你要买什么？　　　　　请问,有……吗？
   要多少？　　　　　　　一(斤)多少钱
   还要别的吗？　　　　　多少钱一(斤)？
   请先交钱。　　　　　　在这儿交钱吗？
   找你……钱。　　　　　在哪儿交钱？
   请数一数。　　　　　　给你钱。

   (2)坐车
   这路车到……吗？　　　我去……。
   到…还有几站？　　　　在…上的。
   一张票多少钱？　　　　在…下车。
   买…张票。
   在哪儿换车？
   换几路车？

   (3)换钱
   这儿能换钱吗？　　　　你带的什么钱？
   …能换多少外汇券？　　换多少？

请写一下钱数和名字。

4. **语音练习** Phonetic exercises

(1)声调练习:第4声+第3声

Drill on tones: 4th tone+3rd tone

Hànyǔ　　（汉语）

huì jiǎng Hànyǔ　　（会讲汉语）

Dàdǎo huì jiǎng Hànyǔ　　（大岛会讲汉语）

(2)朗读会话　Read aloud the conversation

A: Nǐ lěng ma?

B: Yǒudiǎnr lěng.

A: Gěi nǐ zhè jiàn máoyī.

B: Wǒ shìshi.

A: Bú dà yě bù xiǎo.

B: Xièxie.

四、阅读短文　Read the passage

我跟大卫说好(shuōhǎo　to arrange)星期天一起去友谊商店。星期天那天,我很早就起床了。我家离友谊商店不太远。八点半坐车去,九点就到了。星期天,买东西的人很多。我在友谊商店前边等大卫。等到九点半,大卫还没有来,我就先进去(jìnqu to enter)了。

友谊商店不太大。东西也不太多。我想买毛衣,不知道在哪儿买。我问售货员,售货员说在二层。我就上楼了。

这儿的毛衣很好看,也很贵。有一件毛衣我穿不长也不短。我去交钱的时候,大卫来了。他说:"坐车的人太多了,我来晚了,真对不起(duìbuqǐ　　to beg your pardon)"。我说:"没什么"。我们就一起去买别的东西了。

相约 （一）
xiāngyuē
MAKING AN APPOINTMENT
(1)

第十六课　Lesson 16
你看过京剧吗？
Have you ever watched any Beijing operas?

一、句子　Sentences

101　你看过京剧吗？
　　　Nǐ kànguo jīngjù ma
　　　Have you ever watched any Beijing operas?

102　我没看过京剧。
　　　Wǒ méi kànguo jīngjù.
　　　I haven't watched any Beijing operas.

103　你知道哪儿演京剧吗？
　　　Nǐ zhīdao nǎr yǎn jīngjù ma?
　　　Do you know where Beijing opera is put on?

104　你买到票以后告诉我。
　　　Nǐ mǎidào piào yǐhòu gàosu wǒ.
　　　After you have bought the tickets, please let me know

105　我还没吃过北京烤鸭呢！
　　　Wǒ hái méi chīguo Běijīng kǎoyā ne!
　　　I haven't had any Beijing roast duck yet.

106　我们应该去
　　　Wǒmen yīnggāi qù
　　　We should go and have a taste of it.

145

尝 一 尝。
　　cháng yi cháng.

107　不 行。　　　　　　No, I can't. (It is not possible.)
　　Bù xíng.

108　有 朋友 来 看　　A friend of mine will come to see
　　Yǒu péngyou lái kàn　me.
　　我。
　　wǒ.

二、会话　Conversation

玛丽：你 看过 京剧 吗？
Mǎlì： Nǐ kànguo jīngjù ma?

大卫：没 看过。
Dàwèi： Méi kànguo.

玛丽：听说 很 有意思。
Mǎlì： Tīngshuō hěn yǒuyìsi.

大卫：我 很 想 看，你 呢？
Dàwèi： Wǒ hěn xiǎng kàn, nǐ ne?

玛丽：我 也 很 想 看。你 知道 哪儿 演 吗？
Mǎlì： Wǒ yě hěn xiǎng kàn. Nǐ zhīdao nǎr yǎn ma?

大卫：人民 剧场 常 演。
Dàwèi： Rénmín Jùchǎng cháng yǎn.

玛丽：那 我们 星期六 去 看，好 不 好？
Mǎlì： Nà wǒmen xīngqīliù qù kàn, hǎo bu hǎo?

大卫：当然 好。明天 我 去 买 票。
Dàwèi： Dāngrán hǎo. Míngtiān wǒ qù mǎi piào.

玛丽：买到 票 以后 告诉 我。
Mǎlì： Mǎidào piào yǐhòu gàosu wǒ.

大卫：好。
Dàwèi: hǎo.

* * *

和子：听说，烤鸭是北京的名菜。
Hézǐ: Tīngshuō, kǎoyā shì Běijīng de míngcài.

玛丽：我还没吃过呢！
Mǎlì: wǒ hái méi chīguo ne!

和子：我们应该去尝一尝。
Hézǐ: Wǒmen yīnggāi qù cháng yi cháng.

玛丽：二十八号晚上我没事，你呢？
Mǎlì: Ershíbā hào wǎnshang wǒ méi shì, nǐ ne?

和子：不行，有朋友来看我。
Hézǐ: Bù xíng, yǒu péngyou lái kàn wǒ.

玛丽：三十号晚上怎么样？
Mǎlì: Sānshí hào wǎnshang zěnmeyàng?

和子：可以。
Hézǐ: Kěyǐ.

三、替换与扩展 Substitution and Extension

1. 你看过京剧吗？

   | 去 长城 ， 喝 那种茶 |
   | 吃 那种菜， 喝 这种酒 |

2. 买到票以后告诉我。

   | 收 信 ， 买 词典 |
   | 见 玛丽， 买 咖啡 |

3. 我们应该去尝一尝

147

烤鸭。

> 看 京剧， 问 老师
> 听 音乐， 找 他们

* * *

1. 玛丽，快 来，有 人 找 你。
   Mǎlì, kuài lái, yǒu rén zhǎo nǐ.
2. A：你 看 杂技 吗？
   Nǐ kàn zájì ma?
   B：不 看。昨天 的 练习 我 还 没 作 呢。
   Bú kàn. zuótiān de liànxí wǒ hái méi zuò ne.

四、生词 New Words

1	过	（助）	guo	(structual particle)
2	京剧	（名）	jīngjù	Beijing opera
3	演	（动）	yǎn	to put on, to perform
4	以后	（名）	yǐhòu	later, afterwards
5	告诉	（动）	gàosu	to tell, to inform
6	烤鸭	（名）	kǎoyā	roast duck
7	应该	（能愿）	yīnggāi	ought to, should
8	行	（形、动）	xíng	It's OK
9	有意思		yǒuyìsi	interesting
10	当然	（副、形）	dāngrán	of course, certainly
11	名菜		míngcài	famous dish
12	事	（名）	shì	event
13	茶	（名）	chá	tea

14	菜	（名）	cài	dish
15	酒	（名）	jiǔ	wine
16	收	（动）	shōu	to collect, to gather
17	词典	（名）	cídiǎn	dictionary
18	咖啡	（名）	kāfēi	coffee
19	杂技	（名）	zájì	acrobatics

专名 Proper Names

人民剧场　Rénmín Jùchǎng　People's Opera theatre

五、语法　Grammar

1. 动态助词"过"The perfective-aspect particle"过"

动态助词"过"在动词后，说明某种动作曾在过去发生。常用来强调有过这种经历。例如：

The perfective-aspect particle"过"is put after a verb to denote that an action has occurred. This particle is usually used to highlight that experience. E. g.

(1)我去过长城。

(2)我学过汉语。

(3)我没吃过烤鸭。

它的正反疑问句是"…过…没有"。例如：

Its affirmative + negative interrogative form is"…过…没有". E. G.

(4)你去过美国没有？

(5)你看过那个电影没有？

在连动句里要表示过去的经历,"过"一般放在第二个动词之后。例如:

To express a past experience with the sentence with verbal constructions in series, one normally puts "过" after the second verb. E. g.

(6)我去那个饭店吃过饭。

2. **无主句** The sentence without the subject

绝大部分句子都由主语、谓语两部分组成。也有一些句子只有谓语没有主语的,这种句子叫无主句。例如:

Most sentenes are made up of two parts, the subject and the predicate. But there are a number of sentences that lack the subject. Such a sentence is called the sentence without the subject. E. g.

(1)有人找你。
(2)有人请你看电影。

3. **"还没(有)…呢""…Not yet…"**

表示一个动作现在还未发生或尚未完成。例如:

It denotes that an action has not taken place or completed up to now. E. g.

(1)他还没(有)来呢。
(2)这件事我还不知道呢。
(3)我还没吃过烤鸭呢。

六、练习　Exercises

1. **用"了"或"过"完成句子** Complete the following sentences with "了" or "过":

(1)听说中国的杂技很有意思,我还_____。

(2)昨天我_____。这个电影很好。

(3)他不在,他去_____。

(4)你看_____吗？听说很好。

(5)你_____？这种酒不太好喝。

2. 用"了"或"过"回答问题 Answer the following questions with "了" or "过"：

(1)你来过中国吗？来中国以后去过什么地方？

(2)来中国以后你打过电话吗？

(3)昨天晚上你作什么了？你看电视了吗？

(4)你常听录音吗？昨天听录音了没有？

3. 把下列句子改成否定句 Change the following sentences into the negative forms：

(1)我找到那个本子了。

(2)我看过京剧。

(3)他学过这个汉字。

(4)我吃过这种菜。

(5)玛丽去过那个书店。

4. **听述** Listen and retell

以前(yǐqián before)我没看过中国的杂技。昨天晚上我看了。中国杂技很有意思。以后我还想看。

我也没吃过中国菜。小王说他会做中国菜,星期六请我吃。

5. **语音练习** Phonetic exercises

(1)读下列词语： 第3声＋第3声

Read the following words: 3rd tone + 3rd tone

yǒuhǎo	(友好)	wǎndiǎn	(晚点)
yǔfǎ	(语法)	liǎojiě	(了解)
zhǎnlǎn	(展览)	hěn duǎn	(很短)
hǎishuǐ	(海水)	gǔdiǎn	(古典)
guǎngchǎng	(广场)	yǒngyuǎn	(永远)

(2) 常用音节练习 drill on frequently used syllables:

guo
- guòqù (过去)
- guójì (国际)
- chīguo (吃过)
- shuǐguǒ (水果)

shang
- shāngdiàn (商店)
- Shànghǎi (上海)
- chē shang (车上)
- xīnshǎng (欣赏)

相约（二）
xiāngyuē
MAKING AN APPOINTMENT
(2)

第十七课　Lesson 17
去动物园
To the Zoo

一、句子　Sentences

109　这 两 天 天气 很 好。
　　　Zhè liǎng tiān tiānqì hěn hǎo.
　　　The weather has been fine in the last two days.

110　我们 出去 玩儿 玩儿 吧。
　　　Wǒmen chūqu wánr wanr ba.
　　　Let's go for an outing.

111　去 哪儿 玩儿 好 呢？
　　　Qù nǎr wánr hǎo ne?
　　　Where shall we go for an outing?

112　去 北海 公园 看看 花儿，
　　　Qù Běihǎi Gōngyuán kànkan huār,
　　　Let's go to the Beihai Park to look at the flowers and go boating.

划划 船。
huáhua chuán.

113 今天 天气 多 好 啊！ What a fine day, today!
jīntiān tiānqì duō hǎo a!

114 去年 他 在 这儿 学过 汉语。 He studied Chinese here last year.
Qùnián tā zài zhèr xuéguo Hànyǔ.

115 他 上午 到 还是 下午 到？ When will he arrive, in the morning or in the afternoon?
Tā shàngwǔ dào háishi xiàwǔ dào?

116 我 跟 你 一起 去。 I'll go wiht you.
Wǒ gēn nǐ yìqǐ qù.

二、会话 Conversation

张： 这 两 天 天气 很 好。我们 出去 玩儿 玩儿 吧。
Zhāng: Zhè liǎng tiān tiānqì hěn hǎo. Wǒmen chūqu wánr wánr ba.

和子： 去 哪儿 玩儿，好 呢？
Hézǐ: Qù nǎr wánr, hǎo ne?

张： 去 北海 公园， 看看 花， 划划 船，
Zhāng： Qù Běihǎi Gōngyuán, kànkan huār, huáhua chuán,
多 好 啊！
duō hǎo a!

和子： 上 星期我 去过 了，去别的 地方 吧。
Hézǐ： Shàng xīngqī wǒ qùguo le, qù biéde dìfang ba.

张： 去 动物园 怎么样？
Zhāng： Qù dòngwùyuán zěnmeyàng?

和子： 行，还可以看看 熊猫 呢。
Hézǐ： Xíng, hài kěyǐ kànkan xióngmāo ne.

张： 什么 时候 去？
Zhāng： Shénme shíhou qù?

和子： 星期天 吧。
Hézǐ： Xīngqītiān ba.

* * *

和子： 你 认识 西川 一郎 吗？
Hézǐ： Nǐ rènshi Xīchuān Yīláng ma?

刘京： 当然 认识。去年 他 在 这儿 学过
LiúJīng： Dāngrán rènshi. Qùnián tā zài zhèr xuéguo
汉语。
Hànyǔ.

和子： 你 知道 吗？明天 他 来 北京。
Hézǐ： Nǐ zhīdao ma? Míngtiān tā lái Běijīng.

刘京： 不 知道。他 上午 到 还是 下午 到？
LiúJīng： Bù zhīdao. Tā shàngwǔ dào háishi Xiàwǔ dào?

和子： 下午两点，我去机场接他。
Hézǐ： Xiàwǔ liǎng diǎn, wǒ qù jīchǎng jiē tā.

刘京： 明天下午没有课，我跟你一起去。
LiúJīng： Míngtiān xiàwǔ méi yǒu kè, wǒ gēn nǐ yìqǐ qù.

和子： 好的。
Hézǐ： Hǎo de.

刘京： 怎么去？
LiúJīng： Zěnme qù?

和子： 坐车去，一点我去叫你。
Hézǐ： Zuò chē qù, yì diǎn wǒ qù jiào nǐ.

注释 Notes

"这两天天气很好。"(The weather has been fine in the last two days.)

"这两天"是表示"最近"的意思。"两"在这里表示概数。
"这两天"means"最近"。"两"here is only an approximate number.

三、替换与扩展 Substitution and Extension

1. 这两天<u>天气很好</u>。

我没事	他很忙
小王身体不好	
他们有考试	

2. 看看花,划划船,多好啊! 　　　|有意思　高兴|

3. 他上午到还是下午到? 　　　|今天　明天,下星期　这个星期
　　坐汽车　骑自行车|

　　　　　　＊　＊　＊

1. 十月一号、二号不上课,我们可以出去
   Shíyuè yí hào、èr hào bú shàng kè, wǒmen kěyǐ chūqu
   玩儿玩儿。
   wánr wanr.

2. 去动物园哪条路近?
   Qù dòngwùyuán nǎ tiáo lù jìn?
   ——这条路最近。
   Zhè tiáo lù zuì jìn.

四、生词　New Words

1	天气	(名)	tiānqì	weather
2	出	(动)	chū	to go out
3	花	(名)	huār	flower
4	划	(动)	huá	to row
5	船	(名)	chuán	boat
6	啊	(叹、助)	a	(an interjection)
7	去年	(名)	qùnián	last year
8	学	(动)	xué	to study

9	还是	(连)	háishi	or
10	跟	(介)	gēn	and, with
11	上	(名)	shàng	on, above, over
12	动物园	(名)	dòngwùyuán	zoo
13	熊猫	(名)	xióngmāo	panda
14	机场	(名)	jīchǎng	airport
15	考试	(动、名)	kǎoshì	examination
16	下	(名)	xià	under, below
17	骑	(动)	qí	to ride
18	自行车	(名)	zìxíngchē	bicycle
19	条	(量)	tiáo	(measure word)
20	最	(副)	zuì	most

专名 Proper Names

1	北海公园	Běihǎi Gōngyuán	the Beihai Park
2	西川一郎	Xīchuān Yīláng	a person's name

五、语法 Grammar

1. 选择疑问句 The Alternative question

用连词"还是"连接两种可能的答案,由回答的人选择其一,这种疑问句叫选择疑问句。例如:

A question with two possible answers joined by the conjunction "还是" for the replier to choose from is called the alternative question. E. g.

(1)你上午去还是下午去?
(2)你喝咖啡还是喝茶?
(3)你一个人去还是跟朋友一起去?

2. **表示动作方式的连动句**　The sentence with verbal expressions in series showing the manner of an action

这种连动句中前一个动词或动词短语表示动作的方式。如"用汉语介绍"、"骑自行车去"等等。

In a sentence with verbal expressions in series, the first verb (phrase)shows the manner of an action. E. g."用汉语介绍","骑自行车去",and so on.

3. **趋向补语(一)**　The directional complement(1)

一些动词后边常用"来"、"去"作补语,表示动作的趋向,这种补语叫趋向补语。动作如果向着说话人的就用"来",与之相反的就用"去"。例如:

"来"or"去"is often used after a number of verbs as a complement to show the direction of an action and is known as a directional complement. If the action is in the direction towards the speaker,"来"is used; however,if the opposite is the case,"去"is used. E. g.

(1)上课了,快进来吧。(说话人在里边)
(2)他不在家,出去了。(说话人在家里)
(3)玛丽,快下来!(说话人在楼下,玛丽在楼上)

六、练习　Exercises

1. **给下面的词配上适当宾语并造句** Match the following words with proper objects and make sentences with each of them:

坐_____　划_____　骑_____　演_____

拿_____　换_____　穿_____　打_____

2. **根据所给的内容用"还是"提问** Raise questions with "还是" on the basis of the given content：

例：六点半起床　七点起床
——→你六点半起床还是七点起床？

(1) 去北海公园　　　　去动物园
(2) 看电影　　　　　　看杂技
(3) 坐汽车去　　　　　骑自行车去
(4) 你去机场　　　　　他去机场
(5) 今年回国　　　　　明年回国

3. **仿照下面的例子会话** Make a conversation by following the model：

例：
A：你去哪儿？
B：我去北京大学。
A：你去北京大学作什么？
B：我去北京大学看朋友。

(1) 去北京饭店　　　　吃饭
(2) 去邮局　　　　　　打国际电话
(3) 去人民剧场　　　　看京剧

4. **听述** Listen and retell
小张告诉我，离我们学院不远有一个果园(guǒyuán orchard)。

那个果园有很多水果(shuǐguǒ fruit)。可以看,可以吃,也可以买。我们应该去看看。

我们想星期日去。我们骑自行车去。

5. **语音练习** Phonetic exercises

(1)读下列词语： 第3声＋第4声

Read the following words：3rd tone＋4th tone

gǎnxiè	（感谢）	kǎoshì	（考试）
yǒuyì	（友谊）	wǎnfàn	（晚饭）
qǐng zuò	（请坐）	zěnyàng	（怎样）
mǎlù	（马路）	fǎngwèn	（访问）
mǎidào	（买到）	yǒu shì	（有事）

(2)常用音节练习 Drill on frequently used syllables

ge ｛ liǎng ge （两个） / chàng gē （唱歌） / gǎigé （改革）

ren ｛ rénmín （人民） / rěnràng （忍让） / rènzhēn （认真）

迎接（一）
yíngjiē
WELCOME
(1)

第十八课　Lesson 18
路上辛苦了
Did you have a good trip?

一、句子　Sentences

117　从 东京 来 的　Has the plane from Tokyo arrived?
　　　Cóng Dōngjīng lái de
　　　飞机 到 了 吗？
　　　fēijī dào le ma?

118　飞机 晚点 了。　The plane is behind schedule.
　　　Fēijī wǎndiǎn le.

119　飞机 快 要 起飞　The plane is about to take off.
　　　Fēijī kuài yào qǐfēi
　　　了。
　　　le.

120　飞机 大概 三 点　The plane may arrive around 3:30.
　　　Fēijī dàgài sān diǎn
　　　半 能 到。
　　　bàn néng dào.

121　我们 先 去 喝　Let's have a drink first and come back here later.
　　　Wǒmen xiān qù hē
　　　点儿 水，一会儿
　　　diǎnr shuǐ, yíhuìr

再 来 这儿 吧。
zài lái zhèr ba.

122 路上 辛苦 了。 Did you have a good trip?
Lù shang xīnkǔ le.

123 你 怎么 知道 我 How did you know I would come?
Nǐ zěnme zhīdao wǒ
要 来？
yào lái?

124 是 他 告诉 我 的。 He told me about that.
Shì tā gàosu wǒ de.

二、会话 Conversation

和子： 从 东京 来 的 飞机 到 了 吗？
Hézǐ： Cóng Dōngjīng lái de fēijī dào le ma?

服务员：还 没 到。
fúwùyuán： Hái méi dào.

和子： 为什么？
Hézǐ： Wèishénme?

服务员：晚点 了。飞机 现在 在 上海。
fúwùyuán： Wǎndiǎn le. Fēijī xiànzài zài Shànghǎi.

和子： 起飞 了 吗？
Hézǐ： Qǐfēi le ma?

服务员：快 要 起飞 了。
fúwùyuán： Kuài yào qǐfēi le.

和子： 什么 时候 能 到？
Hézǐ： Shénme shíhou néng dào?

服务员：大概三点半能到。
fúwùyuán: Dàgài sān diǎn bàn néng dào.

和子：刘京，我们先去喝点儿水，一会儿
Hézǐ: LiúJīng, wǒmen xiān qù hē diǎnr shuǐ, yíhuìr
再来这儿吧。
zài lái zhèr ba.

* * *

和子：你看，西川来了。
Hézǐ: Nǐ kàn, Xīchuān lái le.

刘京：你好！路上辛苦了。
LiúJīng: Nǐ hǎo! lù shang xīnkǔ le.

西川：你们好！刘京，你怎么知道我要来？
Xīchuān: Nǐmen hǎo! Liú Jīng, nǐ zěnme zhīdao wǒ yào lái?

刘京：是她告诉我的。
LiúJīng: Shì tā gàosu wǒ de.

西川：感谢你们来接我。
Xīchuān: Gǎnxiè nǐmen lái jiē wǒ.

和子：我们出去吧！
Hézǐ: Wǒmen chūqu ba!

西川：等一等，还有贸易公司的人接我
Xīchuān: Děng yi děng, hái yǒu màoyì gōngsī de rén jiē wǒ
呢。
ne.

刘京：好，我们在这儿等你。
LiúJīng: Hǎo, wǒmen zài zhèr děng nǐ.

三、替换与扩展　Substitution and Extension

1. 快要<u>起飞</u>了。

上课　考试　开车　毕业

2. 我们先去<u>喝</u>点儿<u>水</u>,一会儿再<u>来这儿</u>吧。

换　钱　　买东西
吃　东西　　照相
喝　啤酒　　看电影

3. 是<u>她</u>告诉<u>我</u>的。

和子　刘京　小王　她
玛丽　大卫

* * *

1. A：他 怎 么 来 的？
   　　Tā zěnme lái de?

   B：他 （是） 坐 出租 汽车 来 的。
   　　Tā (shì) zuò chūzū qìchē lái de.

2. 火车 要 开 了, 快 上去 吧。
   Huǒchē yào kāi le, kuài shàngqu ba.

四、生词　New Words

1	从	（介）	cóng	from
2	飞机	（名）	fēijī	airplane
3	晚点		wǎndiǎn	late, behind schedule
4	要…了		yào…le	to be about to, to be going to

165

5	起飞	(动)	qǐfēi	to take off
6	大概	(副)	dàgài	around, about
7	水	(名)	shuǐ	water
8	辛苦	(形)	xīnkǔ	tiring
9	服务员	(名)	fúwùyuán	assistant, attendant
10	为什么	(代)	wèishénme	why
11	一会儿	(名)	yíhuìr	in a minute
12	感谢	(动)	gǎnxiè	to thank
13	贸易	(名)	màoyì	trade
14	公司	(名)	gōngsī	company
15	开	(动)	kāi	to drive
16	毕业		bì yè	graduation
17	啤酒	(名)	píjiǔ	beer
18	出租汽车	(名)	chūzū qìchē	taxi
19	火车	(名)	huǒchē	train

五、语法　Grammar

1. "要…了"

"要…了"句式表示一个动作或情况很快就要发生。副词"要"表示将要，放在动词或形容词前，句尾加语气助词"了"。在"要"前还可加上"就"或"快"，表示时间紧迫。例如：

　　The construction "要…了" indicates that an action or a state of affairs is about to happen. The adverb "要", which means that something is going to happen in the immediate future, is put before a verb or an adjective, while the modal particle "了" is placed at the end of the sentence. One may put "就" or "快" before "要" to stress urgency. E. g.

(1)火车要开了。
(2)快要到北京了。
(3)他就要来了。

"就要…了"前边可以加时间状语,"快要…了"不行。例如:"他明天就要走了",不能说"他明天快要走了"。

One may put an adverbial of time before "就要…了", but not before "快要…了". E. g. "他明天就要走了" is correct, but "他明天快要走了" is not.

2. "是…的"

"是…的"句用来强调说明已经发生的动作的时间、地点、方式等。"是"放在被强调说明的部分之前,有时可以省略。"的"放在句尾。

The sentence with the "是…的" construction is used to stress when, where or how the action occurred in the past. "是" may be put before the stressed part or sometimes omitted, with "的" at the end of the sentence.

(1)他是昨天来的。
(2)你(是)哪儿上的?
(3)我(是)一个人来的。

"是…的"句有时也可强调动作的施事。例如:
The sentence with the "是…的" construction may be used some-

times to highlight the agent of an action. E. g.

(4)是她告诉我的。

六、练习　Exercises

1. **用"要…了"或"快要…了"、"就要…了"改写句子**
Rewite the following sentences with"要…了","快要…了"or"就要…了"

例：现在是十月，你应该买毛衣了。
→天气(快)要冷了，你应该买毛衣了。
(1)八点上课，现在七点五十了，我们快走吧。
(2)你再等等，他很快就来。
(3)西川明天回国，我们去看看他吧。
(4)饭很快就做好，你们在这儿吃饭吧。

2. **用"大概"、"应该"完成对话** Complete the dialogue with"大概"and"应该"

(1)　A：你们一天学多少生词？
　　　B：_____。
　　　A：学过的词你们会念吗？
　　　B：_____。

(2)　A：这种啤酒多少钱一瓶？
　　　B：_____。
　　　A：现在商店还有没有？
　　　B：_____。

3. **按照实际情况回答问题** Answer the questions according to actual situations

(1)你从哪儿来中国？你是怎么来的？
(2)你为什么来中国？

4. **听述** Listen and retell

我从法国来，我是坐飞机来的。我在北京语言学院学习汉语。在法国我没学过汉语，我不会说汉语，也不会写汉字。现在我会说一点儿了，我很高兴，我应该感谢我们的老师。

5. **语音练习** Phonetic exercises

(1)读下列词语：第3声＋轻声

Read aloud the following words：3rdtone＋neutral tone

zěnme	（怎么）	wǎnshang	（晚上）
xǐhuan	（喜欢）	jiǎozi	（饺子）
zǎoshang	（早上）	sǎngzi	（嗓子）
jiějie	（姐姐）	nǎinai	（奶奶）
shǒu shang	（手上）	běnzi	（本子）

(2)常用音节练习 Drill on frequently used syllables

he ⎰ hē jiǔ （喝酒）
　　 héping （和平）
　　 zhùhè （祝贺）
　　 suíhe （随和）

wei ⎰ wèishénme （为什么）
　　 wěidà （伟大）
　　 wēixiǎn （危险）
　　 zhōuwéi （周围）

迎接（二）
yíngjiē
Welcome.
(2)

第十九课　Lesson 19
欢迎你
You are welcome.

一、句子　Sentences

125　别客气。　　　　　Not at all.
　　　Bié kèqi.

126　一点儿也不累。　　Not tired at all.
　　　Yìdiǎnr yě bú lèi.

127　您第一次来　　　　Is this your first visit to China?
　　　Nín dì-yí cì lái
　　　中国吗？
　　　Zhōngguó ma?

128　这是我们经理　　　Here is a letter for you from our
　　　Zhè shì wǒmen jīnglǐ　manager.
　　　给您的信。
　　　gěi nín de xìn.

129　他问您好。　　　　He sent his regards to you.
　　　Tā wèn nín hǎo.

130　我们在北京　　　　We'll invite you to dinner at Beijing Hotel this evening.
　　　Wǒmen zài Běijīn

　　　　饭店 请 您 吃
　　　　Fàndiàn qǐng nín chī
　　　　晚饭。
　　　　wǎnfàn.

131　下午 我 去 朋友　　　I'll call on my friend's this after-
　　　Xiàwǔ wǒ qù péngyou　　noon.
　　　那儿。
　　　nàr.

132　我 从 朋友 那儿　　　I'll go to the hotel from where my
　　　Wǒ cóng péngyou nàr　　friend lives.
　　　去 饭店。
　　　qù fàndiàn.

二、会话　Conversation

王：　　　您 好！西川 先生。我 是 王大年，
Wáng：　　Nín hǎo! Xīchuān xiānsheng. Wǒ shì WángDànián,
　　　　　公司 的 翻译。
　　　　　gōngsī de fānyì.

西川：　　谢谢 您 来 接 我。
Xīchuān：　Xièxie nín lái jiē wǒ.

王：　　　别 客气，路 上 辛苦 了。
Wáng：　　Bié kèqi, lù shang xīnkǔ le.

西川：　　一点儿 也 不 累，很 顺利。
Xīchuān：　Yìdiǎnr yě bú lèi, hěn shùnlì.

王：　　　汽车 在 外边，我们 送 您 去 饭店。
Wáng：　　Qìchē zài wàibian, wǒmen sòng nín qù fàndiàn.

西川： 我还有两个朋友。
Xīchuān: Wǒ hái yǒu liǎng ge péngyou.

王： 那一起走吧。
Wáng: Nà yìqǐ zǒu ba.

西川： 谢谢！
Xīchuān: Xièxie!

* * *

经理： 欢迎您！西川先生。
jīnglǐ: Huānyíng nín! Xīchuān xiānsheng.

西川： 谢谢！
Xīchuān: Xièxie!

经理： 您第一次来中国吗？
jīnglǐ: Nín dì—yí cì lái Zhōngguó ma?

西川： 不，我以前来过。这是我们经理给
Xīchuān: Bù, wǒ yǐqián láiguo. Zhè shì wǒmen jīnglǐ gěi
您的信。
nín de xìn.

经理： 麻烦您了。
jīnglǐ: Máfan nín le.

西川： 他问您好。
Xīchuān: Tā wèn nín hǎo.

经理： 谢谢，今天晚上我们在北京饭店
jīnglǐ: Xièxie, jīntiān wǎnshang wǒmen zài Běijīng Fàndiàn
请您吃晚饭。
qǐng nín chī wǎnfàn.

西川： 您太客气了，真不好意思。
Xīchuān: Nín tài kèqi le, zhēn bùhǎoyìsi.

经理: 您有时间吗?
jīnglǐ: Nín yǒu shíjiān ma?

西川: 下午 我 去 朋友 那儿。晚上 我 没
Xīchuān: Xiàwǔ wǒ qù péngyou nàr. Wǎnshang wǒ méi
事。
shì.

经理: 我们 去 接 您。
jīnglǐ: Wǒmen qù jiē nín.

西川: 不用 了,我 从 朋友 那儿 去。
Xīchuān: Búyòng le, wǒ cóng péngyou nàr qù.

三、替换与扩展 Substitution and Extension

1. <u>一点儿</u>也<u>不累</u>。

   | 一点儿 | 不热, | 一分钟 | 没休息 |
   | 一样东西 | 没买, | 一点儿 | 不慢 |

2. 这是<u>我们经理给您</u>的<u>信</u>。

我姐姐	给我	笔
他哥哥	送你	花
我朋友	给我	纪念邮票

3. 您第一次<u>来中国</u>吗?

   | 吃烤鸭 | 去长城 |
   | 看京剧 | 来我们学校 |

*　　*　　*

173

1. 这次我来北京很顺利。
   Zhè cì wǒ lái Běijīng hěn shùnlì.
2. 我寄给你的信收到了吗?
   Wǒ jìgěi nǐ de xìn shōudào le ma?
3. 我来中国的时候一句汉语也不会说。
   Wǒ lái Zhōngguó de shíhou yí jù Hànyǔ yě bú huì shuō.

四、生词 New Words

1	别	(副)	bié	Do not…, Not to
2	客气	(形)	kèqi	polite
3	第	(头)	dì	(a pretix to an ordinal number)
4	次	(量)	cì	(measure word)
5	经理	(名)	jīnglǐ	manager
6	先生	(名)	xiānsheng	mister
7	翻译	(名、动)	fānyì	translation; to translate;
8	顺利	(形)	shùnlì	successful
9	外边	(名)	Wàibian	outside
10	送	(动)	sòng	to send
11	以前	(名)	yǐqián	before
12	麻烦	(形、动)	máfan	troublesome; to bother
13	真	(副、形)	zhēn	really
14	不好意思		bùhǎoyìsi	embarrassed

15	不用		búyòng	don't bother
16	热	(形)	rè	hot, warm
17	钟	(名)	zhōng	clock
18	慢	(形)	màn	slow
19	笔	(名)	bǐ	pen
20	句	(量)	jù	(measure word)

五、语法 Grammar

1. "从"、"在"的宾语与"这儿"、"那儿"

   The objects of "从" and "在" with "这儿" and "那儿"。

   "从"、"在"的宾语如果是一个指人的名词或代词,必须在它后边加"这儿"或"那儿",才能表示处所。例如:

   If the object of "从" or "在" is a noun or pronoun indicating a person, it is necessary to add "这儿" or "那儿" after it to indicate place. E. g.

   (1)他从我这儿去书店。
   (2)我从张大夫那儿来。
   (3)我妹妹在玛丽那儿玩儿。
   (4)我的笔在他那儿。

2. 介词"从"、"离" The prepositions "从" and "离"

   "从"、"离"除与处所词组组合表示地点外,还可以与表示时间的词语组合,表示时间。例如:

   "从" and "离" combine not only with locational words to indicate place, but also with time words to indicate time. E. g.

   (1)上午我们从八点开始上课。
   (2)从八点到十二点我们上汉语课。

(3)现在离十月还有十天。
(4)我们离毕业还有两个月。

3. **动词、动词短语、主谓短语等作定语** A verb, verb phrase or subject-predicate phrase as an attributive

动词、动词短语、主谓短语、介词短语作定语时,必须加"的"。例如:

A verb, verb phrase, subject-object phrase or prepositional phrase, if used as an attibutive, must take"的". E. g.

(1)来的人很多。
(2)学习汉语的学生不少。
(3)这是经理给您的信。
(4)从东京来的飞机下午到。

六、练习 Exercises

1. **用下列动词造句** Make sentences with the following verbs:
   接　送　给　收　换

2. **用"一…也…"改写句子** Rewrite the following sentences with "一…也":
   例:我没休息。(天)
   →我一天也没休息。

   (1)今天我没喝啤酒。(瓶)
   (2)我没去过动物园。(次)
   (3)在北京他没骑过自行车。(次)
   (4)今天我没带钱。(分)

(5)他不认识汉字。(个)

3. **按照实际情况回答问题** Answer the questions according to actual situations

(1)你来过中国吗？现在是第几次来？
(2)这本书有多少课？这是第几课？
(3)你一天上几节(jié period)课？现在是第几节课？
(4)你们宿舍楼有几层？你住在几层？

4. **会话练习** Conversational exercises

(1)去机场接朋友
提示：问候路上怎么样；告诉他现在去哪儿；这几天作什么等。
suggestions points: Ask about the trip; Tell him where to go now and what to do in the next few days.

(2)去火车站接朋友，火车晚点了
On arriving at the station to meet a friend, one finds that the train is late.
提示：问为什么还没到，什么时候能到等。
suggestions points: Ask why it is late and when it will arrive.

5. **听述** Listen and retell

上星期五我去大同(Dàtóng Datong)了，我是坐火车去的，今天早上回来的。我第一次去大同，我很喜欢这个地方。

从北京到大同很近，坐火车去大概要七个小时(xiǎoshí hour)，现在去，天气不冷也不热，下星期你也去吧。

6. **语音练习** Phonetic exercises

(1)读下列词语：第4声＋第1声

Read aloud the following words: 4th tone + 1st tone

qìchē	（汽车）	lù yīn	（录音）
dàyī	（大衣）	chàng gē	（唱歌）
diàndēng	（电灯）	dàjiā	（大家）
hùxiāng	（互相）	hòutiān	（后天）

(2) 常用音节练习 Drill on frequently used syllables

ye ⎰ yēzi　（椰子）
　　 yéye　（爷爷）
　　 shùyè （树叶）
　　 yuányě（原野）

qian ⎰ qiānwàn　（千万）
　　　 qiánbiān　（前边）
　　　 qiǎnxiǎn　（浅显）
　　　 dàoqiàn　（道歉）

招待
zhāodài
RECEPTION

第二十课　Lesson 20
为我们的友谊干杯!
Let's have a toast to our friendship!

一、句子　Sentences

133　请 这儿 坐。
　　　Qǐng zhèr zuò.
Please take a seat here.

134　我 过 得 很 愉快。
　　　Wǒ guò de hěn yúkuài.
I really had a good time.

135　您 喜欢 喝 什么 酒?
　　　Nín xǐhuan hē shénme jiǔ?
What would you like to drink?

136　为 我们 的 友谊 干杯!
　　　Wèi wǒmen de yǒuyì gān bēi!
Let's have a toast to our friendship!

137　这 个 鱼 做 得 真 好吃。
　　　Zhè ge yú zuò de zhēn hǎochī.
The fish is very delicious.

138　你们 别 客气,
　　　Nǐmen bié kèqi,
Please make yourself at home.

179

象在家一样。
xiàng zài jiā yíyàng.

139 我做菜做得不好。 I am not good at cooking.
Wǒ zuò cài zuò de bù hǎo.

140 你们慢吃。 There is no hurry.
Nǐmen màn chī.

二、会话 Conversation

翻译： 西川 先生，请 这儿 坐。
fānyì: Xīchuān xiānsheng, qǐng zhèr zuò.

西川： 谢谢！
Xīchuān: Xièxie!

经理： 这 两 天 过 得 怎么样？
jīnglǐ: Zhè liǎng tiān guò de zěnmeyàng?

西川： 过 得 很 愉快。
Xīchuān: Guò de hěn yúkuài.

翻译： 您 喜欢 喝 什么 酒？
fānyì: Nín xǐhuan hē shénme jiǔ?

西川： 啤酒 吧。
Xīchuān: Píjiǔ ba.

经理： 您 尝尝 这个 菜 怎么样？
jīnglǐ: Nín chángchang zhè ge cài zěnmeyàng?

西川： 很 好吃。
Xīchuān: Hěn hǎochī.

经理： 吃啊，别客气。
jīnglǐ： Chī a, bié kèqi.

西川： 不客气。
Xīchuān： Bú kèqi.

经理： 来，为我们的友谊干杯！
jīnglǐ： Lái, wèi wǒmen de yǒuyì gān bēi!

翻译： 干杯！
fānyì： Gān bēi!

西川： 干杯！
Xīchuān： Gān bēi!

* * *

刘京： 我们先喝酒吧。
LiúJīng： Wǒmen xiān hē jiǔ ba.

西川： 这个鱼做得真好吃。
Xīchuān： Zhè ge yú zuò de zhēn hǎochī.

刘母： 你们别客气，象在家一样。
Liúmǔ： Nǐmen bié kèqi, xiàng zài jiā yíyàng.

西川： 我们不客气。
Xīchuān： Wǒmen bú kèqi.

刘母： 吃饺子吧。
Liúmǔ： Chī jiǎozi ba.

和子： 我最喜欢吃饺子了。
Hézǐ： Wǒ zuì xǐhuan chī jiǎozi le.

刘京： 听说你很会做日本菜。
LiúJīng： Tīngshuō nǐ hěn huì zuò Rìběn cài.

和子： 哪儿啊，我做得不好。
Hézǐ: Nǎr a, wǒ zuò de bù hǎo.

刘京： 你怎么不吃了？
LiúJīng: Nǐ zěnme bù chī le?

和子： 吃饱了。你们慢吃。
Hézǐ: Chībǎo le. Nǐmen màn chī.

注释 Notes

①"为我们的友谊干杯！" Let's have a toast to our friendship.

介词"为"用来说明动作的目的，必须放在动词前边。

The preposition "为" should be put before a verb to indicate the purpose of an action.

②"哪儿啊"

这里的"哪儿"表示否定的意思。常用来回答别人的夸奖。表示自己没有对方说得那么好。

"哪儿" is a denial here. When used as a reply, it usually denotes that one is not worthy of the praise.

③"你们慢吃" There is no hurry.

这是客套话。自己吃饱而别人还未吃完，就说"慢吃"。

As a polite expression, it is used when one has finished eating while others have not.

三、替换与扩展 Substitution and Extension

1. 我过得很愉快。

| 我们 | 生活 | 好， | 他 | 说 | 快 |
| 张先生 | 休息 | 不错， | 大卫 | 睡 | 晚 |

2. 为<u>我们的友谊</u>干杯！

　　　　　　　　　　　| ×中人民的友谊 |
　　　　　　　　　　　| 您的健康 |

3. 这<u>个鱼</u>做得真好吃。

衣服(件)	洗	干净
照片(张)	照	好
汽车(辆)	开	快

* * *

1. 他 汉语 说 得 真 好，象 中国 人 一样。
　 Tā Hànyǔ shuō de zhēn hǎo, xiàng Zhōngguó rén yíyàng.
2. 你 说 得 太 快，我 没 听懂，请 你 说 得
　 Nǐ shuō de tài kuài, wǒ méi tīngdǒng, qǐng nǐ shuō de
　 慢 一点儿。
　 màn yìdiǎnr.

四、生词 New Words

1	过	（动）	guò	to spend, to pass
2	得	（助）	de	(structual particle)
3	愉快	（形）	yúkuài	enjoyable, happy
4	喜欢	（动）	xǐhuan	to like, to enjoy
5	为…干杯		wèi…gān bēi	to have a toast to
6	友谊	（名）	yǒuyì	friendship
7	鱼	（名）	yú	fish

8	好吃	(形)	hǎochī	delicious
9	象	(动)	xiàng	to resemble
10	一样	(形)	yíyàng	same, similar
11	饺子	(名)	jiǎozi	dumpling
12	饱	(形)	bǎo	to eat one's fill, to be full
13	生活	(动、名)	shēnghuó	to live, to lead a life
14	不错	(形)	búcuò	not bad
15	睡	(动)	shuì	to sleep
16	晚	(形)	wǎn	late
17	人民	(名)	rénmín	people
18	健康	(形)	jiànkāng	healthy, in good heath
19	洗	(动)	xǐ	to wash
20	干净	(形)	gānjìng	clean
21	照片	(名)	zhàopiàn	photo
22	照	(动)	zhào	to take a photo
23	辆	(量)	liàng	(measure word)

五、语法　Grammar

1. **程度补语**　The complement of degree

　　说明动作或事物性质所达到的程度的补语,叫程度补语。简单的程度补语,一般由形容词充任。动词和程度补语之间要用结构助词"得"来连接。

　　A complement which denotes the extent to which an action or a state reaches is called the complement of degree. A simple complement of degree is usually made up of an adjective. The verb and its complement are connected by the structural particle"得".

(1)我们休息得很好。
(2)玛丽、大卫他们玩儿得很愉快。

程度补语的否定式是在程度补语的前边加否定副词"不"。注意:"不"不能放在动词的前边。例如:

Its negative form is realised by putting the negative adverb"不"in front of the complement. Take care not to put"不"before the verb. E. g.

(3)他来得不早。
(4)他生活得不太好。

带程度补语的正反疑问句是并列程度补语的肯定形式和否定形式。例如:

An affirmative-negative question with a complement of degree is realized by juxtaposing the affirmative and negative forms of the complement of degree. E. g.

(5)你休息得好不好?
(6)这个鱼做得好吃不好吃?

2. **程度补语与宾语** The complement of degree and the object

带宾语的动词后边如再有程度补语时,必须在宾语之后,"得"和程度补语之前,重复动词。例如:

If a complement of degree follows a verb+object construction, the same verb should be repeated after the object and followed by"得"and the complement of degree. E. g.

(7)他说汉语说得很好。

(8)她做饭做得很不错。
(9)我写汉字写得不太好。

六、练习 Exercises

1. **熟读下列短词并选五个造句** Read until fluent the following phrases and choose five of them to make sentences.

    起得很早　　　走得很快　　　玩儿得很高兴
    生活得很愉快　穿得很多　　　演得好极了
    休息得不太好　来得不晚　　　写得不太慢

2. **完成对话（注意用上带"得"的程度补语）**
   Complete the dialogues(Be sure to use complements of degree with "得")

    (1)A:你喜欢吃鱼吗？这鱼做_____？
       B:_____很好吃。
    (2)A:今天的京剧演_____？
       B:_____很有意思。
    (3)A:昨天晚上你几点睡的？
       B:十二点。
       A:_____。你早上起得也很晚吧？
       B:不，_____。

3. **用"在"、"给"、"得"、"象⋯一样"、"跟⋯一起"填空**
   Fill in the blanks with"在","给","得","象⋯一样"and"跟⋯一起"

    王兰和和子都____语言学院学习,她们是好朋友,____姐姐、妹妹____。上星期我____她们____去北海公园玩儿,我____她们照相,照得很多,都照____很好。那天我们玩儿____很愉快。

4. 谈谈你的一天(用上带"得"的程度补语)

   Tallk about a day in your life(Use a complement of degree with "得"):

   提示:(1)你什么时候起床?什么时候去教室?

   什么时候睡觉?早还是晚?

   (2)在这儿学汉语,你学得怎么样?

   生活得愉快不愉快?

   Suggested points:(1)When do you get up? When do you go to the classroom?

   When do you go to bed? Do you go to bed early or late?

   (2)How are you getting on with your study of Chinese?

   Do you enjoy your life here?

5. 听述

   Listen and retell

   昨天我和几个小朋友(xiǎopéngyou little friend)去划船了。孩子们很喜欢划船,他们划得很好。我坐在船上高兴极了,也象孩子一样玩儿。这一天过得真有意思。

6. 语言练习 Phonetic exercises

   (1)读下列词语:第4声+第2声

   Read the following phrases:4th tone+2nd tone

   | bù lái | (不来) | liànxí | (练习) |
   | qùnián | (去年) | fùxí | (复习) |

rìchéng	（日程）	wèntí	（问题）
xìngmíng	（姓名）	gàobié	（告别）
sòngxíng	（送行）	kètáng	（课堂）

(2)常用音节练习

Drill on frequently used syllables

gong { gōngrén （工人） / gǒnggù （巩固） / yígòng （一共）

jiu { jiūjìng （究竟） / hǎojiǔ （好久） / chéngjiù （成就）

复习 （四） Review IV

一、会话 Conversation

〔约翰(Yuēhàn John)的中国朋友今天从北京来，约翰到机场去接他〕

约翰： 啊，小王，路上辛苦了！
王： 不太累。谢谢你来接我。
约翰： 别客气。我收到你的信，知道你要来旧金山(Jiùjīnshān San Francisco)我高兴极了。
王： 我很高兴能见到(jiàndào see)老(lǎo old)朋友。刘小华(Liú Xiǎohuá Liu Xiao-hua)珍妮(Zhēnní Jean)他们都好吗？
约翰： 都很好。他们很忙，今天没时间来接你。
王： 我们都是老朋友了，不用客气。
约翰： 为了欢迎你来，星期六我们请你在中国饭店吃饭。
王： 谢谢，给你们添(tiān give)麻烦了。

* * *

〔在中国饭店〕
珍妮： 小王怎么还没来？
刘： 还没到时间。
珍妮： 他第一次来旧金山，能找到这儿吗？
约翰： 这个饭店很有名，能找到。
刘： 啊，你们看，小王来了！
约翰： 小王，快来！这儿坐。
珍妮： 三年没见(jiàn meet)你跟以前一样。
王： 是吗？
珍妮： 这是菜单(càidān menu)小王，你想吃什么？

约翰： 我知道,他喜欢吃糖醋鱼(tángcùyú diced sweet and sour fish)还有……
王： 你们太客气了,我真不好意思。
刘： 我们先喝酒吧。
约翰： 来,为我们的友谊干杯!
珍妮：
刘： 干杯!
王：

二、语法　Grammar

根据谓语的主要成分的不同,可把句子分为四种类型。

Sentences may be divided into four types according to the main elements of their predicates.

1. **名词谓语句** The sentence with a nominal predicate

由名词或名词结构、数量词等直接作谓语的句子叫名词谓语句。例如:

A sentence is called a sentence with a nominal predicate, if a noun (phrase) or a compound consisting a numeral and a measure serves as the predicate of the sentence. E. g.

(1)今天星期六。
(2)他今年二十岁。
(3)现在两点钟。
(4)这本书两块五。

2. **动词谓语句** The sentence with a verbal predicate

谓语的主要成分是动词的句子叫动词谓语句。例如:

A sentence is called a sentence with a verbal predicate, if the verb is the main element of the predicate. Such a sentence can take a number of forms. E. g.

(1)我写汉字。
(2)他想学习汉语。
(3)他来中国旅行。
(4)玛丽和大卫去看电影。

3. **形容词谓语句** The sentence with an adjectival predicate
用来对人或事物的状态加以描写,有时也说明事物的变化。例如:

A sentence of this type describes the state which a person or thing is in, and sometimes the change of a thing. E. g.

(1)张老师很忙。
(2)这本汉语书很便宜。
(3)天气热了。

4. **主谓谓语句** The sentence with a subject-predicate construction as its predicate
主谓谓语句中的谓语本身也是一个主谓短语,主要是说明或者描写主语的。例如:

In a sentence of this type, the predicate itself is a subject-predicate phrase, mainly explaining or describing the subject. E. g.

(1)我爸爸身体很好。
(2)他工作很忙。
(3)今天天气很不错。

提问的六种方法 6 types of interrogative sentences
1. **用"吗"的疑问句** The question with "吗"

这是最常用的提问方法,对可能的回答不作预先估计。例如:
This is the most frequently used way of asking a question, to which the answer is rather unpredictable. E. g.

(1)你是学生吗?
(2)你喜欢看中国电影吗?
(3)你有纪念邮票吗?

2. **正反疑问句** The affirmative+negative question
并列肯定形式和否定形式提问。例如:
The interrogative sentence made by juxaposing the affirmative and the negative forims of the main element of the predicate. E. g.

(1)你认识不认识他?
(2)你们学校大不大?
(3)你有没有弟弟?
(4)明天你去不去长城?

3. **用疑问代词的疑问句** The question with an interrogative pronoun
用"谁"、"什么"、"哪"、"哪儿"、"怎么样"、"多少"、"几"等疑问代词提问。例如:
Interrogative pronouns such as"谁","什么","哪","哪儿","怎么样","多少","几"……etc. are used to raise a question. E. g.

(1)谁是你们的老师?
(2)哪本书是你的?
(3)你身体怎么样?
(4)今天星期几?

4. **用"还是"的选择疑问句** The alternative question with"还是"
当提问人估计到有两种答案的时候,就用"还是"构成选择疑问句来提问。例如：

When one predicts that there will be two possible answers to the question he is going to ask, he will use the alternative question with "还是". E. g.

(1)你上午去还是下午去？
(2)他是美国人还是法国人？
(3)你去看电影还是去看京剧？

5. **用"呢"的省略式疑问句**　The elliptical question with "呢"
(1)我很好,你呢？
(2)大卫看电视,玛丽呢？

6. **用"…,好吗"提问**　The question with "…好吗"
这种句子常常是提出建议,征求对方意见。例如：
A sentence of this type is usually used to put forward a suggestion or ask the opinion of the hearer
我们明天去,好吗？

三、练习　Exercises

1. **回答问题**　Answer the questions
(1)用带简单趋向补语的句子回答问题
To answer each of the following questions, use a sentence with a simple directional complement：
　a. 你带来词典了吗？
　b. 你妈妈寄来信了吗？
　c. 昨天下午你出去了吗？
　d. 他买来桔子了吗？

(2) 按照实际情况回答问题

Answer the following questions according to actual circumstances

a. 你从哪儿来中国？你是怎么来的？
b. 你在哪儿上课？你骑自行车去上课吗？
c. 你常常看电影还是常常看电视？
d. 你们学校中国学生多还是外国留学生多？
e. 你去过长城吗？你玩儿得高兴不高兴？
   你照相了吗？照得怎么样？

2. **会话**（用上下列表示感谢、迎接、招待的句子）

Conversation: Use the following sentences spoken at a time when you express gratitude to, give a welcome to, or give an entertainment to somebody.

感谢 gratitude
  谢谢！
  感谢你…
  麻烦你了！

迎接 welcome
  欢迎您！
  路上辛苦了。
  路上顺利吗？
  什么时候到的？

招待 reception
  你喜欢什么酒？
  别客气，多吃点儿。
  为…干杯！

  很好吃。
  不吃（喝）了。
  吃饱了。

3. **语音练习** Phonetic exercises

(1)声调练习：第4声＋第4声

Drill on tones: 4th tone＋4th tone

  shàng kè   （上课）
  zài jiàoshì shàng kè   （在教室上课）

xiànzài zài jiàoshì shàng kè （现在在教室上课）

bì yè （毕业）
xià yuè bì yè （下月毕业）
dàgài xià yuè bì yè （大概下月毕业）

(2)朗读会话 Read aloud the conversation

A：Wǒ zuì xǐhuan xióngmāo.
B：Wǒ yě xǐhuan xióngmāo.
A：Wǒmen qù dòngwùyuán ba.
B：Hǎo jí le. xiàwǔ jiù qù.

四、阅读短文 Read the passage

阿里(Ālǐ)：

你好！听说你要去北京语言学院学习了，我很高兴。我给你介绍一下那个学校。

语言学院很大，有很多留学生，也有中国学生。留学生学习汉语；中国学生学习外语(wàiyǔ foreign languages)。

学校里有很多楼。你可以住在留学生宿舍。留学生食堂就在宿舍楼旁边。他们做的饭菜还不错。

六楼一层有个小邮局，那儿可以寄信、买邮票，也可以寄东西。

离学校不远有个商店，那儿东西很多，也很便宜。我在语言学院的时候，常去那儿买东西。

你知道吗？娜依(Nāyī name of a person)就在北京大学学习。北大离语言学院很近。你有时间可以去那儿找她。

娜依的哥哥毕业了。上个月从英国回来。现在还没找到工作呢。他问你好。

好,不多写了。等你回信。
　　祝(zhù　wish)
愉快!

你的朋友
沙非(Shāfēi　Sophie)
1989年5月3日

| 邀请 yāoqǐng INVITATION | 第二十一课 Lesson 21 请你参加 Will you join us? |

一、句子　Sentences

141　喂，北京大学吗？
　　　Wèi, Běijīng Dàxué ma?
　　　Hello! Is that the Beijing University?

142　我是北大，你要哪儿？
　　　Wǒ shì Běi-Dà, nǐ yào nǎr?
　　　This is the Beijing University. What extension do you want?

143　请转239分机。
　　　Qǐng zhuǎn èrsānjiǔ fēnjī.
　　　Extension 239, please.

144　请她给我回个电话。
　　　Qǐng tā gěi wǒ huí ge diànhuà.
　　　Please tell her to call us up.

145　我一定转告她。
　　　Wǒ yídìng zhuǎngào tā.
　　　I'll certainly tell her about it.

146 请 420 房间的玛丽接电话。
　　Qǐng sì'èrlíng fángjiān de Mǎlì jiē diànhuà.
　　I want to speak to Mary living in room No. 420.

147 现在你作什么呢？
　　Xiànzài nǐ zuò shénme ne?
　　What are you doing there right now?

148 现在我休息呢。
　　Xiànzài wǒ xiūxi ne.
　　I am having a rest.

二、会话 Conversation

玛丽：喂！北京大学吗？
Mǎlì: Wèi! Běijīng Dàxué ma?

北大：对，我是北大。你要哪儿？
BěiDà: Duì, wǒ shì Běi-Dà. Nǐ yào nǎr?

玛丽：请转 239 分机。
Mǎlì: Qǐng zhuǎn èrsānjiǔ fēnjī.

　　　*　*　*

玛丽：中文系吗？
Mǎlì: Zhōngwén xì ma?

中文系：对，您找谁？
Zhōngwénxì: Duì, nín zhǎo shuí?

玛丽： 李红 老师 在 吗？
Mǎlì: Lǐ Hóng lǎoshī zài ma?

中文系：不在。您 找 她 有 什么 事？
Zhōngwénxì: Bú zài. Nín zhǎo tā yǒu shénme shì?

玛丽： 她 回来 以后，请 她 给 我 回 个 电话。
Mǎlì: tā huílái yǐhòu, qǐng tā gěi wǒ huí gè diànhuà.

中文系：您 是 谁 啊？
Zhōngwénxì: Nín shì shuí a?

玛丽： 我 是 语言 学院 留学生 玛丽。
Mǎlì: Wǒ shì Yǔyán Xuéyuàn liúxuéshēng Mǎlì.

中文系：好，我 一定 转告 她。
Zhōngwénxì: Hǎo, wǒ yídìng zhuǎngào tā.

玛丽： 谢谢！
Mǎlì: Xièxie!

* * *

李红： 留学生 楼 吗？请 420 玛丽 接 电话。
LǐHóng: liúxuéshēng lóu ma? Qǐng sì'èrlíng Mǎlì jiē diànhuà.

服务员：420 玛丽，电话！
fúwùyuán: Sì'èríng Mǎlì, diànhuà!

玛丽： 喂，我 是 玛丽，您 是 谁 啊？
Mǎlì: Wèi, wǒ shì Mǎlì, nín shì shuí a?

李红： 我 是 李红，刚才 你 给 我 打 电话 了
LǐHóng: Wǒ shì Lǐ Hóng, gāngcái nǐ gěi wǒ dǎ diànhuà le
 吗？
 ma?

玛丽：　是啊，你去哪儿了？
Mǎlì：　Shì a, nǐ qù nǎr le?

李红：　去上课了。
LǐHóng：　Qù shàng kè le.

玛丽：　你现在作什么呢？
Mǎlì：　Nǐ xiànzài zuò shénme ne?

李红：　没有事，休息呢。
LǐHóng：　Méi yǒu shì, xiūxi ne.

玛丽：　明天　晚上　我们　有　个　圣诞节
Mǎlì：　Míngtiān wǎnshang wǒmen yǒu ge Shèngdànjié
　　　　晚会，你来参加，好吗？
　　　　wǎnhuì, nǐ lái cānjiā, hǎo ma?

李红：　好，我一定去。
LǐHóng：　Hǎo, wǒ yídìng qù.

注释 Notes

① "我是北大"　This is the Beijing University.

　电话用语。表示接电话的人所在的单位。

　It is a telephone expression denoting the unit in which the person who answers the phone works.

② "420 玛丽，电话！" Mary of room 420 is wanted on the phone !

　电话用语。420是玛丽的房间号，"玛丽，电话！"也可说"玛丽，你的电话"。呼叫接电话人时用。

　It is a telephone expression. 420 is Mary's room number. "玛丽，电话！", used to call a person to answer the phone, can be replaced by "玛丽，你的电话".

三、替换与扩展　Substitution and Extension

1. 我一定<u>转告</u>她。

　　　告诉　通知　叫　帮助

2. 现在你作什么呢？<u>休息</u>呢？

　　　学习　　看报　　跳舞
　　　　做练习　听录音

3. <u>明天晚上</u>我们有个<u>圣诞节晚会</u>。

　　　星期天　　　　新年晚会
　　　星期六晚上　　舞会
　　　新年的时候　　音乐会

* * *

1. 里边 正在 开新年 晚会，他们 在 唱 歌 呢，
   Lǐbiān zhèngzài kāi xīnnián wǎnhuì, tāmen zài chàng gē ne,
   快 进去 吧。
   kuài jìnqu ba.

2. 明天 上午 去 参观，八 点 在 留学生 楼
   Míngtiān shàngwǔ qù cānguān, bā diǎn zài liúxuéshēng lóu
   前边 上 车，请 通知 一下儿。
   qiánbiān shàng chē, qǐng tōngzhī yíxiàr.

四、生词　New words

1	喂	（叹）	wèi	Hello
2	转	（动）	zhuǎn	to pass to
3	分机	（名）	fēnjī	extension

4	一定	(副)	yídìng	certainly
5	转告	(动)	zhuǎngào	to pass on, to tell
6	中文	(名)	Zhōngwén	Chinese
7	系	(名)	xì	department
8	刚才	(名)	gāngcái	just now
9	圣诞节	(名)	Shèngdànjié	Christmas
10	晚会	(名)	wǎnhuì	evening party
11	参加	(动)	cānjiā	to participate
12	通知	(动、名)	tōngzhī	to inform, notice
13	帮助	(动、名)	bāngzhù	to help
14	报	(名)	bào	to register, to report
15	跳舞		tiào wǔ	dance
16	新年	(名)	xīnnián	New Year
17	舞会	(名)	wǔhuì	dance party
18	里边	(名)	lǐbiān	inside
19	正在	(副)	zhèngzài	in the midst of
20	开	(动)	kāi	to have (a meeting)
21	唱	(动)	chàng	to sing
22	歌	(名)	gē	song
23	参观	(动)	cānguān	to visit

专名 Proper Names

李红　　　　　　Lǐ Hóng　　Li Hong (name of a person)

五、语法　Grammar

1. **介词"给"** The preposition "给"

   介词"给"可以用来引出动作、行为的接受对象。例如：

   The preposition "给" may be used to introduce the recipient of an action. E. g.

   (1)昨天我给你打电话了。
   (2)他给我做过衣服。

2. **动作的进行** The continuous action

   一个动作可以处在进行、持续、完成等不同的阶段。要表示动作正在进行，可在动词前加副词"正在"、"正"、"在"，或在句尾加语气助词"呢"。有时"正在"、"正"、"在"也可以和"呢"同时使用。例如：

   An action may undergo different stages. It may be in progress or may have completed. One can add an adverb ("正在","正"or "在") before the verb or the modal particle "呢" at the end of the sentence, to show that the verbal action is going on. Occasionally, "正在","正"or "在" can be used with "呢" in the same sentence. E. g.

   (1)学生正在上课(呢)。
   (2)他来的时候,我正看报(呢)。
   (3)他在听音乐(呢)。
   (4)他写信呢。

   一个进行的动作可以是现在,也可以是过去或将来。例如：

   An activity may be in progress at present or at a point of time in the future. It may have been in progress at a point of time in the past too. E. g.

(1)你作什么呢?
　　——休息呢。(现在 now)
(2)昨天我给你打电话的时候,你作什么呢?
　　——我做练习呢。(过去 past)
(3)明天上午你去找他,他一定在上课。(将来 future)

六、练习　Exercises

1. **用"正在…呢"完成句子并用上括号里的词语**

   Complete the following sentences with "正在…呢" and the words in the parentheses：

   (1)今天有舞会,他们_____。(跳舞)
   (2)你看,玛丽_____。(打电话)
   (3)今天天气不错,王兰和她的朋友_____。(照相)
   (4)和子_____。(洗衣服)

2. **仿照例子,造"正在…呢"的句子**

   Make sentences with "正在…呢" by following the model：

   例：{去他家
   　　看书
   →昨天我去他家的时候,他正在看书呢。

   (1){去邮局　　(2){去他宿舍　　(3){去看他
   　　寄信　　　　　睡觉　　　　　　喝咖啡
   (4){到动物园　(5){到车站　　　(6){到银行
   　　看熊猫　　　　等汽车　　　　　换钱

3. **完成对话** Complete the conversation
   (1)A：_____?
   　　B：我要 389 号。

A：你找谁？
B：_____。
A：我就是。你是谁啊？
B：_____。你好吗？
A：很好。
B：今天晚上我们去看电影，好吗？
A：_____。什么时候去？
B：_____。

4. **练习打电话** Make a telephone call
   (1) A 邀请 B 去听音乐会 A invites B to a concert
   提示：时间、地点(dìdiǎn place)，音乐会怎么样？怎么去？
   suggested points: time, place, How is the concert? How to go there?
   (2) A 邀请 B 去饭店吃饭 A invites B to a restaurant
   提示：时间 地点 吃什么 怎么去
   suggested points: time, place, what to eat, how to go there

5. **听述** Listen and retell
   汉斯(Hànsī Hans)来了，今天我们公司请他参加欢迎会。下午两点钟，翻译小王打电话通知他，告诉他五点半在房间等我们，我们开车去接他。
   欢迎会开得很好，大家(dàjiā all)为友谊干杯，为健康干杯，象一家人一样。

6. **语音练习** Phonetic exercises
   1. 常用音节练习 Drill on frequently used syllables

   jian ⎰ kànjiàn （看见）
        ⎨ shíjiān （时间）
        ⎱ jiànkāng （健康）

   xiang ⎰ xiāngzi （箱子）
         ⎨ xiǎngxiàng （想象）
         ⎱ zhàoxiàng （照相）

(2)朗读会话　Read aloud the conversation
A： Wèi, nǐ yào nǎr?
B： Wǒ yào jiǔ lóu.
A： Nǐ zhǎo shuí?
B： Qǐng jiào Dàwèi jiē diànhuà.
A： Qǐng děng yíxiàr.
B： Máfan nǐ le, xièxie!

婉拒
wǎnjù
DECLINATION

第二十二课 Lesson 22
我不能去
I can't go.

一、句子 Sentences

149 我 买 了 两 张 票。
Wǒ mǎile liǎng zhāng piào.
I have bought two tickets.

150 真 不 巧, 我 不 能 去。
Zhēn bù qiǎo, wǒ bù néng qù.
Unfortunately I can't go.

151 今天 你 不 能 去, 那 就 以后 再说 吧。
Jīntiān nǐ bù néng qù, nà jiù yǐhòu zàishuō ba.
If you can't go today, we'd better put the matter aside for the moment.

152 我 很 想 去, 可是 我 有 个
Wǒ hěn xiǎng qù, kěshì wǒ yǒu ge
I'd like to go, but I have a date.

约会。
yuēhuì.

153 你是跟女朋友约会吗？
Nǐ shì gēn nǚ péngyǒu yuēhuì ma?
Will you have a date with your girl friend?

154 有个同学来看我，我要等他。
Yǒu ge tóngxué lái kàn wǒ, wǒ yào děng tā.
A classmate of mine is coming to see me, so I have to wait for him.

155 我们好几年没见面了。
Wǒmen hǎo jǐ nián méi jiàn miàn le.
We haven't seen each other for a number of years.

156 这星期我没空儿。
Zhè xīngqī wǒ méi kòngr.
I am fully occupied this week.

二、会话 Conversation

张丽英：我买了两张票。请你看话剧。
ZhāngLìyīng: Wǒ mǎile liǎng zhāng piào. Qǐng nǐ kàn huàjù.

玛丽：是吗？什么时候的？
Mǎlì: Shì ma? shénme shíhou de?

丽英：今天晚上七点一刻的。
Lìyīng: Jīntiān wǎnshang qī diǎn yí kè de.

玛丽： 哎呀，真不巧，我不能去。明天
Mǎlì： Āiyā, zhēn bù qiǎo, wǒ bù néng qù. Míngtiān

就考试了，晚上要复习。
jiù kǎoshì le, wǎnshang yào fùxí.

丽英： 那就以后再说吧。
Lìyīng： Nà jiù yǐhòu zàishuō ba.

* * *

王兰： 明天有个画展，你能去吗？
WángLán： Míngtiān yǒu ge huà-zhǎn, nǐ néng qù ma?

大卫： 我很想去，可是明天有个约会。
Dàwèi： Wǒ hěn xiǎng qù, kěshì míngtiān yǒuge yuēhuì.

王兰： 怎么？是跟女朋友约会吗？
WángLán： Zěnme? Shì gēn nǚ péngyou yuēhuì ma?

大卫： 不是，有个同学来看我，我要等
Dàwèi： Bú shì, yǒu ge tóngxué lái kàn wǒ, wǒ yào děng

他。
tā.

王兰： 他也在北京学习吗？
WángLán： Tā yě zài Běijīng xuéxí ma?

大卫： 不，刚从法国来。我们好几年没
Dàwèi： Bù, gāng cóng Fǎguó lái. Wǒmen hǎo jǐ nián méi

见面了。
jiàn miàn le.

王兰： 你应该陪他玩儿玩儿。
WángLán： Nǐ yīnggāi péi tā wánr wanr.

大卫： 这 星期 我 没 空儿，下 星期 我们 再
Dàwèi: Zhè xīngqī wǒ méi kòngr, xià xīngqī wǒmen zài
去 看 画展， 可以 吗？
qù kàn huà-zhǎn, kěyǐ ma?

王兰： 我 再 问问， 以后 告诉 你。
WánLán: Wǒ zài wènwen, yǐhòu gàosu nǐ.

大卫： 好。
Dàwèi: Hǎo.

注释　Notes

①"是吗？"　Really?

表示对某事原来不知道，听说后觉得有点儿意外。有时还表示不太相信。

The expression is used to show that one is surprised at hearing something he has not been aware of, or is sometimes skeptical about it.

②"怎么？是跟女朋友约会吗？""Why? Will you have a date with your girl friend?"

"怎么？"是用来询问原因的。"是"用来强调后边内容的真实性。

"怎么"is used to enquire about the reason. "是"stresses the truthfulness of the following content.

③"再说"

"再说"表示把某件事留待以后再办理或考虑。

"再说"expresses that something can be put off for later consideration or treatment.

三、替换与扩展 Substitution and Extension

1. 我<u>买</u>了两<u>张</u><u>票</u>。

   | 翻译 句子(个), 寄 信(封) |
   | 参加 会(个), 要 出租汽车(辆) |

2. 我们好<u>几年</u>没见面了。

   | 几天　几个月　长时间 |
   | 几个星期 |

3. 你应该<u>陪</u>他<u>玩儿玩儿</u>。

   | 帮助　复习, 带　参观 |
   | 帮　说 |

　　　　　　　＊　＊　＊

1. 我正　要去找　你, 你就来了, 太巧了。
   Wǒ zhèng yào qù zhǎo nǐ, nǐ jiù lái le, tài qiǎo le.

2. A：那个很高的人是谁？
   Nà ge hěn gāo de rén shì shuí?

   B：他是小李的男朋友。
   Tā shì Xiǎo Lǐ de nán péngyou.

四、生词 New Words

1	巧	（形）	qiǎo	fortunately
2	再说	（动、连）	zàishuō	put off until some time later
3	可是	（连）	kěshì	however, but
4	约会	（名）	yuēhuì	date, appointment

5	女	(名)	nǚ	woman, female
6	同学	(名)	tóngxué	classmate
7	空儿	(形)	kòngr	free, to have time
8	好	(副)	hǎo	very well, alright
9	见面		jiàn miàn	to meet, to see
10	话剧	(名)	huàjù	stage play
11	哎呀	(叹)	āiyā	ah (interjection)
12	复习	(动)	fùxí	review
13	画展	(名)	huà-zhǎn	exhibition of paintings
14	刚	(副)	gāng	just now
15	陪	(动)	péi	to accompany
16	句子	(名)	jùzi	sentence
17	封	(量)	fēng	(measure word)
18	会	(名)	huì	meeting
19	正	(副)	zhèng	in process of (adverb)
20	高	(形)	gāo	tall, high
21	男	(名)	nán	man, male

五、语法 Grammar

1. 时段词语作状语 Words or phrases of duration as adverbial adjuncts

时段词语作状语表示在此段时间内完成了什么动作出现了什么情况。例如:

A word or phrase of duration indicates a period of time in which some action was completed or something occurred, when it is used as an adverbial adjunct. E. g.

(1)他两天看了一本书。
(2)我们好几年没见面了。

2. **动态助词"了"**The perfective-aspect particle"了"

在动词之后表示动作所处阶段的助词叫动态助词。动态助词"了"在动词后边表示动作的完成。有宾语时,宾语常带数量词或其他定语。例如:

A particle is called a perfective-aspect particle when it is used to indicate the stage which an action has reached. The particle "了" usually indicates the completion of the action denoted by a verb when it comes after that verb. When "了" is followed by an object, that object is often preceded by a numeral-measure compound or some other attributive. E. g.

(1)我昨天看了一个电影。
(2)玛丽买了一辆自行车。
(3)我收到了他寄给我的东西。

动作完成的否定是在动词前加"没(有)",动词后不再用"了"。例如:

To show that an action has failed to occur, one add "没有" before the verb and omits "了" at the same time. E. g.

(4)他没来。
(5)我没(有)看电影。

六、练习　Exercises

1. **用"可是"完成句子** Complete the sentences with "可是"：
   (1) 他六十岁了，_____。
   (2) 今天我去小王家找他，_____。
   (3) 他学汉语的时间不长，_____。
   (4) 这种苹果不贵，_____。
   (5) 我请小王去看电影，_____。

2. **仿照例子用动态助词"了"造句** Make sentences with the verbal particle "了" by following the model：
   例：买　词典
   →昨天我买了一本词典。

   (1) 喝　啤酒　　　　　(2) 照　照片
   (3) 复习　两课生词　　(4) 翻译　几个句子
   (5) 开　会　　　　　　(6) 买　纪念邮票

3. **完成对话** Complete the conversation
   (1) A：今天晚上有舞会，_____？
   　　B：大概不行。
   　　A：_____？
   　　B：学习太忙，没有时间。
   　　A：你知道王兰能去吗？
   　　B：_____。
   　　A：真不巧。

   (2) A：圣诞节晚会你唱个歌吧。

B:＿＿＿＿＿＿＿。
　　A:别客气。
　　B:不是客气,我＿＿＿＿＿。
　　A:我听你唱过。
　　B:那是英文歌。

4. **会话** Conversation
　　(1)你请朋友星期日去长城,他说星期日有约会,不能去。
　　(2)你请朋友跟你跳舞,他说他不会跳舞。

5. **用所给的词语填空并复述** Fill in the blanks with the given expressions and retell

　　(演　太巧了　陪　顺利)

　　昨天晚上王兰＿＿＿玛丽去看京剧。她们从学校前边坐331路汽车去。＿＿＿＿＿,她们刚走到汽车站,车就来了。车上人不多,路上她们很＿＿＿。
　　京剧＿＿＿得很好,很有意思。

6. **语音练习** Phonetic exercises

　　(1)常用音节练习 Drill on the frequently used syllables:

　　zhu { zhùyì　（注意）　　　lai { chūlai　（出来）
　　　　 zhūròu （猪肉）　　　　　 láiguo （来过）
　　　　 zhǔrén （主人）　　　　　 hòulái （后来）

　　(2)朗读会话 Read aloud the conversation:
　　A:Nín hē píjiǔ ma?

215

B: Hē, lái yì bēi ba.
A: Hē bu hē pútao jiǔ?
B: Bù hē le.
A: Zhè shì Zhōngguó yǒumíng de jiǔ, hē yìdiǎnr ba.
B: Hǎo, shǎo hē yìdiǎnr.
A: Lái, gān bēi!

道歉
dàoqiàn
APOLOGY

第二十三课 Lesson 23
对不起
I am sorry.

一、句子 Sentences

157 对不起，让你久等了。
Duìbuqǐ, ràng nǐ jiǔ děng le.
I am sorry to have kept you waiting for so long.

158 你怎么八点半才来？
Nǐ zěnme bā diǎn bàn cái lái?
Why didn't you come until half past eight?

159 真抱歉，我来晚了。
Zhēn bàoqiàn, wǒ lái wǎn le.
I am sorry I am late.

160 半路上我的自行车坏了。
Bàn lù shang wǒ de zìxíngchē huài le.
My bike broke down on my way here.

161 自行车修好了吗？
Zìxíngchē xiūhǎo le ma?
Have you fixed your bike?

162 我怎么能不来呢？
Wǒ zěnme néng bù lái ne?
How could I fail to come?

163 我们快进电影院去吧。
Wǒmen kuài jìn diànyǐngyuàn qù ba.
Let's go into the cinema right now.

164 星期日我买到一本新小说。
Xīngqīrì wǒ mǎidào yì běn xīn xiǎoshuō.
I bought a new novel last Sunday.

二、会话 Conversation

大卫：对不起，让你久等了。
Dàwèi: Duìbuqǐ, ràng nǐ jiǔ děng le.

玛丽：我们约好八点，你怎么八点半才来？
Mǎlì: Wǒmen yuēhǎo bā diǎn, nǐ zěnme bā diǎn bàn cái lái?

大卫：真抱歉，我来晚了。半路上我的自行车坏了。
Dàwèi: Zhēn bàoqiàn, wǒ láiwǎn le. Bàn lù shang wǒ de zìxíngchē huài le.

玛丽：修好了吗？
Mǎlì: Xiūhǎo le ma?

大卫：修好了。
Dàwèi: Xiūhǎo le.

玛丽：我想你可能不来了。
Mǎlì: Wǒ xiǎng nǐ kěnéng bù lái le.

大卫：说好的，我怎么能不来呢？
Dàwèi: Shuōhǎo de, wǒ zěnme néng bù lái ne?

玛丽：我们快进电影院去吧。
Mǎlì: Wǒmen kuài jìn diànyǐngyuàn qù ba.

大卫：好。
Dàwèi: Hǎo.

* * *

玛丽：刘京，还你词典，用得时间太长
Mǎlì: Liú Jīng, huán nǐ cídiǎn, yòng de shíjiān tài cháng
了，请原谅！
le, qǐng yuánliàng!

刘京：没关系，你用吧。
Liú Jīng: Méi guānxi, nǐ yòng ba.

玛丽：谢谢，不用了。星期日我买到一本新
Mǎlì: Xièxie, bú yòng le. Xīngqīrì wǒ mǎidào yì běn xīn
小说。
xiǎoshuō.

刘京：英文的还是中文的？
Liú Jīng: Yīngwén de háishi Zhōngwén de?

玛丽：英文的。很有意思。
Mǎlì: Yīngwén de. hěn yǒuyìsi.

刘京：我能看懂吗？
Liú Jīng: Wǒ néng kàndǒng ma?

玛丽：你英文学得不错，我想能看懂。
Mǎlì： Nǐ Yīngwén xué de búcuò, wǒ xiǎng néng kàndǒng.

刘京：那借我看看，行吗？
LiúJīng： Nà jiè wǒ kànkan, xíng ma?

玛丽：当然可以。
Mǎlì： Dāngrán kěyǐ.

三、替换与扩展 Substitution and Extension

1. 我们快进电影院去吧。

| 进教室 | 进食堂 | 回学校 |
| 上楼 | 回家 | 下楼 |

2. 借我看看这本小说，行吗？

骑	辆	自行车
用	个	照相机
用	支	笔

* * *

1. 那个收录机我弄坏了。
   Nà ge shōulùjī wǒ nònghuài le.

2. A：对不起，弄脏你的本子了。
   Duìbuqǐ, nòngzāng nǐ de běnzi le.

   B：没什么。
   Méi shénme.

四、生词 New Words

1 对不起　　　　　duìbuqǐ　　I'm sorry
2 让　（动、介）　ràng　　　to let

3	久	(形)	jiǔ	long time
4	才	(副)	cái	just (adverb)
5	抱歉	(形)	bàoqiàn	sorry
6	坏	(形)	huài	bad
7	修	(动)	xiū	to fix, repair
8	电影院	(名)	diànyǐngyuàn	cinema
9	小说	(名)	xiǎoshuō	novel
10	约	(动)	yuē	to arrange
11	可能	(形、名、能愿)	kěnéng	possible, possibility, may, can
12	还	(动)	huán	to return
13	用	(动)	yòng	to use
14	原谅	(动)	yuánliàng	to apologize
15	没关系		méi guānxi	It doesn't matter
16	英文	(名)	Yīngwén	English
17	借	(动)	jiè	to borrow
18	支	(量)	zhī	(measure word)
19	收录机	(名)	shōulùjī	tape-recorder
20	弄	(动)	nòng	to play with, to ruin
21	脏	(形)	zāng	dirty

五、语法 Grammar

1. 形容词"好"作结果补语 The adjective "好" as a complement of

result

表示动作完成或达到完善的地步。例如：

It indicates the completion or accomplishment of an action.

(1)饭已经(yǐjing already)做好了。

(2)我一定要学好中文。

"好"作结果补语,有时也表示"定"的意思。例如：

"好"as a complement of result, occasionally means"定". E. g.

(3)我们说好了八点去。

(4)时间约好了。

2. **副词"就"、"才"**The adverbs"就"and"才"

副词"就"、"才"有时可以表示时间的早、晚、快、慢等。"就"一般表示事情发生得早、快或进行得顺利；"才"相反,一般表示事情发生得晚、慢或进行得不顺利。例如：

The adverbs"就"and"才"are sometimes used to express such temporal concepts as"early", "late", "quick"and"slow". "就"normally indicates that an action has been completed earlier and sooner than expected or without a hitch, while the opposite is true of"才". E. g.

(1)八点上课,他七点半就来了。

(2)八点上课,他八点十分才来。

(3)昨天我去北京饭店,八点坐车,八点半就到了。

(4)今天我去北京饭店,八点坐车,九点才到。

3. **趋向补语**(二)The directional complement(2)

如果动词后有趋向补语又有表示处所的宾语时,处所宾语一定要放在动词和补语之间。例如：

If the verb is followed by both a directional complement and a locational object, the object should be put between the verb and the complement. E. g.

(1)你快下楼来吧。
(2)上课了,老师进教室来了。
(3)他到上海去了。
(4)他回宿舍去了。

如果一般宾语(不表示处所)可放在动词和补语之间,也可放在补语之后。一般来说动作未实现的在"来(去)"之前,已实现的在"来(去)"之后。

An ordinary object (not indicating a place) may be put between the verb and the complement, or after the complement. As a rule, if the action is not accomplished, the object is put before "来(去)"; if the action is finished, however, the object is put after "来(去)". E. g.

(5)我想带照相机去。
(6)他没买苹果来。
(7)我带去了一个照相机。
(8)他买来了一斤苹果。

六、练习 Exercises

1. **给下面的对话填上适当的结果补语并朗读**

   Supply the missing complements of result for the following dialogue and then read aloud the dialogue

   A:小王,你的自行车修____了吗?
   B:还没修____呢。你要用吗?
   A:是,我想借一辆自行车,还没借____。
   B:小刘有一辆,你去问问他。
   A:问过了,他的自行车也弄____了。

B:真不巧。

2. **用动词加"来"或"去"填空** Fill in the blanks with appropriate verbs that can take "来" or "去"

(1)王:小刘,你快_____吧,我在楼下等你。
   刘:现在我就_____。
(2)A:八点了,你怎么还不_____?
   B:今天星期天,我想晚一点儿_____。
(3)A:小王在吗?
   B:他不在。他____家____了。
   A:他什么时候____家____的?
   B:不知道。
(4)A:外边太冷,我们____里边____吧。
   B:刚____,一会儿再____吧。

3. **完成对话** Complete the following dialogues

(1)A:_____,我来晚了。
   B:上课十分钟了,为什么来晚了?
   A:_____。
   B:以后早点儿起床。请坐!
   A:_____。

(2)A:请借我用一下你的词典。
   B:_____。
   A:他什么时候能还你?
   B:_____,我去问问他。
   A:不用了,我去借小王的吧。
   B:_____。

4. **会话**　Conversation

提示 1：你借了同学的自行车，还车的时候你说你骑坏了自行车，表示道歉。

suggested points 1：You have borrowed a bicycle from one of your classmates. You make an apology to him (or her) for having broken it down at the time when you return it to him (or her). You start and carry on the conversation like this.

提示 2：你的朋友要借你的照相机用用，你说别人借去了。

suggested points 2：Your friend wants to borrow your camera. You tell him (or her) that you have lent it to somebody. You start and carry on the conversation like this.

5. **听述**　Risten and retell

我和小王约好今天晚上去北京饭店跳舞。下午我们两个人先去友谊商店买东西。从友谊商店出来以后，我去看一个朋友，小王去王府井。我在朋友家吃晚饭，六点半我才从朋友家出来。到北京饭店的时候，七点多了，小王正在门口(ménkǒu gate)等我。我说："来得太晚了，真抱歉，请原谅。"他说："没关系。"我们就一起进北京饭店去了。

6. **语音练习**　Phonetic exercises

(1)常用音节练习

Drill on the frequently used syllables

sheng { xuésheng　　（学生）
　　　　liúxuéshēng　（留学生）
　　　　Shèngdànjié　（圣诞节）

dong { dōngtiān　（冬天）
　　　　huódòng　（活动）
　　　　dǒng shì　（懂事）

(2)朗读会话 Read aloud the conersation

A：Māma, xiànzài wǒ chūqu kàn péngyou.

B：Shénme shíhou huílai?

A：Dàgài wǎnshang shí diǎn duō.

B：Tài wǎn le.

A：Wǒmen yǒu diǎnr shì, nín bié děng wǒ, nín xiān shuì.

B：Hǎo ba, bié tài wǎn le.

第二十四课 Lesson 24
我觉得很遗憾
It is a great pity.

遗憾
yíhàn
REGRET

一、句子 Sentences

165 真糟糕，在长城照的照片都没照上。
Zhēn zāogāo, zài Chángchéng zhào de zhàopiàn dōu méi zhàoshàng.
It's too bad. The photoes we had taken on the Great wall failed to come out.

166 为什么没照上呢？
Wèishénme méi zhàoshàng ne?
Why did the photoes fail?

167 是不是你的照相机坏了？
Shì bu shì nǐ de zhàoxiàngjī huài le?
Is there anything wrong with your camera?

168 哎呀，太可惜了。
Āiyā, tài kěxī le.
Damn, what a great pity.

169 我觉得很遗憾。
Wǒ juéde hěn yíhàn.
I am really sorry about it.

170 公司有急事，让他马上回国。
Gōngsī yǒu jí shì, ràng tā mǎshàng huí guó.
Tell him to return from abroad immediately, because there is something urgent at the company.

171 他让我告诉你，多给他写信。
Tā ràng wǒ gàosu nǐ, duō gěi tā xiě xìn.
He asked me to tell you that he hoped to get more letters from you.

172 真遗憾，我没见到他。
Zhēn yíhàn, wǒ méi jiàndào tā.
What a pity that I didn't see him.

二、会话 Conversation

王兰： 在长城照的照片洗了吗？
WángLán: Zài Chángchéng zhào de zhàopiàn xǐ le ma?

和子： 洗了。真糟糕，都没照上。
Hézǐ: Xǐ le. Zhēn zāogāo, dōu méi zhàoshàng.

王兰： 那天天气不错，为什么没照上呢？
WángLán: Nà tiān tiānqì búcuò, wèishénme méi zhàoshàng ne?

是不是你的照相机坏了？
Shì bu shì nǐ de zhàoxiàngjī huài le?

和子：不是，胶卷没上好。
Hézǐ: Bú shì, jiāojuǎnr méi shànghǎo.

王兰：真的吗我看看那个胶卷
WángLán: Zhēn de ma? Wǒ kànkan nà ge jiāojuǎnr.

和子：你看，都是白的
Hézǐ: Nǐ kàn, dōu shì bái de.

王兰：哎呀，太可惜了。
WángLán: Āiyā, tài kěxī le.

和子：我也觉得很遗憾。
Hézǐ: Wǒ yě juéde hěn yíhàn.

* * *

刘京：昨天西川回国了。
LiúJīng: Zuótiān Xīchuān huí guó le.

和子：我怎么不知道？
Hézǐ: Wǒ zěnme bù zhīdao?

刘京：公司有急事，让他马上回国。
LiúJīng: Gōngsī yǒu jí shì, ràng tā mǎshàng huí guó.

和子：真不巧我还想让他带东西呢。
Hézǐ: Zhēn bu qiǎo, wǒ hái xiǎng ràng tā dài dōngxi ne.

刘京：昨天我和他都给你打电话了。你不在。
LiúJīng: Zuótiān wǒ hé tā dōu gěi nǐ dǎ diànhuà le. Nǐ bú zài.

和子： 我在张老师那儿。
Hézǐ： Wǒ zài Zhāng lǎoshī nàr.

刘京： 他让我告诉你，多给他写信。
LiúJīng： Tā ràng wǒ gàosu nǐ, duō gěi tā xiě xìn.

和子： 真遗憾，我没见到他。
Hézǐ： Zhēn yíhàn, wǒ méi jiàndào tā.

三、替换与扩展 Substitution and Extension

1. 我觉得很<u>遗憾</u>。

   | 漂亮 可惜 难 容易 |

2. <u>公司</u>让他<u>马上回国</u>。

   | 大夫　检查身体 |
   | 老师　回答问题 |
   | 玛丽　查词典 |

3. 他让我告诉你，
   <u>多给他写信</u>。

   | 马上去开会　常给他去信 |
   | 早点儿回家　后天去见他 |

*　　*　　*

1. 他的钱丢了,是不是
   Tā de quán diū le, shì bu shì?

2. A： 李大夫是不是让女同学去检查
   Lǐ dàifu shì bu shì ràng nǚ tóngxué qù jiǎnchá
   身体？
   shēntǐ?

B：不，她让大家都去检查。
　　Bù　ta　ràng dàjiā　dōu qu jiǎnchá.

3. 我家的花都开了。有红的、黄的、白
　 Wǒ jiā de huār dōu kāi le. Yǒu hóng de、huáng de、bái
　 的，漂亮极了。
　 de, piàoliang jí le.

四、生词　New Words

1	糟糕	（形）	zāogāo	bad, terrible
2	可惜	（形）	kěxī	pity
3	觉得	（动）	juéde	to feel, to think
4	遗憾	（形）	yíhàn	sorry
5	急	（形）	jí	urgent
6	马上	（副）	mǎshàng	at once, immediately
7	见	（动）	jiàn	to see
8	胶卷	（名）	jiāojuǎnr	film, a reel of film
9	白	（形）	bái	white
10	漂亮	（形容）	piàoliang	colourful, pretty
11	难	（形）	nán	difficult, hard
12	容易	（形）	róngyì	easy
13	检查	（动）	jiǎnchá	to inspect, to examine
14	回答	（动）	huídá	to reply
15	问题	（名）	wèntí	problem, question
16	查	（动）	chá	to check

17	后天	(名)	hòutiān	the day after tomorrow
18	丢	(动)	diū	to lose, to miss
19	大家	(代)	dàjiā	everybody
20	红	(形)	hóng	red
21	黄	(形)	huáng	yellow

五、语法 Grammar

1. **用动词"让"的兼语句** The pivotal sentence with the verb"让"

跟用"请"的兼语句句式一样,动词"让"构成的兼语句也有要求别人做某事的意思。只是用"请"的兼语句用于比较客气的场合。例如:

Like a pivotal sentence with the verb"请", a pivotal sentence with the verb"让"also has the meaning of asking somebody to do something. The only difference is that the former is used in a more polite situation. E. g.

(1)他让我带东西。
(2)公司让他回国。
(3)我让他给我照张相。
(4)他让我告诉你,明天去他家。

2. **"是不是"构成的正反疑问句** The Affirmative-negative question with"是不是"

对某一事实或情况已有估计,为了进一步证实,就用"是不是"构成的疑问句提问。"是不是"可以在谓语前,也可在句首或句尾。例如:

The affirmative-negative question with"是不是"is used to confirm what the speaker already believes. "是不是"can be placed before the predicate or at the beginning of the sentence or at the end. E. g.

(1)是不是你的照相机坏了?
(2)西川先生是不是回国了?
(3)这个电影都看过了,是不是?

3. "上"作结果补语 "上"as a complement of result

"上"作结果补语的意义很多。本课出现的结果补语"上"指的是通过动作使某物(或形象)存留在某处。例如:

"上", when used as a complement of result, has a variety of meanings. In this lesson, it means to keep a thing(or an image)in its original place through an action. E. g.

(1)那个楼照上了吗?
(2)在宿舍旁边种(zhòng to plant)上很多花。

六、练习 Exercises

1. 熟读下列词组并选择造句

Read until fluent the following phrases and make sentences with some of them:

觉得 { 很可惜 / 很遗憾 / 不错 / 不好意思 / 很愉快 / 很冷

让 { 我还书 / 小王修自行车 / 我跟他见面 / 我们问问题 / 他们回答问题

2. 完成对话(用上表示遗憾的词语) Complete the conversation (with words expressing regret)

(1) A：听说今天食堂有饺子，_____。
　　B：是不是你们下课晚了？
　　A：_____。
(2) A：昨天晚上的杂技好极了，你怎么没去看？
　　B：_____，我的票_____。
　　A：听说这个星期六还演呢。
　　B：那我一定去看。

3. **按照实际情况回答问题** Answer the questions according to actual circumstances
(1) 你汉语说得怎么样？
(2) 第二十三课的练习你觉得难不难？
(3) 来中国以后你看过京剧、话剧、杂技吗？演得怎么样？
(4) 昨天的课你复习没复习？

4. **把下面对话中 B 的话改成"是不是"的问句**
Change the B part of the conversation into question with"是不是"
(1) A：今天我去找小王，他不在。
　　B：大概他回家了。
(2) A：不知道为什么飞机晚点了。
　　B：我想可能是天气不好。

5. **听述** Listen and retell
昨天是星期日，张老师的爱人让张老师洗衣服，张老师的爱人做饭。
张老师很少洗衣服，他觉得红的、白的、黄的衣服一起洗没关系，他就一起洗了。他爱人新买的一条黄裙子(qúnzi　skirt)和他的一件白衬衫(chènshān skirt)都洗坏了。他正看的时候，他爱人问：

"衣服洗得怎么样了?"他不知道说什么,他爱人看了说:"哎呀!真糟糕!"

6. **语音练习**　Phonetic exercises

(1)常用音节练习　Drill on the frequently used syllables.

zai ⎰ xiànzài(现在)
　　⎱ zàijiàn(再见)
　　 zāizhòng(栽种)

ni ⎰ nǐ hǎo(你好)
　　⎱ níróng(呢绒)
　　 nílóng(尼龙)

(2)朗读会话　Read aloud the conversation

A:Nǐ de xīn zìxíngchē zhēn piàoliang.

B:Kěshì huài le.

A:Zhēn kěxī, néng xiūhǎo ma?

B:Bù zhīdao.

A:Xiūxiu ba, kàn zěnmeyàng.

B:Hǎo.

称赞
chēngzàn
PRAISE

第二十五课 Lesson 25
这张画儿真美!
This picture is very beautiful!

一、句子 Sentences

173 你 的 房间 布置 得 好 极 了。
Nǐ de fángjiān bùzhì de hǎo jí le.
Your room is beautifully decorated.

174 这 张 画儿 真 美!
Zhè zhāng huàr zhēn měi!
This picture is really beautiful.

175 你 的 房间 又 干净 又 漂亮。
Nǐ de fángjiān yòu gānjìng yòu piàoliang.
Your room is clean and colourful.

176 今天 没 有 人 来。
Jīntiān méi yǒu rén lái.
Nobody will come today.

177 你 的 衣服 更 漂亮!
Nǐ de yīfu gèng piàoliang!
Your dress is even prettier.

178 这件衣服不是买的,是我妈妈做的。
Zhè jiàn yīfu bú shì mǎi de, shì wǒ māma zuò de.
This dress was not bought but made by my mother.

179 你妈妈的手真巧。
Nǐ māma de shǒu zhēn qiǎo.
Your mother is really skillful with her hands.

180 要是你喜欢,就给你女朋友做一件。
Yàoshi nǐ xǐhuan, jiù gěi nǐ nǚ péngyou zuò yí jiàn.
If you like the dress, why won't you have one made for your girl friend.

二、会话 Conversation

王兰: 你的房间布置得好极了。
WángLán: Nǐ de fángjiān bùzhì de hǎo jí le.

玛丽: 哪儿啊,马马虎虎。
Mǎlì: Nǎr a, mǎmahūhū.

王兰: 桌子放在这儿,写字看书都很好。
WángLán: Zhuōzi fàngzài zhèr, xiě zì kàn shū dōu hěn hǎo.

玛丽: 你看,衣柜放在床旁边,怎么样?
Mǎlì: Nǐ kàn, yīguì fàngzài chuáng pángbiān, zěnmeyàng?

王兰： 很好。拿东西很方便。这张画儿
WángLán: Hěn hǎo. ná dōngxi hěn fāngbiàn. Zhè zhāng huàr
真美！
zhēn měi!

玛丽： 是吗？刚买的。
Mǎlì: Shì ma? Gāng mǎi de.

王兰： 你的房间又干净又漂亮。今天谁
WángLán: Nǐ de fángjiān yòu gānjìng yòu piàoliang. Jīntiān shuí
来啊？
lái a?

玛丽： 没有人来。新年快到了。
Mǎlì: Méi yǒu rén lái. Xīnnián kuài dào le.

王兰： 啊！明天晚上有舞会。
WángLán: À! Míngtiān wǎnshang yǒu wǔhuì.

玛丽： 真的？那明天晚上我们都去
Mǎlì: Zhēn de? Nà Míngtiān wǎnshang wǒmen dōu qù
跳舞吧。
tiào wǔ ba.

* * *

王兰： 你今天穿得真漂亮！
WángLán: Nǐ jīntiān chuān de zhēn piàoliang!

玛丽： 是吗？过新年了嘛。你的衣服更
Mǎlì: Shì ma? guò xīnnián le ma. Nǐ de yīfu gèng
漂亮，在哪儿买的？
piàoliang, zài nǎr mǎi de?

王兰： 不是买的，是我妈妈做的。
WángLán： Bú shì mǎi de, shì wǒ māma zuò de.

玛丽： 你妈妈的手真巧，衣服的样子也
Mǎlì： Nǐ māma de shǒu zhēn qiǎo, yīfu de yàngzi yě
很好。
hěn hǎo.

王兰： 我也觉得不错。
WángLán： Wǒ yě juéde búcuò.

刘京： 我很喜欢。这个颜色。
LiúJīng： Wǒ hěn xǐhuan. zhè ge yánsè.

玛丽： 要是你喜欢，就给你女朋友做一
Mǎlì： Yàoshi nǐ xǐhuan, jiù gěi nǐ nǚ péngyou zuò yí
件。
jiàn.

刘京： 我还没有女朋友呢。
LiúJīng： Wǒ hái méi yǒu nǚ péngyou ne.

注释

①"过新年了嘛。"

　　语气助词"嘛"表示一种"道理显而易见"、"理应如此"的语气。

　　The model adjunct "嘛" has the connotation of "for the obvious reason", "It goes without saying."

②"哪儿啊"

　　受到对方称赞时，常用"哪儿啊"回答，表示否定。这是一种客气的说法。"哪儿啊"有时也说成"哪里"。

　　"哪儿啊" is usually a reply to a praise. It is also a polite expression of negation. Sometimes it is replaced by "哪里".

三、替换与扩展　Substitution and Extension

1. 你的<u>房间</u>又<u>干净</u>又<u>漂亮</u>。

英文书	容易	有意思
纪念邮票	多	好看
自行车	漂亮	好骑
笔	好用	便宜

2. 这<u>件</u><u>衣服</u>不是<u>买</u>的，是<u>我妈妈</u><u>做</u>的。

个	菜	买	我自己	做
张	画儿	买	朋友	画
辆	自行车	买	我哥哥	借

3. 我很喜欢这<u>个</u><u>颜色</u>。

个	孩子,	些	花
张	照片,	辆	汽车
支	铅笔		

*　　　*　　　*

1. 要是　明天　天气　好，我们　就　去　公园　看花展。
   Yàoshi míngtiān tiānqì hǎo, wǒmen jiù qù gōngyuán kàn huā-zhǎn.

2. A：今天　他们　两　个　怎么　穿　得　这么　漂亮？
   Jīntiān tāmen liǎng ge zěnme chuān de zhème piàoliang?
   B：结婚　嘛。
   Jié hūn ma.

四、生词 New Words

1	布置	(动)	bùzhì	to decorate
2	画儿	(名)	huàr	painting, drawing
3	美	(形)	měi	beautiful, pretty
4	又	(副)	yòu	also
5	更	(副)	gèng	more, even more
6	手	(名)	shǒu	hand
7	要是	(连)	yàoshi	if……
8	马虎	(形)	mǎhu	careless
9	桌子	(名)	zhuōzi	table
10	放	(动)	fàng	to put, to place
11	衣柜	(名)	yīguì	wardrobe
12	方便	(形)	fāngbiàn	convenient, easy
13	嘛	(助)	ma	modal particle
14	样子	(名)	yàngzi	shape, appearance
15	颜色	(名)	yánsè	colour
16	自己	(代)	zìjǐ	oneself
17	画	(动)	huà	to draw
18	些	(量)	xiē	some
19	铅笔	(名)	qiānbǐ	pencil
20	公园	(名)	gōngyuán	park
21	这么	(代)	zhème	like this, such

五、语法　Grammar

1. "又…又…" both…and…
表示两种情况或性质同时存在。例如:
This structure expresses the co-existance of two circumstances or characteristics. E. g.

(1)你的房间又干净又漂亮。
(2)那儿的东西又便宜又好。
(3)他汉字写得又好又快。

2. "要是…就…"　if…then…
"要是"表示假设,后一分句常用副词"就"来承接上文,得出结论。例如:
"要是"introduces a supposition, while the adverb "就", which links the clause that follows it to the one that precedes it, elicits a conclusion. E. g.

(1)你要是有"英汉词典",就带来。
(2)要是明天不上课,我们就去北海公园。
(3)你要是有时间,就来我家玩儿。

六、练习　Exercises

1. 回答问题:(用上所给的词语)Answer the questions (by using the given words)

(1)北海公园怎么样?(又…又…)
(2)这个星期天你去公园玩儿吗?(要是…就…)
(3)为什么你喜欢这件衣服?(喜欢、颜色)
(4)这本词典是你买的吗?(不是…,是…)

2. 完成句子(用上"很","真","极了","更","太…了")
   Complete the sentences(using"很","真","极了","更",and"太…了")
   (1)这个句子_____,大家都不懂,去问老师吧。
   (2)她很会做中国饭,她做的饺子_____。
   (3)今天天气_____,听说明天天气_____。我应该出去玩儿玩儿。
   (4)你这张照片_____,人很漂亮,那些花也很美。
   (5)看书的时候,有不认识的生词没关系,查词典_____。

3. 完成对话 Complete the conversation
   (1)A:你看,这件毛衣怎么样?
      B:_____,贵吗?
      A:六十五块。
      B:_____,还有吗?
      A:怎么? 你也想买吗?
      B:是啊,_____。

   (2)A:你的字写得真好!
      B:_____,你写得好。
      A:_____,我刚学。

4. 听述 Listen and retell
   玛丽的毛衣是新疆(Xīnjiāng name of a province)的,样子好看,颜色也漂亮。大卫说,新疆的水果(shuǐguǒ fruit)和饭菜也好吃极了。玛丽听了很高兴。她约大卫今年七月去新疆。在新疆可以参观,可以吃很多好吃的东西。大卫说,你不能吃得太多,要是吃得太多,你回来以后,就不能穿这件毛衣了。

5. 语音练习 Phonetic exercises

(1) 常用音节练习 Drill on the frequently used syllables

xiao { xiǎoháir(小孩儿) / xiāoxi(消息) / xiào le(笑了) }

ke { kěyǐ(可以) / kèqi(客气) / kēxué(科学) }

(2) 朗读会话 Real aloud the conversation

A: Zhè xiē huār shì mǎi de ma?

B: Bú shì mǎi de, shì wǒ zuò de.

A: Nǐ de shǒu zhēn qiǎo.

B: Nǎr a, wǒ gāng xué.

A: Shì gēn Hézǐ xué de ma?

B: Bú shì, shì gēn yí ge Zhōngguó tóngxué xué de.

复习 （五） Review V

一、会话 Conversation

A：刚才小林来找你，你不在。
B：我去朋友那儿了，刚回来。他有事吗？
A：他让我告诉你，下星期六他结婚，请你去吃喜糖（xǐtáng sweets for a wedding ceremony）。
B：真的吗？那我一定去。我还没参加过中国人的婚礼（hūnlǐ wedding ceremony）呢。
A：下星期六，我来找你，我们一起去。
B：好的。

* * *

A：你怎么了？病（bìng sick）了吗？
B：真遗憾，今天我不能去参加小林的婚礼了。
A：你就在宿舍休息吧，我一个人去了。再见！
B：再见！

* * *

A：可以进吗？
B：请进。
A：你看，谁来了？
B：啊，小林，对不起，那天我病了，没能去参加你们婚礼。
林；没关系。贝丽（Bèilì），你的病好了吗？今天我给你送喜糖来了。
B：好了。谢谢你！听说你爱人很漂亮。
A：她还会唱歌跳舞呢。那天唱得好听极了。那天他们还表演（biǎoyǎn to perform）两个人吃一块糖。
林：贝丽，你别听她的。
B：那是接吻（jiēwěn to kiss）吧？

A：是的，中国人不在别人面前(miànqián in front of)接吻，这是结婚的时候，大家闹着玩儿(nàozhe wánr to do something for fun)的。

二、语法　Grammar

语气助词"了"与动态助词"了"　The modal particle "了" and the aspectual particle "了"

1. 语气助词"了"在句尾，强调某事或某情况已经发生；动态助词"了"在动词后，强调这个动作已完成或肯定要完成。例如：

The modal particle "了" is put at the end of a sentence to emphacize that a thing or a situation has already occurred, where as the perfective-aspect particle "了" is put after the verb to emphacize that the action is completed or is sure to be completed. E. g.

(1)昨天你去哪儿了？
——我去友谊商店了。
（肯定这件事已发生　The thing has already occurred）
(2)你买了什么东西？
——我买了一件毛衣。
（"买"的动作已完成　The action is completed）

2. 动词后有动态助词"了"，又有简单宾语时，宾语前一般要有数量词或其他定语，或者有比较复杂的状语，才能成句。例如：

If the verb is followed by the perfective-aspect particle "了" and a simple object, a numeral-measure compound or some other attributive or a more complicated adverbial is normally used before the object to make the sentence grammatical. E. g.

(1)我买了一件毛衣。
(2)他做了很好吃的菜。

(3)他在教室里就做了练习。

3. 不表示具体动作的动词"是"、"在"、"象"等和表示存在的"有",不能用动态助词"了"。

Stative verbs such as "是", "在" and "象" and the existential verb "有" do not take the perfective-aspect particle "了".

4. 不表示具体动作的动词谓语句,一般的动词谓语句否定式和形容词谓语句等等,句尾都可带"了",表示变化。例如:

The sentence with a stative verbal predicate, the negative form of the sentence with a verbal predicate and the sentence with an adjectival predicate may all end with "了" to express that things have changed. E.g.

(1)现在是冬天(dōngtiān winter)了。天气冷了。
(2)他现在不是学生,是老师了。
(3)我不去玛丽那儿了。

三、练习　Exercises

1. 按照实际情况回答问题　Answer the questions according actual situations

(1)现在你正在作什么? 昨天这个时候你在作什么?
(2)到中国以后,你都去哪儿了? 买了什么?
(3)你说汉语说得怎么样? 汉字会写不会写?
(4)你有没有觉得遗憾的事? 请说一说。

2. 会话　Conversation
(1)称赞　(衣服　吃的　房间)
　　Praise

多好(漂亮 美 好看)啊! 　　　　哪儿啊!

真好吃(干净……)! 　　　　　马马虎虎

…极了! 　　　　　　　　　　是吗?

又…又…

(2)道歉(来晚了 弄坏了东西 弄脏了东西)

Apology

对不起 　　　　　　　没关系

请原谅 　　　　　　　没什么

真抱歉

(3)遗憾(好的地方没去 喜欢的东西没买到)

Regret

真遗憾

太可惜了

真不巧

3. 完成对话 Complete the conversation

(1)A:喂,玛丽吗?我请你今天吃晚饭。

B:真的吗?_____?

A:北京饭店。_____。

B:不用接我,七点我自己去。

(2)A:昨天的话剧好极了,你怎么没去看啊?

B:_____。_____!这个星期还演吗?

A:可能还演,你可以打电话问问。

4. 语音练习 Phonetic exercises

(1)声调练习:第2声＋第4声

Drill on tones:2nd tone＋4th tone

yíhàn(遗憾)

bú yào yíhàn(不要遗憾)

yídìng bú yào yíhàn(一定不要遗憾)

(2)朗读会话 Read aloud the conversation

A：Zhè jiàn máoyī zhēn piàoliang, wǒ hěn xǐhuan zhè ge yánsè.

B：Kěxī yǒudiǎnr duǎn.

A：Yǒu cháng diǎnr de ma?

B：Méi yóu.

A：Zhēn yíhàn.

四、阅读短文　Read the passage

我昨天晚上到北京。今天早上我对姐姐说，我出去玩儿玩儿。姐姐说："你很累了，昨天晚上也没睡好觉，你今天在家休息，明天我带你去玩儿。"我在家觉得没意思，姐姐出去买东西的时候，我就一个人坐车出去了。

北京这个地方很大，我第一次来，也不认识路。汽车开到一个公园前边，我就下了车，去那个公园了。

公园的花儿开得漂亮极了。玩了一会儿我觉得累了，就坐在长椅(chángyǐ bench)上休息。

"同志，要关门(guān mén　close the door)了，请回吧！"一个在公园里工作的同志叫我。"哎呀，对不起！刚才我睡着(shuìzháo fall asleep)了。"现在已经很晚了，我想姐姐一定在找我呢。得(děi have to)快回家了。

祝贺
zhùhè
CONGRATU-LATION

第二十六课 Lesson 26
祝贺你 Congratulations

一、句子 Sentences

181 这次考试，成绩还可以。
Zhè cì kǎoshì, chéngjī hái kěyǐ.
The result of this examination is quite good.

182 他的成绩全班第一。
Tā de chéngjī quán bān dì-yī.
He came out first in the exam for the whole class.

183 考得真好，祝贺你！
Kǎo de zhēn hǎo, zhùhè nǐ!
Congratulate you on the sueeess in the exam.

184 祝你生日好！
Zhù nǐ shēngrì hǎo!
Happy birthday to you!

185 祝你身体健康！
Zhù nǐ shēntǐ jiànkāng!
I wish you good health.

186 我猜不着。
Wǒ cāi bu zháo.

187 你打开盒子看看。
Nǐ dǎkāi hézi kànkan.
Please open the box and have a look.

188 我送你一件礼物，请收下。
Wǒ sòng nǐ yí jiàn lǐwù, qǐng shōuxià.
I give you a gift. Please accept it.

二、会话 Conversation

刘京 LiúJīng： 这次考试成绩怎么样？
Zhè cì kǎoshì chéngjī zěnmeyàng?

大卫 Dàwèi： 还可以。笔试九十分，口试八十五分。
Hái kěyǐ. Bǐshì jiǔshí fēn, kǒushì bāshíwǔ fēn.

玛丽 Mǎlì： 你知道吗？他的成绩全班第一。
Nǐ zhīdao ma? Tā de chéngjī quán bān dì-yī.

刘京 LiúJīng： 考得真好，祝贺你！
Kǎo de zhēn hǎo, zhùhè nǐ!

大卫 Dàwèi： 还要感谢你们的帮助呢。
Hái yào gǎnxiè nǐmen de bāngzhù ne.

玛丽 Mǎlì： 你怎么也说客气话了？你还常常帮助我呢。
Nǐ zěnme yě shuō kèqi huà le? Nǐ hái chángcháng bāngzhù wǒ ne.

* * *

玛丽： 王兰，祝你生日好！
Mǎlì: Wáng Lán, Zhù nǐ shēngrì hǎo!

刘京： 我们送你一个生日蛋糕。祝你
LiúJīng: Wǒmen sòng nǐ yí ge shēngrì dàngāo. Zhù nǐ
身体健康！
shēntǐ jiànkāng!

王兰： 谢谢！
WángLán: Xièxie!

大卫： 这是我给你的花儿。
Dàwèi: Zhè shì wǒ gěi nǐ de huār.

王兰： 谢谢大家！请坐，请坐。
WángLán: Xièxie dàjiā! qǐng zuò, Qǐng zuò.

和子： 我送你一件礼物，请收下。
Hézǐ: Wǒ sòng nǐ yí jiàn lǐwù, qǐng shōuxià.

刘京： 你猜猜她送的什么？
LiúJīng: Nǐ cāicai tā sòng de shénme?

王兰： 猜不着。
WángLán: Cāi bu zháo.

和子： 你打开盒子看看。
Hézǐ: Nǐ dǎkāi hézi kànkan.

王兰： 啊，是一只小狗。
WángLán: À shì yì zhī xiǎo gǒu.

刘京： 这个小东西多可爱啊！
LiúJīng: Zhè ge xiǎo dōngxi duō kě'ài a!

注释 Notes

"这个小东西多可爱啊!"

"小东西"这里指的是玩具"小狗"。有时"小东西"也可指人或动物,并含有喜爱的感情。

"小东西" here refers to a toy "puppy". Sometime it may refer to a person or an animal with affection.

三、替换与扩展 Substitution and Extension

1. 祝你<u>生日好</u>!

| 生日愉快 | 身体健康 |
| 生活幸福 | 工作顺利 |

2. 你打开<u>盒子看看</u>。

| 衣柜 找,窗户 看 |
| 收录机 听,门 看 |

3. 这个<u>小东西</u>多<u>可爱</u>啊!

| 公园 美,画儿 好看 |
| 鱼 好吃,地方 好玩儿 |

* * *

下 个 月 玛丽 的 姐姐 结婚。玛丽 写 信 祝贺
Xià ge yuè Mǎlì de jiějie jié hūn. Mǎlì xiě xìn zhùhè
他们 生活 幸福、新婚 愉快。
tāmen shēnghuó xìngfú、xīnhūn yúkuài.

四、生词 New Words

1 成绩 (名) chéngjī result, achievement

2 全 (形、副) quán all, every

3	班	(名)	bān	class
4	考	(动)	kǎo	to give (or to take) an examination
5	祝贺	(动)	zhùhè	congratulation
6	祝	(动)	zhù	to congratulate
7	猜	(动)	cāi	to guess
8	着	(动)	zháo	to have guessed right
9	打	(动)	dǎ	to do, to beat
10	开	(动)	kāi	to open
11	盒子	(名)	hézi	box
12	礼物	(名)	lǐwù	gift, present
13	笔试	(名)	bǐshì	written exam.
14	分	(名)	fēn	credit points, marks
15	口试	(名)	kǒushì	oral exam.
16	话	(名)	huà	speech
17	蛋糕	(名)	dàngāo	cake
18	只	(量)	zhī	(measure word)
19	狗	(名)	gǒu	dog
20	可爱	(形)	kě'ài	lovely
21	幸福	(形、名)	xìngfú	happy; happiness
22	窗户	(名)	chuānghu	window
23	门	(名)	mén	door, gate

五、语法 Grammar

1. "开"、"下"作结果补语

   "开"and"下"as complements of result

   动词"开"作结果补语

   the verb"开"as a complement of result

   a. 表示通过动作使合拢、连接的东西分开。例如：

   To cause something folded or fastened to become open through an activity. E. g.

   (1)她打开衣柜拿了一件衣服。

   (2)请打开书,看第十五页(yè page)

   b. 表示通过动作,使人或物离开某处。例如：To get a person or a thing away from its original place. E. g.

   (3)车来了,快走开!

   (4)快拿开桌子上的东西。

   动词"下"作结果补语

   the verb"下"as a complement of result

   a. 表示人或事物随动作从高处到低处。例如：

   To indicate a downward movement. E. g.

   (1)你坐下吧。

   (2)他放下书,就去吃饭了。

   b. 使某人或某物固定在某处。例如：

   To make somebody or something stay where he or it is. E. g.

   (3)写下你的电话号码。

   (4)请收下这个礼物吧。

2. 可能补语(一)The potential complement(1)

   在动词和结果补语之间加上结构助词"得",就构成了表示可能的可能补语。如"修得好"、"打得开",就是"能修好"、"能打开"的意思。

它的否定式是将中间的"得"换成"不"。如"修不好"、"打不开"等等。

A potential complement is usually formed by inserting the structural particle"得"between the verb and the complement of result, e. g. "修得好","打得开",which mean "能修好"and"能打开" respectively.

Its negative form is realized by the replacement of"得"by"不",e. g."修不好""打不开"and so on.

3. **动词"着"作结果补语或可能补语**

The verb"着"as a complement of result or a potential complement

a. 动词"着"作结果补语表示达到目的或有了结果。例如:

The verb"着", when used as a complement of result, indicates that the aim has been attained or the result brought about. E. g.

(1)那本词典我买着了。
(2)我找着他了。

b."着"作可能补语表示"能…到"的意思。例如:

"着"when used as a potential complement, means"能…到", e. g.

(3)那本词典你买得着吗?
(4)我怎么猜得着那里边是什么呢?

六、练习 Exerises

1. **熟读下列词语并选择造句** Read until fluent the following words and make sentences with some of them

| 全班 | 生活幸福 | 买礼物 | 猜不着 |
| 全家 | 全家幸福 | 送礼物 | 找不着 |

全校	幸福的生活	生日礼物	买不着
全国	幸福的孩子	结婚礼物	吃不着

2. **用"多…啊"完成句子**

   Complete the sentences with "多…啊"

   (1) 这件衣服的颜色_____,孩子们穿最好看。
   (2) 上课的时候,我去晚了,你知道我_____!
   (3) 你没去过长城? 那_____!
   (4) 你爸爸、妈妈都很健康,你们全家_____!
   (5) 你新买的自行车坏了,_____!

3. **完成对话(用上祝愿、祝贺的话)**

   Complete the conversation (by using words expressing good wishes and congratulations)

   (1) A:听说你的两张画儿参加了画展,_____。
       B:谢谢! 欢迎参观。
   (2) A:明天要考试了。
       B:_____。
   (3) A:我妈妈来了,我陪她去玩儿玩儿。
       B:_____!

4. **会话**

   Conversation

   (1) 你朋友考试的成绩很好,你向他祝贺。
   (2) 你的朋友结婚,你去祝贺他。

5. **听述**

   Listen and retell

上星期英语系的同学用英语唱歌,演话剧。王兰、刘京都参加了。那些同学的英语说得真好,歌唱得更好。以后我们要是能用汉语演话剧就好了。

刘京他们班演的话剧是全系第一。王兰唱歌是第三,我们高兴极了,都去祝贺他们。

6. **语音练习** Phonetic exercises

(1)常用音节练习 Drill on the frequently used syllables

yao $\begin{cases} \text{yàoshì（要事）} \\ \text{yàoshi（钥匙）} \\ \text{yāoqǐng（邀请）} \end{cases}$ wu $\begin{cases} \text{tiào wǔ（跳舞）} \\ \text{wūzi（屋子）} \\ \text{fúwùyuán（服务员）} \end{cases}$

(2)朗读会话 Read aloud the conversation

A: Xīnnián hǎo!

B: Xīnnián hǎo! Zhù nǐ xīnnián kuàilè!

A: Zhù nǐmen quán jiā xìngfú!

B: Zhù nǐmen shēntǐ jiànkāng, shēnghuó yúkuài!

A: Xièxie!

劝告
quàngào
PERSUASION

第二十七课 Lesson 27
你别抽烟了
Please don't smoke.

一、句子　Sentences

189　我有点儿咳嗽。　I have a cough.
　　　Wǒ yǒudiǎnr késou.

190　你别抽烟了。　Please don't smoke.
　　　Nǐ bié chōu yān le.

191　抽烟对身体不好。　Smoking is not good for your health.
　　　Chōu yān duì shēntǐ bù hǎo.

192　你去医院看看吧。　You'd better go to a hospital.
　　　Nǐ qù yīyuàn kànkan ba.

193　你骑车骑得太快了。　You ride too fast.
　　　Nǐ qí chē qí de tài kuài le.

194　骑快了容易出事故。　You may have an accident if you ride fast.
　　　Qíkuài le róngyì chū shìgù.

195 昨天 清华 大学 前边 出 交通 事故 了。
Zuótiān Qīnghuá Dàxué qiánbiān chū jiāotōng shìgù le.
There was a traffic accident in front of Quinhua University yesterday.

196 你 得 注意 安全 啊!
Nǐ děi zhùyì ānquán a!
You must be careful about your own safety.

二、会话 Conversation

王兰: 哥哥,你怎么了?
WángLán: Gēge, Nǐ zěnme le?

王林: 没什么,有点儿 咳嗽。
WángLín: Méi shénme, yǒudiǎnr késou.

王兰: 你别抽 烟 了。
WángLán: Nǐ bié chōu yān le.

王林: 我每天抽 得不多。
WángLín: Wǒ měitiān chōu de bù duō.

王兰: 那对身体也不好。
WángLán: Nà duì shēntǐ yě bù hǎo.

王林: 我想 不抽,可是觉得不舒服。
WángLín: Wǒ wiǎng bù chōu, kěshi juéde bù shūfu.

王兰: 时间长 了就习惯了。
WángLán: Shíjiān cháng le jiù xíguàn le.

王林：　好，我试试。今天先吃点儿药。
WángLín：　Hǎo, Wǒ shìshi. Jīntiān xiān chī diǎnr yào.

王兰：　你去医院看看吧。
WángLán：　Nǐ qù yīyuàn kànkan ba.

* * *

王兰：　你骑车骑得太快了。这样不
WángLán：　Nǐ qí chē qí de tài kuài le. Zhèyàng bù
安全。
ānquán.

大卫：　我有事，得快点儿去。
Dàwèi：　Wǒ yǒu shì, děi kuài diǎnr qù.

王兰：　那也不能骑得这么快。
WángLán：　Nà yě bù néng qí de zhème kuài.

大卫：　没关系，我骑车的技术好。
Dàwèi：　Méi guānxi, Wǒ qíchē de jìshù hǎo.

王兰：　骑快了容易出事故。昨天清华大学
WángLán：　Qíkuài le róngyì chū shìgù. Zuótiān Qīnghuá Dàxué
前边出交通事故了。
qiánbiān chū jiāotōng shìgù le.

大卫：　真的吗？
Dàwèi：　Zhēn de ma?

王兰：　你得注意安全啊！
WángLán：　Nǐ děi zhùyì ānquán a!

大卫：　好，我以后不骑快车了。
Dàwèi：　Hǎo, wǒ yǐhòu bù qí kuài chē le.

三、替换与扩展 Substitution and Extension

1. 你别抽烟了。

   | 去那儿 喝酒 骑快车 |

2. 你骑车骑得太快了。

   | 写字 慢,睡觉 晚
   起床 早,说汉语 快 |

3. 我以后不骑快车了。

   | 抽很多烟 喝很多酒
   开快车 |

*　　　*　　　*

1. 我 头 疼、咳嗽,可能 感冒 了。一会儿 我 去
   Wǒ tóu téng、késou, kěnéng gǎnmào le. yíhuìr wǒ qù
   医院 看 病。
   yīyuàn kàn bìng.

2. 每 个 人 都 要 注意 交通 安全。
   Měi ge rén dōu yào zhùyì jiāotōng ānquán.

3. 小孩子 不 要 在 马路 上 玩儿。
   Xiǎoháizi bú yào zài mǎlù shang wánr.

四、生词 New Words

1	有点儿		yǒudiǎnr	a little, slight
2	咳嗽	(动)	késou	to cough
3	抽	(动)	chōu	to smoke
4	烟	(名)	yān	cigarette

5	医院	(名)	yīyuàn	hospital
6	事故	(名)	shìgù	accielent
7	交通	(名)	jiāotōng	traffic
8	得	(能、动)	děi	must, have to, need
9	注意	(动)	zhùyì	to be careful
10	安全	(形)	ānquán	safe
11	舒服	(形)	shūfu	comfortable
12	习惯	(名、动)	xíguàn	habit, used to
13	药	(名)	yào	medicine
14	这样	(代)	zhèyàng	in this way, like this
15	技术	(名)	jìshù	technique
16	头	(形)	tóu	head
17	疼	(形)	téng	painful, aching
18	感冒	(名、动)	gǎnmào	cold; catch(a) cold
19	病	(名、动)	bìng	illness; sick
20	每	(代)	měi	every
21	马路	(名)	mǎlù	street, road

五、语法 Grammar

1. "有点儿"作状语　"有点儿"as an adverbial

　　"有点儿"在动词或形容词前作状语,表示程度轻微,并带有不如意的意思。例如:

When used as an adverbial adjunct before a verb or an adjective,

"有点儿"denotes"a slight degree"and carries a touch of dissatisfaction. E. g.

(1)这件事有点儿麻烦。
(2)今天有点儿热。
(3)他有点儿不高兴。

2. **存现句** The sentence expressing existence, appearance or disappearance

表示人或事物在某处存在、出现或消失的动词谓语句叫做存现句。例如：

The sentence with a verbal predicate which describes the existence, appearance or disappearance of a person or thing is called the sentence expressing existence, appearance or disappearance. E. g.

(1)桌子上有一本汉英词典。
(2)前边走来一个外国人。
(3)上星期走了一个美国学生。

六、练习　Exercises

1. **用"有点儿""(一)点儿"填空**　Fill in the blanks with"有点儿","一点儿"

(1)这件衣服_____长,请换一件短_____的。
(2)刚来中国的时候,我生活_____不习惯,现在习惯_____了。
(3)现在这么忙,你应该注意_____身体。
(4)你病了,得去医院看看,吃_____药。
(5)他刚才喝了_____酒,头_____疼,现在已经好_____了。

2. **完成对话** Complete th conversation

(1)A:我想骑车去北海公园。

B:路太远,_____。

A:_____,我不累。

B:路上车多人多,要_____。

A:谢谢。

(2)A:我们唱唱歌吧。

B:_____,现在十一点了,大家都要休息了。

A:好,_____。

3. **会话**(用上表示劝告的话)Conversation(by using persuasive remarks)

(1)有个人在公共汽车上抽烟,售票员和抽烟人对话。

Between the conductor and the passenger who is smoking in the bus.

(2)有一个参观的人要照相,可是这里不允许照相,你告诉他并劝阻他。

A visitor wants to take photos. You tell him that taking photos is forbidden here.

(3)有一个人骑车,车后还带了一个人,这在中国是不行的,警察和骑车的人对话。

Between a policeman and a bike rider who takes a person at the back of his bike(which is not permitted in China).

4. **把下列句子改成存现句** Change the following sentences into sentences expressing existence, appearance or disappearance

例:有两个人往这边走来了。

→前边来了两个人。

(1) 有两个新同学到我们班来了。
(2) 一支铅笔、一个本子放在桌子上。
(3) 两个中国朋友到我们宿舍来了。
(4) 一辆汽车从那边开来了。

5. **听述** Listen and retell

昨天是小刘的生日,我们去他家给他祝贺。他妈妈做的菜很好吃。我们喝酒、吃饭、唱歌、跳舞,高兴极了。大家劝(quàn persuade)大卫别喝酒。为什么?他是骑摩托车(mótuōchē motorbike)去的。他要是喝酒,就太不安全了。

6. **语音练习** Phonetic exercises

(1) 常用音节练习 Drill on the frequently used syllables

yu { Hànyǔ(汉语)
     yùjiàn(遇见)
     yì tiáo yú(一条鱼)

jie { jiē diànhuà(接电话)
      jiějie(姐姐)
      jiè shū(借书)
      jié hūn(结婚)

(2) 朗读会话 Read aloud the conversation

A: Bié jìn qu le.

B: Wèishénme?

A: Tā yǒudiǎnr bù shūfu, shuìjiào le.

B: Nǐ zhīdao tā shì shénme bìng ma?

A: Gǎnmào.

B: Chī yào le ma?

A: Gāng chīguo.

比较
bǐjiào
COMPARISON

第二十八课 Lesson 28
今天比昨天冷
It is colder today than it was yesterday.

一、句子 Sentences

197 今天比昨天冷。
Jīntiān bǐ zuótiān lěng.
It's colder today than it was yesterday.

198 这儿比东京冷多了。
Zhèr bǐ Dōngjīng lěng duō le.
It's much colder here than in Tokyo.

199 东京的气温比这儿高五、六度。
Dōngjīng de qìwēn bǐ zhèr gāo wǔ-liù dù.
The temperature in Tokyo is 5 to 6 degrees higher than that in here.

200 有时候下雨。
Yǒushíhou xià yǔ.
It rains sometimes.

201 天气预报说，明天有大风。
Tiānqì yùbào shuō, míngtiān yǒu dà fēng.
The weather forecast says that there will be strong winds tomorrow.

202 明天比今天还
Míngtiān bǐ jīntiān hái
It will be colder tomorrow than it is today.

267

冷呢。
lěng ne.

203 那儿的天气跟这儿一样吗?   Is the weather there the same as that here.
Nàr de tiānqì gēn Zhèr yíyàng ma?

204 气温在零下二十多度。   The temperature is over 20 degrees below zero.
Qìwēn zài língxià èr-shí duō dù.

二、会话 Conversation

刘京: 今天天气真冷。
LiúJīng: Jīntiān tiānqì zhēn lěng.

和子: 是啊,今天比昨天冷。
Hézǐ: Shì a, Jīntiān bǐ zuótiān lěng.

刘京: 这儿的天气,你习惯了吗?
LiúJīng: Zhèr de tiānqì, nǐ xíguàn le ma?

和子: 还不太习惯呢。这儿比东京冷多了。
Hézǐ: Hái bú tài xíguàn ne. Zhèr bǐ Dōngjīng lěng duō le.

刘京: 你们那儿冬天不太冷吗?
LiúJīng: Nǐmen nàr dōngtiān bú tài lěng ma?

和子: 是的。气温比这儿高五、六度。
Hézǐ: Shì de. qìwēn bǐ zhèr gāo wǔ-liù dù.

刘京： 东京 下雪 吗？
LiúJīng： Dōngjīng xià xuě ma?

和子： 很 少 下雪。有时候 下雨。
Hézǐ： Hěn shǎo xià xuě. Yǒushíhou xià yǔ.

刘京： 天气 预报 说，明天 有 大 风，比今天
LiúJīng： Tiānqì yùbào shuō, míngtiān yǒu dà fēng, bǐ jīntiān

还 冷 呢。
hái lěng ne.

和子： 是 吗？
Hézǐ： Shì ma?

刘京： 你 要 多 穿 衣服，别 感冒 了。
LiúJīng： Nǐ yào duō chuān yīfu, bié gǎnmào le.

                *   *   *

玛丽： 张 老师，北京 的 夏天 热 吗？
Mǎlì： Zhāng lǎoshī Běijīng de xiàtiān rè ma?

张： 不 太 热，大概 三十二、三 度。你们
Zhāng： bú tài rè, dàgài sānshí'èr-sān dù. Nǐmen

那儿 跟 这儿 一样 吗？
nàr gēn zhèr yíyàng ma?

玛丽： 不 一样，夏天 不 热，冬天 很 冷。
Mǎlì： Bù yíyàng, xiàtiān bú rè, dōngtiān hěn lěng.

张： 有 多 冷？
Zhāng： Yǒu duō lěng.

玛丽： 零下 二十 多 度。
Mǎlì： língxià èrshí duō dù.

张： 真冷啊！
Zhāng： Zhēn lěng a!

玛丽： 可是，我喜欢冬天。
Mǎlì： Kěshì, wǒ xǐhuan dōngtiān.

张： 为什么？
Zhāng： Wèi shénme?

玛丽： 可以滑冰滑雪。
Mǎlì： Kěyǐ huá bīng huá xuě.

三、替换与扩展 Substitution and Extension

1. <u>今天比昨天冷</u>。

这儿	那儿	暖和
这本书	那本书	旧
他	我	瘦

2. <u>这儿比东京冷多了</u>。

这儿	那儿	凉快
这本书	那本书	难
这条路	那条路	远
这个歌	那个歌	好听

3. <u>明天</u>比<u>今天</u>还<u>冷</u>呢。

那儿的东西	这儿	贵
那个颜色	这个	好看
那个孩子	这个	胖

*   *   *

1. 欢迎 你秋天来北京,那时候天气最好,
   Huānyíng nǐ qiūtiān lái Běijīng, Nà shíhou tiānqì zuì hǎo,
   不冷也不热。
   bù lěng yě bú rè.
2. 北京的春天 常常 刮风,不常 下雨。
   Běijīng de chūntiān chángcháng guā fēng, bù cháng xià yǔ.

四、生词 New Words

1	比	(介、动)	bǐ	than, compare
2	气温	(名)	qìwēn	temperature
3	高	(形)	gāo	high
4	度	(量)	dù	degree
5	有时候		yǒu shíhou	sometimes
6	下	(动)	xià	to rain, to fall
7	雨	(名)	yǔ	rain
8	预报	(动)	yùbào	to forecast
9	风	(名)	fēng	wind
10	冬天	(名)	dōngtiān	winter
11	雪	(名)	xuě	snow
12	夏天	(名)	xiàtiān	summer
13	滑	(动)	huá	to skate
14	冰	(名)	bīng	ice
15	暖和	(形)	nuǎnhuo	warm

16	旧	（形）	jiù	old
17	瘦	（形）	shòu	thin
18	凉快	（形）	liángkuai	cool
19	胖	（形）	pàng	fat
20	秋天	（名）	qiūtiān	autumn
21	春天	（名）	chūntiān	spring
22	刮	（动）	guā	to blow

五、语法 Grammar

1. **用"比"表示比较 The use of "比" for comparison**

   介词"比"可以比较两个事物的性质、特点等。例如：

   The preposition "比" may be used to compare the qualities, characteristics and so on of two things. E. g.

   (1) 他比我忙。

   (2) 他二十岁，我十九岁，他比我大。

   (3) 今天比昨天暖和。

   (4) 他唱歌唱得比我好。

   用"比"的句子里不能再用"很"、"非常"、"太"等程度副词。比如不能说"他比我很大"、"今天比昨天非常暖和"等等。

   Adverbs of degree such as "很", "非常" and "太" cannot be used in a sentence in which "比" is used for comparison. For example, it is not possible to say 他比我很大" and "今天比昨天非常暖和" and so on.

2. **数量补语 The complement of quantity**

   在用"比"表示比较的形容词谓语中，如果要表示两事物的具

体差别,就在谓语后边加上数量词作补语。例如:

If one wants to show some specific differences between two things, he can add a numeral and a measure at the end of the adjectival predicate in which"比"is used for comparison. E. g.

(1)他比我大两岁。
(2)他家比我家多两口人。

如果要表示大略的差别程度,可以用"一点儿"、"一些",说明差别极小;用"得"和程度补语"多",说明差别很大。例如:

If one wants to give an approximation, he can use "一点儿" or "一些" to state slight differences and "得多" to denote big differences, e. g.

(3)他比我大一点儿(一些)。
(4)这个教室比那个教室大得多。
(5)他跳舞跳得比我好得多。

3. **用相邻的两个数表示概数** The use of two neighbonring figures to indicate an estimation

把两个相邻的数字连在一起,可表示概数。如"零下三、四度"、"二、三百人"、"五、六十个房间"等。

Two neighboring figures may be put together to give an estimation, e. g. "零下三、四度","二、三百人","五、六十个房间" and so on.

六、练习 Exercises

1. **熟读下列词语并选择造句** Read until fluent the following words and make sentenes with some of them

上楼	上飞机	上课	下雨
下楼	下飞机	下课	下雪

上星期　　　桌子上
下星期　　　本子上

2. **用"比"改写句子**　Rewrite the sentences with "比"
   例:我有五本书,他有二十本书。
   →他的书比我多。
   或:我的书比他少。

   (1)我二十四岁,他二十岁。
   (2)昨天气温27度,今天25度。
   (3)他的毛衣很好看,我的毛衣不好看。
   (4)小王常常感冒,小刘很少有病。

3. **完成对话**　Complete the conversation
   A:你怎么又感冒了?
   B:这儿的春天_____。(比、冷)
   A:_____?
   B:二十多度。
   A:_____(比、暖和)
   B:这儿早上和晚上冷,中午暖和,_____。
   A:时间长了,你就习惯了。

4. **回答问题**　Answer the questions
   (1)今天三十四度,昨天三十度,今天比昨天高几度?
   (2)小张家有五口人,小刘家只有三口人,小张家比小刘家多几口人?
   (3)小王二十三岁,小刘二十二岁,小王比小刘大多了还是大一点儿?

(4)这个楼有四层,那个楼有十六层,那个楼比这个楼高多少层?

5. **听述** Listen and retell

人们都说春天好,春天是一年的开始(kāishǐ to begin),要是有一个好的开始,这一年就会很顺利。一天也是一样,早上是一天的开始,要是从早上就注意怎么样生活、学习、工作,这一天就会过得很好。

让我们都爱(ài to love)春天爱时间吧,要是不注意,以后会觉得遗憾的。

6. **语音练习** Phonetic exercises

(1)常用音节练习 Drill on the frequently used syllables

jin { jīntiān(今天) / qǐng jìn(请进) / bú yàojǐn(不要紧)

chan { shēngchǎn(生产) / chǎnshēng(产生) / chǎnpǐn(产品)

(2)朗读会话 Read aloud the conversation

A:Jīnnián dōngtiān bù lěng.

B:Shì bǐ qùnián nuǎnhuo.

A:Dōngtiān tài lěng bù hǎo.

B:Zěnme?

A:Róngyì yǒu bìng.

爱好
àihào
HOBBY

第二十九课 Lesson 29
我也喜欢游泳
I also like swimming.

一、句子 Sentences

205 你喜欢什么运动。
Nǐ xǐhuan shénme yùndòng.
What kind of sports do you like?

206 爬山、滑冰、游泳我都喜欢。
Pá shān、huá bīng、yóuyǒng wǒ dōu xǐhuan.
Mountaineering, skating and swimming are all my favourite sports.

207 你游泳游得好不好?
Nǐ yóuyǒng yóu de hǎo bù hǎo?
Do you swim well?

208 我游得不好,没有你游得好。
Wǒ yóu de bù hǎo, méi yǒu nǐ yóu de hǎo.
I can't swim very well. You swim much better than I do.

209 谁 跟 谁 比赛? Which team plays against which team?
Shuí gēn shuí bǐsài?

210 北京 队 对 The Beijing Team plays against the Guantung Team.
Běijīng duì duì

广东 队。
Guǎngdōng duì.

211 我 在 写 毛笔字, I am not drawing, but writing with a writing brush.
Wǒ zài xiě máobǐzì,

没 画 画儿。
méi huà huàr.

212 我 想 休息 I want to have a rest.
Wǒ xiǎng xiūxi

一会儿。
yíhuìr.

二、会话 Conversation

刘京: 你 喜欢 什么 运动。
LiúJīng: Nǐ xǐhuan shénme yùndòng.

大卫: 爬山、滑冰、游泳 我 都 喜欢。你
Dàwèi: Pá shān、huá bīng、yóuyǒng wǒ dōu xǐhuan. Nǐ

呢?
ne?

刘京: 我 常常 打 篮球、打 排球,也 喜欢
LiúJīng: Wǒ chángcháng dǎ Lánqiú, dǎ páiqiú, yě xǐhuan

游泳。
yóuyǒng.

277

大卫： 你游得好不好？
Dàwèi: nǐ yóu de hǎo bù hǎo?

刘京： 我游得不好，没有你游得好。
LiúJīng: Wǒ yóu de bù hǎo, méiyǒu nǐ yóu de hǎo.
明天有排球比赛，你看吗？
Míngtiān yǒu páiqiú bǐsài? Nǐ kàn ma?

大卫： 谁跟谁比赛？
Dàwèi: Shuí gēn shuí bǐsài?

刘京： 北京队对广东队。
LiúJīng: Běijīng duì duì Guǎngdōng duì.

大卫： 那一定很有意思。我很想看，票
Dàwèi: Nà yídìng hěn yǒuyìsi. Wǒ hěn xiǎng kàn, piào
一定很难买吧？
yídìng hěn nán mǎi ba?

刘京： 现在去买可能买得着。
LiúJīng: Xiànzài qù mǎi, kěnéng mǎi de zháo.

*　　　*　　　*

玛丽： 你在画画儿吗？
Mǎlì: Nǐ zài huà huàr ma?

大卫： 在写毛笔字，没画画儿。
Dàwèi: Zài xiě máobǐzì, méi huà huàr.

玛丽： 你写得真不错！
Mǎlì: Nǐ xiě de zhēn búcuò!

大卫： 练了两个星期了。我没有和子写
Dàwèi: Liànle liǎng ge xīngqī le. Wǒ méiyǒu Hézǐ xiě

得 好。
de hǎo.

玛丽： 我也很喜欢写毛笔字，可是一点儿
Mǎlì： Wǒ yě hěn xǐhuan xiě máobǐzì, kěshi yìdiǎnr
也不会。
yě bú huì.

大卫： 没关系，你想学，王老师可以教
Dàwèi： Méi guānxi, nǐ xiǎng xué, Wáng lǎoshī kěyǐ jiāo
你。
nǐ.

玛丽： 那太好了。
Mǎlì： Nà tài hǎo le.

大卫： 写累了，我想休息一会儿。
Dàwèi： Xiělèi le, wǒ xiǎng xiūxi yíhuìr.

玛丽： 走，出去散散步吧。
Mǎlì： Zǒu, chūqu sànsan bù ba.

三、替换与扩展　Substitution and Extension

1. 你<u>游泳</u>游得<u>好</u>不<u>好</u>？

跑步　快，打网球　好
洗衣服　干净

2. <u>票</u>一定很难<u>买</u>吧？

毛笔字　写，广东话　懂
日本饭　做，汉语　学

3. 我想休息一会儿。

| 坐　睡　玩儿　躺 |

* * *

1. 放 假 的 时候，他 常 去 旅行。
   Fàng jià de shíhou, tā cháng qù lǚxíng.
2. 他 每天 早上 打 太极拳，晚饭 后 散步。
   Tā měi tiān zǎoshang dǎ tàijíquán, wǎnfàn hòu sàn bù.
3. 糟糕，我 的 钥匙 丢 了。
   Zāogāo, wǒ de yàoshi diū le.

四、生词 New Words

1	运动	(名、动)	yùndòng	sports
2	爬	(动)	pá	to climb
3	山	(名)	shān	mountain
4	游泳	(动)	yóuyǒng	to swim
5	游	(动)	yóu	to swim
6	比赛	(动、名)	bǐsài	match
7	队	(名)	duì	team
8	毛笔	(名)	máobǐ	writing brush
9	练	(动)	liàn	to practise
10	打	(动)	dǎ	to play
11	篮球	(名)	Lánqiú	basket ball
12	排球	(名)	páiqiú	volleyball
13	教	(动)	jiāo	to teach, to instruct

14	散步		sàn bù	to take a walk
15	跑步		pǎo bù	jogging
16	网球	(名)	wǎngqiú	tennis
17	躺	(动)	tǎng	to lie
18	放假		fàng jià	to be on vacation
19	旅行	(动)	lǚxíng	to travel
20	太极拳	(名)	tàijíquán	Taijí boxing
21	钥匙	(名)	yàoshi	key

专名 Proper Names

广东　　Guǎngdōng　　　　　a province of China

五、语法　Grammar

1. 用"有"或"没有"表示比较 The use of "有" and "没有" for comparison

动词"有"或其否定式"没有"可用于比较，表示达到或未达到某种程度，这种比较常用于疑问句和否定式。例如：

"有" or its negative form "没有" can be used in a comparison to show the level attained or not yet attained. This kind of comparison is often used in an interrogative sentence and in the negative form.

(1) 你有他高吗？

(2) 那棵(kē shu)树有五层楼那么高。

(3) 广州没有北京冷。

(4) 我没有你游得好。

2. 时量补语(一)The complement ot duration(1)

时量补语用来说明一个动作或一种状态持续多长时间。例如：

A complement of duration is used to indicate the duration of an action or a state. E. g.

(1)我练了两个星期了。
(2)我们才休息了五分钟。
(3)火车开走一刻钟了。
(4)玛丽病了两天，没来上课。

3. 用"吧"的疑问句 The interrogative sentence with"吧"

如对某事有了一定的估计，但还不能肯定时，就用语气助词"吧"提问。例如：

If one has only a rough knowledge about something but not yet sure about it, one uses the modal particle"吧"to raise a question. E. g.

(1)你最近很忙吧？
(2)票一定很难买吧？
(3)你很喜欢打球吧？

六、练习　Exercises

1. 给下面的词配上适当的动词，组成动宾短语，并选择造句

Match the following words with proper verbs to form"Verb＋Object"constructions and then make sentences with some of them：

| 排球 | 飞机 | 事故 | 礼物 | 问题 | 酒 |
| 汽车 | 电话 | 网球 | 生词 | 饭 | 歌 |

2. **把下面的句子改成正反疑问句** Change the following sentences into affirmative＋negative sentences

例：你睡得好吗？

→你睡得好不好？
(1)每天你起得早吗？
(2)太极拳你打得好吗？
(3)昨天的杂技演得好吗？
(4)你走得快吗？

3. **把下面用"比"的句子改成用"没有"的否定句** Change the following sentences with"比"into their negative forms with"没有"
    (1)他滑冰比我滑得好。
    (2)王兰爬山比张老师爬得快。
    (3)他的收录机比我的大。
    (4)他画画儿画得比我好。

4. **完成对话** Complete the conversations
    (1)A：_____？
       B：我喜欢打篮球。_____？
       A：我不喜欢打篮球。
       B：_____？
       A：我喜欢爬山。
    (2)A：_____？
       B：我不喜欢喝酒。
       A：_____？少喝一点儿没关系。
       B：我开车，喝酒不安全。
    (1)你喜欢吃什么饭菜？喜欢不喜欢做饭？
    (2)休息的时候你喜欢作什么？
    (3)你喜欢喝什么？为什么？

5. **听述** listen and retell

汉斯有很多爱好(àihào hobbies)他喜欢运动。冬天滑冰、夏天游泳。到中国以后他还学会打太极拳了。他画画儿也不错。他房间里的那张画就是他自己画的。可是他也有一个不好的爱好,那就是抽烟。现在他身体不太好,要是不抽烟,他的身体一定比现在好。

6. **语音练习** Phonetic exercises

(1) 常用音节练习 Drill on the frequently used syllables

zuo ⎰ zuǒyòu(左右)
　　 ⎨ zuò liànxí(做练习)
　　 ⎱ zuótiān(昨天)

jia ⎰ huí jiā(回家)
　　 ⎨ fàng jià(放假)
　　 ⎱ shūjià(书架)

(2) 朗读会话 Read aloud the conversation

A: Nǐ xǐhuan shénme?

B: Wǒ xǐhuan dòngwù.

A: Wǒ yě xǐhuan dòngwù.

B: Shì ma? Nǐ xǐhuan shénme dòngwù?

A: Wǒ xǐhuan xiǎo gǒu, nǐ ne?

B: Wǒ xǐhuan xióngmāo.

语言
yǔyán
LANGUAGE

第三十课 Lesson 30
请你慢点儿说
Please speak slowly.

一、句子   Sentences

213 我的发音还差得远呢。
Wǒ de fā yīn hái chà de yuǎn ne.
My pronunciation is very poor.

214 你学汉语学了多长时间了?
Nǐ xué Hànyǔ xué le duō cháng shíjiān le?
How long have you been learning chinese?

214 你能看懂中文报吗?
Nǐ néng kàndǒng Zhōngwén bào ma?
Can you read Chinese newspapers?

216 听和说比较难,看比较容易。
Tīng hé shuō bǐjiào nán, kàn bǐjiào róngyì.
Comparatively speaking, listening and speaking are difficult, while reading is easy.

217 你慢点儿说,
Nǐ màn diǎnr shuō,
If you speak slowly, I can understand what you say.

我听得懂。
Wǒ tīng de dǒng.

218 你忙什么呢? What are you busy with?
Nǐ máng shénme ne?

219 我父亲来了, My father has come, I am going to travel with him.
Wǒ fùqin lái le,

我要陪他去
Wǒ yào péi tā qù

旅行。
lǚxíng.

220 除了广州、 We are going to visit Hong Kong as well as Guanzhou and Shanghai.
Chúle Guǎngzhōu、

上海 以外,
Shànghǎi yǐwài,

我们还要去
wǒmen hái yào qù

香港。
Xiānggǎng.

二、会话 Conversation

李红: 你汉语说得很不错,发音很清楚。
LǐHóng: Nǐ Hànyǔ shuō de hěn búcuò, fā yīn hěn qīngchu.

大卫: 哪儿啊,还差得远呢。
Dàwèi: Nǎr a, hái chà de yuǎn ne.

李红: 你学汉语学了多长时间了?
LǐHóng: Nǐ xué Hànyǔ xuéle duō cháng shíjiān le?

大卫： 学了半年了。
Dàwèi： Xuéle bàn nián le.

李红： 你能看懂中文报吗?
LǐHóng： Nǐ néng kàndǒng Zhōngwén bào ma?

大卫： 不能。
Dàwèi： Bù néng.

李红： 你觉得汉语难不难?
LǐHóng： Nǐ juéde Hànyǔ nán bu nán?

大卫： 听和说比较难,看比较容易,可以查词典。
Dàwèi： Tīng hé shuō bǐjiào nán, kàn bǐjiào róngyì, kěyǐ chá cídiǎn.

李红： 我说的话,你能听懂吗?
LǐHóng： Wǒ shuō de huà, nǐ néng tīngdǒng ma?

大卫： 慢点儿说,我听得懂。
Dàwèi： Màn diǎnr shuō, wǒ tīng de dǒng.

李红： 你应该多跟中国人谈话。
LǐHóng： Nǐ yīnggāi duō gēn Zhōngguó rén tán huà.

大卫： 对,这样可以提高听和说的能力。
Dàwèi： Duì, zhèyàng kěyǐ tígāo tīng hé shuō de nénglì.

* * *

王兰： 你忙什么呢?
WángLán： Nǐ máng shénme ne?

和子： 我在收拾东西呢,我父亲来了,我
Hézǐ： Wǒ zài shōushi dōngxi ne, wǒ fùqin lái le, wǒ

要陪他去旅行。
yào péi tā qù lǚxíng.

王兰： 去哪儿啊？
WángLán： qù nǎr a?

和子： 除了广州、上海以外，还要去
Hézǐ： Chúle Guǎngzhōu、Shànghǎi yǐwài, hái yào qù
香港。我得给他当导游。
Xiānggǎng. Wǒ děi gěi tā dāng dǎoyóu.

王兰： 那你父亲一定很高兴。
WángLán： Nà nǐ fùqin yídìng hěn gāoxìng.

和子： 麻烦的是广东话、上海话我都
Hézǐ： Máfan de shì Guǎngdōnghuà、Shànghǎihuà wǒ dōu
听不懂。
tīng bu dǒng.

王兰： 没关系，商店、饭店都说普通话。
WángLán： Méi guānxi, shāngdiàn、fàndiàn dōu shuō pǔtōnghuà.

和子： 他们能听懂我说的话吗？
Hézǐ： Tāmen néng tīngdǒng wǒ shuō de huà ma?

王兰： 没问题。
WángLán： Méi wèntí.

和子： 那我就放心了。
Hézǐ： Nà wǒ jiù fàng xīn le.

三、替换与扩展　Substitution and extension

1. 现在你能看懂中文报吗？

下午	布置好	教室
明天	修好	电视
晚上	做完	翻译练习

2. 你学汉语学了多长时间了？
   学了半年了。

看录相	一个小时
翻译句子	一个半小时
听音乐	二十分钟
打电话	三分钟

3. 除了广州、上海以外，我们还要去香港。

饺子	包子	吃菜
京剧	话剧	看录相
手表	电视	买冰箱

* * *

1. 汉语的发音不太难，语法比较容易。
   Hànyǔ de fā yīn bú tài nán, yǔfǎ bǐjiào róngyì.

2. 我预习了一个小时生词，现在这些生词都记住了。
   Wǒ yùxíle yí ge xiǎoshí shēngcí, xiànzài zhè xiē shēngcí dōu jìzhù le.

四、生词　New Words

| 1 | 发音 | | fā yīn | pronunciation |
| 2 | 比较 | （副、动） | bǐjiào | comparatively |

3	父亲	(名)	fùqin	father
4	除了…以外		chúle…yǐwài	besieds, in addition to,… as well as…
5	清楚	(形)	qīngchu	clear
6	谈	(动)	tán	to talk, to speak
7	提高	(动、名)	tígāo	to raise, to improve
8	能力	(名)	nénglì	ability
9	收拾	(动)	shōushi	to clean, to tidy up
10	当	(动)	dāng	to serve as
11	导游	(名)	dǎoyóu	travel guide
12	普通话	(名)	pǔtōnghuà	common speech
13	放心		fàng xīn	set one's mind at rest, feel relieved
14	完	(动)	wán	to finish, to end
15	包子	(名)	bāozi	steamed stuffed bun
16	录相		lù xiàng	video film
17	手表	(名)	shǒubiǎo	watch
18	冰箱	(名)	bīngxiāng	refrigerator
19	语法	(名)	yǔfǎ	grammar
20	预习	(动)	yùxí	to rehearse, to prereview
21	小时	(名)	xiǎoshí	hour
22	记	(动)	jì	to write down

专名 Proper Names

1 广州　　　　　Guǎngzhōu　Guanzhou (name of a city)
2 香港　　　　　Xiānggǎng　Hong Kong

五、语法　Grammar

1. **时量补语**(二)The complement of duration(2)

动词后有时量补语又有宾语时,一般要重复动词,时量补语在第二个动词之后。例如:

When a verb is followed by both a complement of duration and an object, the verb is usually repeated. Moreover, the complement of duration has to be placed after the second occurrence of the verb. E. g.

(1)他们开会开了半个小时。
(2)他念生词念了一刻钟。
(3)他学英语学了两年了。

如果宾语不是人称代词,时量补语也可在动词和宾语之间。时量补语和宾语之间也可以加"的"例如:

If the object is not a personal pronoun, the complement of duration may be put between the verb and the object. "的" may also be inserted between the complement of duration and the object. E. g.

(4)他每天看半个小时电视。
(5)他跳了半个多小时的舞。
(6)我和妹妹打了二十分钟的网球。

如宾语较复杂或为了强调宾语,也常把宾语提前。例如:

The object may also be moved to the front of the sentence, if it is very heavy or needs giving prominence to. E. g.

(7)那件漂亮的毛衣他试了半天。
(8)那本小说他看了两个星期。

2. "除了…以外"besides

a. 表示在什么之外,还有别的。后边常有"还"、"也"等呼应。例如:

It means "there are something else" and is often followed by"还","也",etc. E. g.

(1)和子和他父亲除了去上海以外,还去广州、香港。
(2)除了小王以外,小张小李也会说英语。

b. 表示所说的人或事不包括在内。例如:

It expresses the exclusion of the aformentioned person or thing. E. g.

(1)这件事除了老张以外,我们都不知道。
(2)除了大卫以外,我们都去过长城了。

六、练习 Exercises

1. **熟读下列词语并选择造句** Read until fluent the following words and make sentences with some of them

听得不清楚　　画得不好　　说得不快　　起得不早
听不清楚　　　画不好　　　说不快　　　起不早

2. **仿照例子改写句子** Rewrite the sentences by following the model:

例:我喜欢小狗,还喜欢熊猫。
⟶除了小狗以外,我还喜欢熊猫。

(1)我每天都散步,还打太极拳。
(2)明天的晚会我们唱歌,还要跳舞。
(3)他有一个弟弟,还有一个妹妹。
(4)我们学发音,还学汉字。

3. **按照实际情况回答问题** Answer the questions according to actual situations

(1)你什么时候来北京的?来北京多长时间了?
(2)来中国以前你学过汉语吗?学了多长时间?
(3)每星期你们上几天课?
(4)你每天运动吗?做什么运动?运动多长时间?
(5)每天你几点睡觉?几点起床?大概睡多长时间?

4. **完成对话** Complete the conversation

A:昨天的电影你看了吗?
B:_____。
A:_____?
B:听不懂,说得太快。
A:我也是_____。(要是…能…)
B:我们还要多练习听和说。

5. **听述** Listen and retell

有一个小孩儿学认(rèn recognize)字。老师在他的本子上写"人"字,他学会了。第二天,老师见到他,在地上(dìshang ground)写的"人"字很大,他不认识了。老师说"这不是'人'字吗?你怎么忘了?"他说:"这个人比昨天那个人大多了,我不认识他。"

6. **语音练习** Phonetic exercises

(1) 常用音节练习 Drill on the frequently used syllables

xian { xiānsheng （先生）
xiànzài （现在）
wēixiǎn （危险）

quan { quán bān （全班）
quàngào （劝告）
tàijíquán （太极拳）

(2) 朗读会话 Read aloud the conversation

A: nā ná nǎ nà

B: Nǐ liànxí fā yīn ne?

A: Shì a, wǒ juéde fā yīn yǒu diǎnr nán.

B: Nǐ fā yīn hěn qīngchu.

A: Hái chà de yuǎn ne.

B: Yàoshi nǐ měi tiān liànxí, jiù néng xué de nén hǎo.

复习 （六） Review VI

一、会话 Conversation

〔阿里(Ālǐ Ali)、小王跟小李都很喜欢旅行,他们约好今天去天津(Tiānjīn Tianjin)玩。现在阿里和小王在火车站等小李〕

阿里:小李怎么还不来?
小王:是不是他忘了?
阿里:不会的。昨天我给他打电话,说得很清楚,告诉他十点五十开车,今天我们在这儿等他。
小王:可能病了吧?
阿里:也可能有什么事,不能来了。
小王:火车马上开了,我们也不去了,回家吧。
阿里:去看看小李,问问他怎么回事(zěnme huí shì what's all this about?)。

*　　*　　*

〔小李正在宿舍里睡觉,阿里和小王进来〕
阿里:小李,醒醒(xǐngxing wake up)!
小王:我猜得不错吧,他真病了。
小李:谁病了?我没病。
阿里:那你怎么不去火车站呀(ya a particle)?
小李:怎么没去呀,今天早上四点我就起床了,到火车站的时候才四点半。等了你们半天,你们也不来,我就回来了。我又累又困(kùn sleepy)就睡了。
小王:我们的票是十点五十的,你那么早去作什么?
小李:什么?十点五十?阿里电话里说四点五十。

小王：我知道了,阿里说"十"和"四"差不多。(chà bu duō　about the same)

小李：啊！我听错(cuò wrong)了。

阿里：真对不起,我发音不好,让你白跑一趟(bái pǎo yí tàng　make a fruitless trip)。

小李：没什么,我们都白跑了一趟。

二、语法　Grammar

几种表示比较的方法　Some ways of expressing comparison

1. **用副词"更"、"最"表示比较**　by using the adverbs "更" and "最"

    (1)他汉语说得很好,他哥哥说得更好。

    (2)这次考试他的成绩最好。

2. **"有"表示比较**　by using "有"

    (1)你弟弟有你这么高吗？

    (2)这种苹果没有那种好吃。

    (3)我没有他唱得好。

    　(我唱得没有他好)

    　(我唱歌唱得没有他好)

3. **"跟…一样"表示比较** by using "跟…一样"

    (1)今天的天气跟昨天一样。

    (2)我买的毛衣跟你的一样贵。

以上三种方法都能表示异同或差别,但不能表示具体的差别。

The three above-mentioned ways can all be used to show similarities and differences, but not specific differences.

4. **用"比"表示比较** by using "比"

(1) 今天比昨天热。
(2) 我的自行车比他的新一点儿。
(3) 他买的词典比我买的便宜两块钱。
(4) 他打排球比我打得好得多。
　　（他打排球打得比我好得多）。

用"比"来进行比较,不仅能指出有差别,而且还能表示出有多少差别。

"比" is used to indicate not only a difference between two persons or things, but also the extent to which they differ.

几种概数的表示方法 Some ways of expressing approximate numbers

1. **"几"表示"十"以下的不确定的数目**。To use "几" to express an indefinite number under "十".

(1) 衣框里有几件衣服。
(2) 书架上有三十几本中文书和几本词典。

2. **两个相邻的数连在一起**。To put two successive numbers together

(1) 二层北边有七、八个房间。
(2) 教室里有十五、六张桌子。
(3) 他来过两、三次。

3. **"多"放在数目后,表示超过前边的数目**。如"二十多"、"八十多"、"二百多"等等。

To put "多" after a number to express an excess of that number, e.g. "二十多","八十多","二百多" and so on.

"多"表示整数时,用在量词或不带量词的名词之前。

When "多" expresses a whole number, it is used before a measure word or a noun without a measure word.

(1)他带去五十多块钱。
(2)最冷零下二十多度。
(3)三十多年以前,他来过中国。

表示整数后的零数时,用在量词或不带量词的名词之后。

When "多" denotes a fractional amount after a whole number, it is put after a measure word or a noun without a measure word.

(4)他的小孩两岁多。
(5)这支笔九块多钱。
(6)他回家一年多了。

三、练习　Exercises

1. **按照实际情况回答问题** Answer the questions according to actual situations

    (1)你有什么爱好？你最喜欢作什么？
    (2)你学过什么外语？你觉得难不难？
    (3)你在中国旅行过吗？除了普通话以外,哪儿的话容易懂？哪儿的话不容易懂？
    (4)你住的地方跟北京的天气一样不一样？北京的天气你习惯不习惯？
    (5)一年中你喜欢春天、夏天、还是喜欢秋天、冬天？为什么？

2. **会话**　Conversation

    (1)祝贺、祝愿(生日、结婚、节日、毕业)

    Congratulation and wish (birthday, marriage, festival, graduation)

    祝你…好(愉快、幸福)！　　谢谢！

祝贺你(了)！　　　　　谢谢大家！
我们给你祝贺生日来了！　多谢朋友们！
祝你学习(工作)顺利！

(2)劝告(别喝酒、别急、别不好意思)
Persuasion(don't drink,don't worry,don't be shy)
　　你开车,别喝酒。
　　他刚睡着,别说话。
　　别急,你的病会好的。
　　学汉语要多说,别不好意思。
(3)爱好(运动、音乐、美术…)
　　hobbies(sports,music,arts)
你喜欢什么？
你喜欢作什么？
你最喜欢什么？

3. **完成对话** Complete the conversation
　　A：你学多长时间汉语了？
　　B：_____。
　　A：你觉得听和说哪个难？
　　B：_____。
　　A：写呢？
　　B：_____。
　　A：现在你能看懂中文报吗？
　　B：___ _____。

4. **语音练习** Phonetic exercises
　　(1)声调练习：第3声＋第4声

Drill on tones: 3rd tone + 4th tone

kǒushì　（口试）

Wǒ qù kǒushì　（我去口试）

Wǔ hào wǒ qù kǒnshì　（五号我去口试）

(2) 朗读会话 Read aloud the conversation

A: Nǐ zhīdao ma? Dōngběi huà lǐ "rén" de fā yīn shì "yín"

B: Ò, yǒuyìsi.

A: Tāmen bù shuō chī ròu.

B: Shuō chī "yòu" shì bu shì?

A: Nǐ xué de zhēn kuài.

B: Kěxī pǔtōnghuà wǒ xué de bú kuài.

A: Nà tài yíhàn le.

四、阅读短文　Read the passage

小张吃了晚饭回到宿舍，刚要打开收音机，就听见楼下有人叫他。他打开窗户往下看，是小刘叫他。

小刘给他一张电影票，让他星期日八点去看电影。说好谁先到电影院谁就在电影院门口（ménkǒu at the gate）等。

星期日到了。小张先去看了一位朋友，下午去商店买了一些东西。七点四十到电影院。他没看见小刘，就在门口等。

差五分八点，电影就要开始了，可是小刘还没来。小张想，小刘可能有事不来了，就一个人进电影院去了。电影院的同志对小张说："八点没有电影，是不是你弄错了（nòngcuò make a mistake）？"小张一看电影票，那上边写的是上午八点。小张想：我太马虎了，要是看看票，或者（huòzhě or, otherwise）问问小刘就好了。

旅游（一）
lǚyóu
TRAVELLING
(1)

第三十一课　Lesson 31
那儿的风景美极了！
The scenery is very beautiful there!

一、句子　Sentences

221　中国的名胜古迹多得很。
Zhōngguó de míngshèng gǔjī duō de hěn.
There are great many scenic spots and historical sites in China.

222　你说吧，我听你的。
Nǐ shuō ba, wǒ tīng nǐ de.
Please go ahead.
I'll leave it to you to decide what we shall do (or where we shall go).

223　从这儿到桂林坐火车要坐多长时间？
Cóng zhèr dào Guìlín zuò huǒchē yào zuò duō cháng shíjiān?
How long will it take to go from here to Guilin by train.

224　七点有电影，现在去来得及来不及？
Qī diǎn yǒu diànyǐng, xiànzài qù lái de jí lái bu jí?
There'll be a film at 7 o'clock. Can we get there in time if we start right now.

301

225 我们 看 电影 去。
Wǒmen kàn diànyǐng qù.
Let's go and see a film.

226 我 想 买 些 礼物 寄 回 家 去。
Wǒ xiǎng mǎi xiē lǐwù jì huí jiā qu.
I want to buy some presents to mail back home.

227 上海 的 东西 比 这儿 多 得 多。
Shànghǎi de dōngxi bǐ zhèr duō de duō.
There are much more commodities in Shanghai than (in) here.

228 你 不 是 要 去 豫园 游览 吗?
Nǐ bú shì yào qù Yùyuán yóulǎn ma?
You want to visit the Yuyuan park, don't you?

二、会话 Conversation

大卫: 快 放 假 了，你 想 不 想 去 旅行?
Dàwèi: Kuài fàng jià le, nǐ xiǎng bu xiǎng qù lǚxíng?

玛丽 当然 想。
Mǎlì: Dāngrán xiǎng.

大卫: 中国 的 名胜 古迹 多 得 很，去 哪儿 呢?
Dàwèi: Zhōngguó de míngshèng gǔjī duō de hěn, qù nǎr ne?

玛丽：你说吧，听你的。
Mǎlì: Nǐ shuō ba, tīng nǐ de.

大卫：先去桂林吧，那儿的风景美极了。
Dàwèi: Xiān qù Guìlín ba, nàr de fēngjǐng měi jí le.

玛丽：从这儿到桂林坐火车要坐多长时间？
Mǎlì: Cóng zhèr dào Guìlín zuò huǒchē yào zuò duō cháng shíjiān?

大卫：大概得三十多个小时。我们在桂林玩儿三、四天，然后去上海。
Dàwèi: Dàgài děi sānshí duō ge xiǎoshí. Wǒmen zài Guìlín wánr sān—sì tiān, ránhòu qù Shànghǎi.

玛丽：这个计划不错，就这么办吧。七点有电影，现在去来得及来不及？
Mǎlì: Zhè ge jìhuà búcuò, jiù zhème bàn ba. Qī diǎn yǒu diànyǐng, xiànzài qù lái de jí lái bu jí?

大卫：来得及。
Dàwèi: Lái de jí.

玛丽：我们看电影去吧。
Mǎlì: Wǒmen kàn diànyǐng qù ba.

大卫：走吧。
Dàwèi: Zǒu ba.

* * *

和子：去上海的时候，我想买些礼物寄
Hézǐ: Qù Shànghǎi de shíhou, wǒ xiǎng mǎi xiē lǐwù jì

　　　　　回家去。
　　　　　huí jiā qù.

王兰： 对，上海的东西比这儿多得多。
WángLán： Duì, Shànghǎi de dōngxi bǐ zhèr duō de duō.

和子： 上海哪儿最热闹？
Hézǐ： Shànghǎi nǎr zuì rènao?

王兰： 南京路。那儿有各种各样的
WángLán： Nánjīng lù. Nàr yǒu gèzhǒng—gèyàng de
　　　　　商店，买东西非常方便。
　　　　　shāngdiàn, mǎi dōngxi fēicháng fāngbiàn.

和子： 听说上海的小吃也很有名。
Hézǐ： Tīngshuō Shànghǎi de xiǎochī yě hěn yǒumíng.

王兰： 你不是要去豫园游览吗？顺便
WángLán： Nǐ bú shì yào qù Yùyuán yóulǎn ma? Shùnbiàn
　　　　　尝尝那儿的小吃。
　　　　　chángchang nàr de xiǎochī.

和子： 上海是中国最大的城市。
Hézǐ： Shànghǎi shì Zhōngguó zuì dà de chéngshì.

王兰： 对了，你还可以去参观一下儿工业
WángLán： Duì le, nǐ hái kěyǐ qù cānguān yíxiàr gōngyè
　　　　　展览馆。
　　　　　zhǎnlǎnguǎn.

注释 Notes

① "你说吧，听你的，"

　　这句话的意思是"你说你的意见吧，我按你的意见去做"。当无条件地同意对方的意见时，就可以这样说。

This sentence means "Speak your mind. I shall do what you tell me to." and is used when you are prepared to agree to whatever your hearer is going to say.

② "对了"

在口语中，当说话人忽然想起应该做某事或要补充说明某事时，就说"对了"。

In everyday conversation, when the speaker suddenly thinks of something he should do or add, he says "对了".

三、替换与扩展 Substitution and Extension

1. 我们<u>看电影</u>去。

   | 开会 | 参观学校 |
   | 游览名胜古迹 | 看话剧 |

2. <u>坐火车</u>要坐多长时间？

   | 坐船 | 坐飞机 |
   | 骑车 | 办手续 |

3. 我想买些<u>礼物寄</u>回家去。

   | 菜 | 送，药 | 寄 |
   | 水果 | 带 | |

* * *

1. 王府井 是 北京 最 热闹 的 地方 之 一。
   Wángfǔjǐng shì Běijīng zuì rènao de dìfang zhī yī.

2. A：我 的 圆珠笔 找 不 到 了。
   Wǒ de yuánzhūbǐ zhǎo bu dào le.

   B：那 不 是 你 的 圆珠笔 吗？
   Nà bú shì nǐ de yuánzhūbǐ ma?

A：啊！找到 了。
À! Zhǎodào le.

四、生词 New Words

1	名胜古迹	（名）	míngshèng gǔjī	scenic spots and historical sites
2	来得及		lái de jí	to be able to do something in time
3	来不及		lái bu jí	too late to do…, to have no time to……
4	游览	（动）	yóulǎn	to go sight-seeing
5	风景	（名）	fēngjǐng	scenery
6	然后	（副）	ránhòu	then
7	计划	（名、动）	jìhuà	plan
8	办	（动）	bàn	to do, to make
9	热闹	（形）	rènao	bustling with excitement, lively
10	各	（代）	gè	every, each
11	非常	（形、副）	fēicháng	very, most
12	小吃	（名）	xiǎochī	refreshments
13	有名	（形）	yǒumíng	famous, well-known
14	顺便	（副）	shùnbiàn	by the way, at one's convenience
15	城市	（名）	chéngshì	city
16	工业	（名）	gōngyè	industry

17	展览馆	（名）	zhǎnlǎnguǎn	exhibition hall
18	手续	（名）	shǒuxù	procedure
19	水果	（名）	shuǐguǒ	fruit
20	之一		zhī yī	one of…
21	圆珠笔	（名）	yuánzhūbǐ	ball-pen

专名　　Proper names

1	桂林	Guìlín	Guilin (name of a city)
2	南京路	Nánjīnglù	Nanjing Road
3	豫园	Yùyuán	the Yuyuan Park

五、语法　Grammar

1. **趋向补语（三）**　The Directional complement (3)

动词"上、下、进、出、回、过、起"等后面加上"来"或"去"以后，可做其他动词的补语，表示动作的方向，这种趋向补语叫复合趋向补语。例如：

When the verb "上", "下", "进", "出", "回", "过", or "起" takes "来" or "去" after it, it may serve as the complement of another verb to express the direction of the action. Such a directional complement is called the compound directional complement.　E. g.

(1) 他从教室走出来了。
(2) 他想买些东西寄回去。

复合趋向补语中的"来"、"去"所表示的方向与说话人（或所谈论的事物）之间的关系；表示处所的宾语的位置都与简单趋向补语相同。例如：

The direction of motion indicated by "来" or "去" in such a complement with relation to the speaker (or something in question) and the position of the object of locality are similar to those of a simple directional complement. E. g.

(3)上课了,老师走进教室来了。

(4)那些照片都寄回国去了。

2. "不是…吗?" The rhetoric question with "不是…吗?"

"不是…吗?"构成的反问句,用来表示肯定,并有强调的意思。例如:

The rhetoric question with "不…是吗" is used to express affirmation and achieve emphasis. E. g.

(1)你不是要去旅行吗？ （你要去旅行）

(2)这个房间不是很干净吗？（这个房间很干净）

六、练习 Exercises

1. **选择适当的动词组成动宾结构并造句** Choose proper verbs to form verb+object constructions and make sentences

例:字

(a)写　　　那个孩子正在写字。

(b)画

(1)名胜古迹　(2)风景　　(3)手续

　(a)游览　　　(a)参观　　(a)作

　(b)旅行　　　(b)看　　　(b)办

(4)能力　　　(5)电影　　(6)自行车

　(a)提高　　　(a)演　　　(a)坐

　(b)练好　　　(b)开　　　(b)骑

2. **用动词及趋向补语完成句子** Complete the sentences with verbs and directional complements.

(1)注意,前边_____一辆汽车。(开)

(2)和子,楼下有人找你,你快_____吧。(下)

(3)下课了,我们的老师_____了。(走)

(4)山上的风景很好,你们快_____吧。(爬)

3. **仿照例子,把下面的句子改成疑问句** Change the following sentences into questions by following the model:
例:昨天我们跳舞跳了两个小时。
——>昨天你们跳舞跳了几个小时?
或:昨天你们跳舞跳了多长时间?

(1)我来北京的时候,坐飞机坐了十二个小时。
(2)昨天我爬山爬了三个小时。
(3)今天早上我吃饭吃了一刻钟。
(4)从这儿到北海,骑车要骑一个多小时。
(5)昨天我们划船划了两个小时。

4. **说话** Say what you can

介绍一个你游览过的名胜古迹。

Talk about one of the scenic spots or historical sites you've visited.

提示:风景怎么样,有什么有名的东西。

　　　你最喜欢什么,游览了多长时间。

Suggested points: What about the scenery? what is it famous for?

　　　　　　　　What do you like best? How long did you stay there?

5. **听述** Listen and retell

我喜欢旅行,旅行可以游览名胜古迹。旅行还是一种学习汉语的好方法(fāngfǎ method)。在学校,我习惯听老师说话,换一个人就不习惯。可是旅行的时候要跟各种各样的人说话,要问路、要参观、要买东西……,这是学习汉语的好机会(jīhuì opportunity)。放假的时候我就去旅行,提高我的听说能力。

6. **语音练习** Phonetic exercises

(1) 常用音节练习　Drill on the frequently used syllables

shuo ┌ shuō huà　（说话）
　　　├ xiǎoshuō　（小说）
　　　└ shuōmíng　（说明）

qu ┌ qùnián　（去年）
　　├ chūqu　（出去）
　　└ qǔdé　（取得）

(2) 朗读会话　Read aloud the conversation

A：Fàng jià yǐhòu nǐ jìhuà zuò shénme?

B：Wǒ xiǎng qù lǚxíng.

A：Nǐ qù nǎr?

B：Qù Dōngběi

A：Xiànzài Dongběi duō lěng a!

B：Lěng hǎo a, kěyǐ kàn bīngdēng.

旅游（二） lǚyóu TRAVELLING (2)

第三十二课 Lesson 32
你的钱包忘在这儿了
You've left your purse (or wallet) here.

一、句子 Sentences

229 你看见和子了吗？
Nǐ kànjiàn Hézǐ le ma?
Have you seen Hezi?

230 你进大厅去找她吧。
Nǐ jìn dàtīng qù zhǎo tā ba.
You'd better go and look for her in the hall.

231 你买到票了没有？
Nǐ mǎidào piào le méiyǒu?
Haven't you got the ticket?

232 明天的票卖完了。
Míngtiān de piào màiwán le.
The tickets for tomorrow are all sold out.

233 您应该早点儿预订飞机票。
Nín yīnggāi zǎo diǎnr yùdìng fēijī piào.
You should book your airplane tickets as early as possible.

311

234 我有急事，您帮帮忙吧！
Wǒ yǒu jí shì, nín bāngbang máng ba!
I am sorry to bother you, but I have something urgent.

235 机票上写着十四点零五分起飞。
Jīpiào shang xiězhe shísì diǎn líng wǔ fēn qǐfēi.
The airplane ticket says that the plane leaves at 14:05.

236 小姐，你的钱包忘在这儿了。
Xiǎojie, nǐ de qiánbāo wàngzài zhèr le.
You've left your purse here, Miss.

二、会话 Conversation

刘京： 你看见和子了吗？
LiúJīng： Nǐ kànjiàn Hézǐ le ma?

玛丽： 没看见。你进大厅去找她吧。
Mǎlì： Méi kànjiàn. Nǐ jìn dàtīng qù zhǎo tā ba.

* * *

刘京： 和子，买到票了没有？
LiúJīng： Hézǐ, mǎidào piào le méi yǒu?

和子： 还没有呢。
Hézǐ： Hái méi yǒu ne.

刘京： 快到南边六号窗口去买。
LiúJīng： Kuài dào nánbiān liù hào chuāngkǒu qù mǎi.

和子： 买两张去上海的票。
Hézǐ： Mǎi liǎng zhāng qù Shànghǎi de piào.

售票员： 要哪天的？
shòupiàoyuán： Yào nǎ tiān de?

和子： 明天的有没有？
Hézǐ： Míngtiān de yǒu méi yǒu?

售票员： 卖完了。有后天的，要哪次的？
shòupiàoyuán： Màiwán le. yǒu hòutiān de, yào nǎ cì de?

和子： 我想白天到，买哪次好？
Hézǐ： Wǒ xiǎng báitiān dào, mǎi nǎ cì hǎo?

售票员： 买十三次吧。要硬卧还是软卧？
shòupiàoyuán： Mǎi shísān cì ba. Yào yìng-wò háishi ruǎn-wò?

和子： 硬卧。
Hézǐ： Yìng-wò.

* * *

尼娜： 到北京的飞机票有吗？
Nínà： Dào Běijīng de fēijī piào yǒu ma?

售票员： 三天以内的都没有了。你应该早
shòupiàoyuán： Sān tiān yǐnèi de dōu méiyǒu le. Nǐ yīnggāi zǎo

　　　　　点儿预订。
　　　　　diǎnr yùdìng.

尼娜： 同志我有急事，帮帮忙吧！
Nínà： Tóngzhì, wǒ yǒu jí shì, bāngbang máng ba!

售票员： 啊，有一张 十五号的。
shòupiàoyuán：À, yǒu yì zhāng shíwǔ hào de.

尼娜： 我要了。这是我的护照。请问，
Nínà： Wǒ yào le. Zhè shì wǒ de hùzhào. Qǐngwèn,
从 这儿 到北京要多长 时间？
cóng zhèr dào Běijīng yào duō cháng shíjiān?

售票员： 一个多小时。
shòupiàoyuán：Yí ge duō xiǎoshí.

尼娜： 几点 起飞？
Nínà： Jǐ diǎn qǐfēi?

售票员： 您看，机票上 写着十四点零五
shòupiàoyuán：Nín kàn, jīpiào shang xiězhe shí sì diǎn líng wǔ
分 起飞。
fēn qǐfēi.

*　　　*　　　*

售票员： 小姐，您的钱包 忘在 这儿了。
shòupiàoyuán：Xiǎojie, nín de qiánbāo wàngzài zhèr le.

尼娜： 太感谢你了。
Nínà： Tài gǎnxiè nǐ le.

三、 替换与扩展 Substitution and Extension

1. 你买到 票了没有？

| 找到 | 钱包，拿到 | 护照 |
| 办完 | 手续，带来 | 词典 |

2. 你的钱包 忘在这儿了。　　|他　行李　放，她　衣服　挂|
　　　　　　　　　　　　　　|王先生　汽车　停　　　　　|

3. 你进 大厅去找她吧。　　　|进图书馆　回宿舍|
　　　　　　　　　　　　　　|到她家　进礼堂　|

　　　　　　　＊　　＊　　＊

1. A：我 的 汉语 书 忘在 宿舍 里 了，怎么
　　　 Wǒ de Hànyǔ shū wàngzài sùshè li le, zěnme

　　　办？
　　　bàn?

　 B：现在 马上 回宿舍 去拿，来得及。
　　　 Xiànzài mǎshàng huí sùshè qù ná, lái de jí.

2. 大家 讨论 一下儿，哪个 办法 好。
　 Dàjiā tǎolùn yíxiàr, nǎ ge bànfǎ hǎo.

　　　　　　四、生词　New Words

1	大厅	（名）	dàtīng	hall
2	卖	（动）	mài	to sell
3	预订	（动）	yùdìng	to book, to reserve
4	帮忙		bāng máng	to help
5	着	（助）	zhe	(structural particle)
6	小姐	（名）	xiǎojie	miss, young lady
7	忘	（动）	wàng	to forget, to leave
8	钱包	（名）	qiánbāo	purse, wallet

9	南边	（名）	nánbiān	on the south
10	窗口	（名）	chuāngkǒu	window
11	白天	（名）	báitiān	day time
12	硬卧	（名）	yìng-wò	hard sleeper
13	软卧	（名）	ruǎn-wò	soft sleeper
14	以内		yǐnèi	within, under
15	护照	（名）	hùzhào	passport
16	行李	（名）	xíngli	luggage
17	挂	（动）	guà	to hang
18	停	（动）	tíng	to stop
19	图书馆	（名）	túshūguǎn	library
20	礼堂	（名）	lǐtáng	auditorium
21	讨论	（动）	tǎolùn	to discuss
22	办法	（名）	bànfǎ	measure

　　　　　　专名　　　Proper Names
尼娜　　Nínà　　Nina　　(name of a person)

五、语法　　Grammar

1. **动作的持续**（一）　The duration of an action (1)

　　动态助词"着"加在动词后边，表示动作、状态的持续。否定形式是"没(有)…着"。例如：

　　The progressive-aspect particle "着" is put after the verb to denote the duration of an action or a state. Its negative form is "没(有)…

着". E. g.

(1)窗户开着,门没开着。
(2)衣柜里挂着很多衣服。
(3)书上边没写着你的名字。
(4)他没拿着东西。

它的正反疑问句的形式是用"…着…没有"表示。例如:
In an affirmativet negative sentence, it takes the form of "…着…没有". E. g.

(5)门开着没有?
(6)你带着护照没有?

2. "见"作结果补语

"见" as a complement of result

"见"常在"看"或"听"之后作结果补语。"看见"的意思是"看到";"听见"的意思是"听到"。

"见" is often used after "看" or "听" as a complement of result. "看见" means "看到", while "听见" means "听到".

六、练习　　Exercises

1. 根据情况,用趋向补语和下边的词语造句

Make sentences with directional complements and the following words according to the given situations

例:进　候机室　(说话人在外边)
——→刚才他进候机室去了。

(1)上　山　　　(说话人在山下)
(2)进　教室　　(说话人在教室)
(3)进　公园　　(说话人在公园外)

(4)下　楼　　　（说话人在楼下）

(5)回　家　　　（说话人在外边）

2. **用动词加"着"填空**　Fill in the blanks by using verbs and "着"

(1)衣服在衣柜里_____呢。

(2)你找钱包？不是在你手里_____吗？

(3)我的自行车钥匙在桌子上_____,你去拿吧。

(4)九楼前边_____很多自行车。

(5)我的本子上_____我的名字呢,能找到。

(6)参观的时候你_____他去,他不认识那儿。

3. **用"从…到…"回答问题**：Answer the questions with "从…到…"

(1)每星期你什么时候上课？

(2)你每天从几点到几点上课？从几点到几点做什么？

(3)从你们国家到北京远不远？

4. **完成对话**　Complete the conversation

A：可以预订火车票吗？

B：_____,你去哪儿？

A：_____。

B：_____？

A：我要一张四月十号的。

B：_____？

A：要软卧。

5. **根据下面的火车时刻表买票** Buy tickets by referring to the following train time-table

火车时刻表

Train time-table

车次	种类	起止点	开车时间 time of leaving	到达时间 time of arrival
71	特快	北京—天津	8:13	9:54
73	特快	北京—天津	13:10	14:51
75	特快	北京—西安	13:30	10:54
279	直快	北京—西安	19:25	15:24(第二天)

(1)去天津(Tiānjīn)可以买当天(dàngtiān the same day)的票。
(2)去西安要提前三天预订。

6. **听述** Lesten and retell

张三和李四去火车站,进去以后,离开车只(zhǐ only)有五分钟了。他们快跑,张三跑得快,先上了火车。他看见李四还在车下边,急了,就要下车。服务员说:"先生,不能下车,车就要开了,来不及了。"张三说:"不行,要走的是他,我是送他来的。"

7. **语音练习** Phonetic exercises

(1)常用音节练习 Drill on the frequently used syllables

$$
\text{chu}\begin{cases}\text{chūlai} & (出来)\\ \text{dàochù} & (到处)\\ \text{chúqù} & (除去)\end{cases} \quad \text{er}\begin{cases}\text{érqiě} & (而且)\\ \text{érzi} & (儿子)\\ \text{ěrduo} & (耳朵)\\ \text{èryuè} & (二月)\end{cases}
$$

(2)朗读会话　Read aloud the conversation
A: Huǒchē shang yǒudiǎnr rè.
B: Kāi chē yǐhòu jiù liángkuai le.
A: Zhè xiē dōngxi fàngzài nǎr?
B: Fàngzài shàngbian de xínglijià shang.
A: Zhēn gāo a.
B: Wǒ bāng nǐ fàng.
A: Máfan nǐ le.
B: Bú kèqi.

旅游（三）
lǚyóu
TRAVELLING
(3)

第三十三课　Lesson 33
有空房间吗？
Are there any vacant rooms?

一、句子　Sentences

237　终于 到了 桂林 了。
Zhōngyú dào le Guìlín le.
We've got to Guilin at last.

238　哎呀 累死 了!
Āiyā, lèisǐ le!
Oh, my God! I am really worn out.

239　你 只 要 找 个 离 市 中心 近 的 旅馆 就 行。
Nǐ zhǐ yào zhǎo ge lí shì zhōngxīn jìn de lǚguǎn jiù xíng.
Any hotel would be okey if it is near the down town area.

240　你们 在 前边 那 个 汽车 站 等 我。
Nǐmen zài qiánbiān nà ge qìchē zhàn děng wǒ.
At which bus stop ahead will you wait for me?

241　请问，有 空
Qǐngwèn, yǒu kōng
Excuse me, but are there any vacant rooms here?

房间 吗？
fángjiān ma?

242 现在 没有 空
Xiànzài méi yǒu kōng
房间，都 住满
fángjiān, dōu zhùmǎn
了。
le.

All rooms are occupied.

243 那个包你放
Nà ge bāo nǐ fàng
进衣柜里去
jìn yīguì li qù
吧。
ba.

Will you please put that bag into the wardrobe.

244 那个包很大，
Nà ge bāo hěn dà,
放 得 进 去 放
fàng de jìn qu fàng
不 进 去？
bu jìn qu?

Can you put that big bag into it?

二、会话 Conversation

大卫： 终于 到了桂林了。
Dàwèi: Zhōngyú dào le Guìlín le.

尼娜： 哎呀，累死了！
Nínà: Āiyā, lèisǐ le!

玛丽： 大卫，你快去找住的地方吧。
Mǎlì： Dàwèi, Nǐ kuài qù zhǎo zhù de dìfang ba.

大卫： 找什么样的旅馆好呢？
Dàwèi： Zhǎo shénmeyàng de lǚguǎn hǎo ne?

玛丽： 只要找个离市中心近的就行。
Mǎlì： Zhǐ yào zhǎo ge lí shì zhōngxīn jìn de jiù xíng.

大卫： 那你们慢慢地走，在前边那个
Dàwèi： Nà nǐmen mànmānr de zǒu, zài qiánbiān nà ge

汽车站等我。我去问问。
qìchē zhàn děng wǒ. wǒ qù wènwen.

* * *

大卫： 请问，有空房间吗？
Dàwèi： Qǐngwèn, yǒu kōng fángjiān ma?

服务员： 现在没有，都住满了。
fúwùyuán： Xiànzài méi yǒu, dōu zhùmǎn le.

大卫： 请您想想办法帮个忙吧！
Dàwèi： Qǐng nín xiǎngxiang bànfǎ, bāng ge máng ba!

服务员： 你们几位？
fúnwùyuán： Nǐmen jǐ wèi?

大卫： 两个女的，一个男的。
Dàwèi： Liǎng ge nǚ de, yí ge nán de.

服务员： 你们等一会儿看看，可能有客人
fúwùyuán： Nǐmen děng yíhuìr kànkan, kěnéng yǒu kèren

要走。
yào zǒu.

* * *

玛丽： 这个房间很不错。窗户很大。
Mǎlì: Zhè ge fángjiān hěn búcuò. chuānghu hěn dà.

尼娜： 我想洗澡。
Nínà: Wǒ xiǎng xǐ zǎo.

玛丽： 先吃点儿东西吧。
Mǎlì: Xiān chī diǎnr dōngxi ba.

尼娜： 我不饿，刚才吃了一块蛋糕
Nínà: Wǒ bú è, gāngcái chī le yí kuài dàngāo.

玛丽： 那个包你放进衣柜里去吧。
Mǎlì: Nà ge bāo nǐ fàng jìn yīguì li qù ba.

尼娜： 包很大，放得进去放不进去？
Nínà: Bāo hěn dà, fàng de jìn qu fàng bu jìn qu?

玛丽： 你试试。
MǎLì: Nǐ shìshi.

尼娜： 放得进去。我的红衬衫怎么不见了？
Nínà: Fàng de jìn qu. Wǒ de hóng chènshān zěnme bú jiàn le?

玛丽： 不是放在椅子上吗？
Mǎlì: Bú shì fàngzài yǐzi shang ma?

尼娜： 啊！刚放的就忘了。
Nínà: À! Gāng fàng de jiù wàng le.

注释 Notes

"累死了！"

"死"作补语，表示程度高，即"达到极点"的意思。"死"as a

complement indicates a great extent, ie, the limit of a scale.

三、替换与扩展　Substitution and Extension

1. 累死了！

| 麻烦 | 忙 | 饿 | 渴 | 高兴 | 难 |

2. 只要找个离市中心近的旅馆就行。

穿	颜色好看	衣服
买	好用	笔
找	交通方便	饭店

3. 那个包你放进衣柜里去吧。

条裙子	箱子
条裤子	包
件毛衣	衣柜
瓶啤酒	冰箱

*　　　*　　　*

1. 餐厅在大门的旁边。
   Cāntīng zài dàmén de pángbiān.

2. A：你洗个澡吧。
   Nǐ xǐ ge zǎo ba.

   B：不，我饿死了，先吃点儿东西再说。
   Bù, wǒ èsǐ le, xiān chī diǎnr dōngxi zàishuō.

四、生词　New Words

1	终于	（副）	zhōngyú	at last, finally
2	死	（动、形）	sǐ	to die, dead
3	只要…就…		zhǐ yào…jiù…	if…then…

325

4	市	(名)	shì		city
5	中心	(名)	zhōngxīn		down town area
6	旅馆	(名)	lǚguǎn		hotel
7	空	(形)	kōng		vacant
8	满	(形)	mǎn		occupied, full
9	包	(名)	bāo		a bag
10	地	(助)	de		(structure particle)
11	位	(量)	wèi		(measure word)
12	客人	(名)	kèren		guest
13	洗澡		xǐ zǎo		to have a bath
14	饿	(形)	è		hungry
15	衬衫	(名)	chènshān		shirt, blouse
16	椅子	(名)	yǐzi		chair
17	裙子	(名)	qúnzi		skirt
18	箱子	(名)	xiāngzi		trunk, suitcase
19	裤子	(名)	kùzi		trousers, pentallon
20	渴	(形)	kě		thirsty
21	餐厅	(名)	cāntīng		dining hall
22	再说	(动、连)	zàishuō		furthermore

五、语法 Gremmar

1. 形容词重叠与结构助词"地" Reduplication of adjectives and the structure particle "地"

一部分形容词可以重叠,重叠后表示性质程度的加深。

单音节形容词重叠后第二个音节变为第一声,并可儿化。如"好好儿"、"慢慢儿"等;双音节形容词的重叠形式为"AABB"如"高高兴兴"、"干干净净"等。

There are a number of adjectives that can be reduplicated in Chinese. When an adjective is reduplicated, its meaning properties are intensified.

When a monosyllabic adjective is reduplicated, the second syllable is pronounced in the 1st tone and can be retroflexed with"r", e. g. "好好儿","慢慢儿". The reduplication of a disyllabic adjective takes the form "AABB", e. g. "高高兴兴","干干净净"。

单音节形容词重叠后作状语用不用"地"都可,双音节形容词重叠一般要用"地"。例如:

A reduplicated monosyllabic adjective may or may not take "地" when it is used as an adverbial, while a reduplicated disyllabic adjective normally requires "地" E. g.

(1)你们慢慢(地)走啊!
(2)他高高兴兴地说:"我收到了朋友的来信"。
(3)玛丽舒舒服服地躺在床上睡了。

2. **可能补语(二)**　The potential complement (2)

动词和趋向补语之间加"得"或"不",就可构成可能补语。例如:

The potential complement can also be formed by inserting a structure particle "得" between a verb and a directional complement, e. g.

(1)他们去公园了,十二点以前回得来。
(2)山很高,我爬不上去。

正反疑问句的构成方式是并列可能补语的肯定形式和否定形式。例如：

An affirmative + negative question is formed by juxtaposing the positive and the negative form of a potential complement, e.g.

(3)你们十二点以前回得来回不来？

(4)门很小，汽车开得进来开不进来？

六、练习　Exercises

1. **填上适当的量词**　Supply proper measure words：

   一____衬衫　　两____裤子　　一____裙子

   一____桌子　　三____马路　　一____衣柜

   四____小说　　两____票　　　一____自行车

   三____圆珠笔　一____小狗　　三____客人

2. **把下面的句子改成正反疑问句**　Change the following sentences into affirmative + negative ones

   例：今天晚上六点你回得来吗？

   ——→今天晚上六点你回得来回不来？

   (1)那个门很小，汽车开得进去吗？
   (2)这个包里再放进两件衣服，放得进去吗？
   (3)这么多药水你喝得下去吗？
   (4)箱子放在衣柜上边，你拿得下来吗？

3. **用"只要…就"回答问题**　Answer the questions with "只要…就"

例：明天你去公园吗？
——→只要天气好，我就去。

(1)中国人说话,你听得懂吗？
(2)你去旅行吗？
(3)明天你去看杂技吗？
(4)你想买什么样的衬衫？

4. **完成对话** Complete the conversation

　　A：请问,一个房间_____？

　　B：一天八十块。

　　A：_____？

　　B：有两张床。

　　A：_____？

　　B：很方便,一天二十四小时都有热水。

　　A：这儿能打国际电话吗？

　　B：_____。

　　A：好,我要一个房间。

5. **会话** Conversation

在饭店看房间,服务员说这个房间很好,你觉得太贵了,想换一个。

提示：房间大小,有什么东西,能不能洗澡、是不是干净,一天多少钱,住几个人。

An attendant at a hotel has just taken you to a room, saying that it is a nice one. You feel that it is very expensive and want to change it for another.

Suggested points: You want to know the size, the furniture, the bathing facilities, the sanitary conditions, the rent and the capacity of the room.

6. **听述**　Listen and retell

这个饭店不错。房间不太大,可是很干净。每个房间都能洗澡,很方便。晚上可以看电视,听音乐。饭店的楼上有咖啡厅和舞厅。客人们白天在外边参观游览了一天,晚上喝杯咖啡,跳跳舞,可以好好地休息休息。

7. **语音练习**　Phonetic exercises

(1) 常用音节练习

　Drill on the frequently used syllables

xing ｛ xìngmíng　（姓名）　　　　
　　　 zìxíngchē （自行车）
　　　 xīngqī　　（星期）

hui ｛ huí jiā　　 （回家）
　　　 huì Hànyǔ （会汉语）
　　　 huīfù　　　（恢复）

(2) 朗读会话　Read aloud the conversation

A: Qǐngwèn, yǒu kōng fángjiān ma?

B: Duìbuqǐ, xiànzài méi yǒu.

A: Shénme shíhou néng yǒu?

B: Xiàwǔ liù diǎn.

A: Hǎo, liù diǎn zài lái.

看病
kàn bìng
TO SEE A DOCTOR

第三十四课　Lesson 34
我头疼
I have a headache.

一、句子　Sentences

245　你怎么了?
　　　Nǐ zěnme le?
　　　Is there any thing wrong with you?

246　我头疼，咳嗽。
　　　Wǒ tóu téng, késou.
　　　I have a headache and a cough.

247　我昨天晚上
　　　Wǒ zuótiān wǎnshang
　　　就开始不
　　　jiù kāishǐ bù
　　　舒服。
　　　shūfu.
　　　I began to feel unwell last night.

248　你把嘴张开，
　　　Nǐ bǎ zuǐ zhāngkāi,
　　　我看看。
　　　wǒ kànkan.
　　　Please open your mouth and let me have a look.

249　吃两天药，就
　　　Chī liǎng tiān yào, jiù
　　　会好的。
　　　huì hǎo de.
　　　Take medicine for two days and you will get well.

250　王兰呢?
　　　Wáng Lán ne?
　　　Where is Wang Lan?

251　我 找 了 她 两　I looked for her twice, but she
　　　Wǒ zhǎo le tā liǎng　was not in on both occasions
　　　次,
　　　cì,
　　　都 不 在。
　　　dōu bú zài.

252　她 一 出 门 就　No sooner had she left the room
　　　Tā yì chū mén jiù　than she fell down.
　　　摔倒 了。
　　　shuāidǎo le.

二、会话　Conversation

大夫：你怎么了？
dàifu：Nǐ zěnme le?

玛丽：我头疼、咳嗽。
Mǎlì：Wǒ tóu téng、késou.

大夫：几天了？
dàifu：Jǐ tiān le?

玛丽：昨天 上午 还 好好 的，晚上 就 开始
Mǎlì：Zuótiān shàngwǔ hái hǎohāo de, wǎnshang jiù kāishǐ
　　　不 舒服 了。
　　　bù shūfu le.

大夫：你 吃 药 了 吗？
dàifu：Nǐ chī yào le ma?

玛丽：吃了 一 次。
Mǎlì：Chīle yí cì.

大夫： 你把嘴张开，我看看。嗓子有点儿
dàifu： Nǐ bǎ zuǐ zhāngkāi, wǒ kànkan. Sǎngzi yǒu diǎnr
红。
hóng.

玛丽： 有问题吗？
Mǎlì： Yǒu wèntí ma?

大夫： 没什么。你试试表吧。
dàifu： Méi shénme. Nǐ shìshi biǎo ba.

玛丽： 发烧吗？
Mǎlì： Fā shāo ma?

大夫： 三十七度六，你感冒了。
dàifu： Sānshíqī dù liù, nǐ gǎnmào le.

玛丽： 要打针吗？
Mǎlì： Yào dǎ zhēn ma?

大夫： 不用，吃两天药就会好的。
dàifu： Búyòng, chī liǎng tiān yào jiù huì hǎo de.

    *   *   *

和子： 王兰呢？我找了她两次，都不在。
Hézǐ： Wáng Lán ne? wǒ zhǎole tā liǎng cì, dōu bú zài.

刘京： 到医院去了。
LiúJīng： Dào yīyuàn qù le.

和子： 病了吗？
Hézǐ： Bìng le ma?

刘京： 不是，她受伤了。听说今天早上
LiúJīng： Bú shì, tā shòu shāng le. Tīngshuō jīntiān zǎoshang

　　　　　她一出门就摔倒了。
　　　　　tā yì chū mén jiù shuāidǎo le.

和子：　去哪个医院了？
Hézǐ：　Qù nǎ ge yīyuàn le?

刘京：　可能是第三医院。
LiúJīng：　Kěnéng shì dì-sān yīyuàn.

和子：　现在情况怎么样？伤重吗？
Hézǐ：　Xiànzài qíngkuàng zěnmeyàng? Shāng zhòng ma?

刘京：　还不清楚，检查了才能知道。
LiúJīng：　Hái bu qīngchu, jiǎnchále cáinéng zhīdao.

注释 notes

"王兰呢？"

"呢"的问句，在没有上下文时，是问地点的。"王兰呢？"意思就是"王兰在哪儿？"

A question ended with "呢", if without any context, concerns the whereabouts of somebody or something. Therefore, "王兰呢？" means "where is Wang Lan?".

三、替换与扩展 Substitution and Extension

1: 你把<u>嘴</u> <u>张开</u>。

窗户	开开，	他的信	送去
冰箱	打开，	铅笔	放好
门	锁上		

2. 我<u>找</u>了她两次，都不<u>在</u>。

| 问 | 说， | 请 | 来 |
| 给 | 要， | 约 | 去 |

3. 她一<u>出门</u>就摔倒了

| 到家 | 吃饭， | 放假 | 去旅行 |
| 关灯 | 睡觉， | 起床 | 去锻炼 |

*　　*　　*

1. 他发了两天烧，吃药以后，今天好多了。
   Tā fā le liǎng tiān shāo, chī yào yǐhòu, jīntiān hǎo duō le.

2. 他住院了，每天打两针，上午一针，下午一针。下星期可以出院了。
   Tā zhù yuàn le, měi tiān dǎ liǎng zhēn, shàngwǔ yì zhēn, xiàwǔ yì zhēn. xià xīngqī kěyi chū yuàn le.

四、生词 New Words

1	开始	（动）	kāishǐ	to begin
2	把	（介）	bǎ	(preposition)
3	嘴	（名）	zuǐ	mouth
4	张	（动）	zhāng	to open
5	一⋯⋯就⋯⋯		yī⋯jiù⋯	no sooner⋯than
6	摔	（动）	shuāi	to fall(down)
7	倒	（动）	dǎo	to slip, to fall(down)
8	嗓子	（名）	sǎngzi	throat
9	表	（名）	biǎo	watch
10	发烧		fā shāo	to run a fever

11	打针		dǎ zhēn	to give an injection
12	受	(动)	shòu	to suffer from
13	伤	(名、动)	shāng	wound; to wound
14	情况	(名)	qíngkuàng	situation
15	重	(形)	zhòng	serious
16	铅笔	(名)	qiānbǐ	pencil
17	锁	(动、名)	suǒ	to lock; lock
18	关	(动)	guān	to close
19	灯	(名)	dēng	light
20	锻炼	(动)	duànliàn	to do physical training
21	住院		zhù yuàn	to be hospitalized
22	出院		chū yuàn	to leave hospital

专名 Proper Names

第三医院　Dì-sān Yīyuàn　No. three Hospital

五、语法 Grammar

1. **动量补语** The Complement of verbal measurement

动量词和数词结合,放在动词后边,说明动作发生的次数,构成动量补语。例如:

A complement of verbal measurement, which denotes the number of times an action takes place, is formed by putting after a verb a compound consisting of a numeral and a measure for verbs of action, E. g.

(1)他只来过一次。

(2)我找过他两次,他都不在。

"一下儿"作动量补语,除了可以表示动作的次数外,也可以表示动作经历的时间短暂,并带有轻松随便的意味。例如:

"一下儿"as a complement of verbal measurement denotes not only the frequency of an action, but also the short duration of that action. Moreover, it usually carries a casual undertone, E. g.

(3)给你们介绍一下儿。
(4)你帮我拿一下儿。

2. "把"字句(一)　The "把" sentence (Ⅰ)

"把"字句常常用来强调说明动作对某事物如何处置及处置的结果。在"把"字句里,介词"把"和它的宾语——被处置的事物,必须放在主语之后,动词之前,起状语的作用。例如:

A "把" sentence is usually used to stress how the object of a verb is disposed of and what result is brought about, In such a sentence, the preposition "把" and its object——the thing to be disposed of, should be inserted between the subject and the verb to function as an adverbial, E. g.

(1)你把门开开。
(2)我把信寄出去了。
(3)小王把那本书带来了。
(4)请你把那儿的情况介绍介绍。

"把"字句有如下几个特点　Some characteristics of the sentence with "把"

①"把"的宾语是说话人心目中已确定的。不能说"把一杯茶喝

了",只能说"把那杯茶喝了"。

The object of "把" is something definite in the mind of the speaker. Therefore, one can say "把那杯茶喝了", but not. "把一杯茶喝了"

②"把"字句的主要动词一定是及物的,并带有处置或支配的意义。没有处置意义的动词如 有、是、在、来、去、回、喜欢、知道等,不能用于"把"字句。

The main verb of a "把" sentence should be transitive and has a meaning of disposing or controlling something. The verbs without such a meaning, e. g. "有、是、在、来、回、喜欢、知道", can't be used in the "把" sentence.

③"把"字句的动词后,必须有其他成分。比如不能说"我把门开",必须说"我把门开开"。

In a sentence with "把", there must be some constituent that follows the verb. Thus, one may say "我把门开开", but not "我把门开"。

3. "一…就…" No sooner…than
有时表示两件事紧接着发生。例如
It sometimes means that two events occur in close succession. E. g.
(1)他一下车就看见玛丽了。
(2)他们一放假就都去旅行了。

有时候前一分句表示条件,后一分句表示结果。例如:
Occasionally, the first part denotes the condition while the second part expresses the result . E. g.
(3)他一累就头疼。
(4)一下雪,路就很滑。

六、练习　Exercises

1. **给下面的词配上适当的结果补语**　Match the following words with proper complements of result

   关____窗户　　张____嘴　　锁____门

   开____灯　　　吃____饭　　修____自行车

   洗____衣服　　接____一个电话

2. **仿照例子,把下面的句子改成"把"字句:**
   Change the following sentences into sentences with "把" by following the model

   例:他画好了一张画儿。
   →他把那张画儿画好了。

   (1)他打开了那个收录机。
   (2)我弄丢了小王的杂志。
   (3)我们布置好那个房间了。
   (4)我摔坏了刘京的铅笔。

3. **完成对话**　Complete the conversation

   A:_____?

   B:我刚一病就住院了。

   A:_____?

   B:现在还正在检查,检查了才能知道。

   A:_____。

339

B：我一定告诉你。

A：我_____带来了。(把、书)

B：谢谢。

4. **会话** Make a dialogue

大夫和看病的人对话。(打球的时候,手受伤了,去医院看病)
Between a doctor and a patient (The patient is telling the doctor that he hurt his hand while he was playing basketball and this is the reason why he has come to the hospital)

5. **听述** Listen and retell

今天小王一起床就头疼,不想吃东西,他没去上课,去医院看病了。大夫给他检查了身体,问了他的情况。

他不发烧,嗓子也不红,不是感冒。昨天晚上他睡得很晚,很长时间睡不着。头疼是因为(yīnwéi because)睡得太少了。大夫没给他药,告诉他回去好好睡一觉就会好的。

6. **语音练习** Phonetic exercises

(1) 常用音节练习 Drill on the frequently used syllables

zheng { zhèngzài （正在）
zhēngqǔ （争取）
zhěngqí （整齐）

xi { dōngxi （东西）
xībiān （西边）
xǐ zǎo （洗澡）

(2) 朗读会话 Read aloud the conversation

A：Dàifu, wǒ dùzi téng.

B：Shénme shíhou kāishǐ de?

A：Jīntiān zǎoshang.

B: Zuótiān nǐ chī shénme dōngxi le? Chī tài liáng de dōngxi le ma?

A: Hē le hěn duō bīngshuǐ.

B: Kěnéng shì yīnwéi hē de tài duō le, chī diǎnr yào ba.

探望
tànwàng
TO PAY A VISIT

第三十五课　Lesson 35
你好点儿了吗？
Are you better now?

一、句子　Sentences

253　我想买点儿点心什么的。
　　　Wǒ xiǎng mǎi diǎnr diǎnxin shénme de.
　　　I want to buy some refreshments and things.

254　没什么好点心。
　　　Méi shénme hǎo diǎnxin.
　　　There aren't any good refreshments (here).

255　去小卖部看看，什么好，就买什么。
　　　Qù xiǎomàibù kànkan, shénme hǎo, jiù mǎi shénme.
　　　Let's go to the store to see if there are any thing good to buy.

256　医院前边修路，汽车到不了医院门口。
　　　Yīyuàn qiánbiān xiū lù, qìchē dào bu liǎo yīyuàn ménkǒu.
　　　The road is being repaired in front of the hospital, so the car can't reach its gate.

257　你好点儿了
　　　Nǐ hǎo diǎnr le
　　　Are you better now?

吗?
ma?

258 看样子，你好多了。
Kàn yàngzi, nǐ hǎoduō le.
You look much better.

259 我觉得一天比一天好。
Wǒ juéde yì tiān bǐ yì tiān hǎo.
I am feeling better and better each day.

260 我们给你带来一些吃的。
Wǒmen gěi nǐ dài lái yìxiē chī de.
We've brought you something to eat.

二、会话 Conversation

玛丽： 今天下午我们去看王兰，好吗？
Mǎlì: Jīntiān xiàwǔ wǒme qù kàn Wáng Lán, hǎo ma?

刘京： 不行，今天不能看病人。明天下午可以。
Liú Jīng: Bù xíng, jīntiān bù néng kàn bìngrén. Míngtiān xiàwǔ kěyǐ.

大卫： 给她送点儿什么呢？
Dàwèi: Gěi tā sòng diǎnr shénme ne?

玛丽： 我想给她买点儿点心什么的。
Mǎlì: Wǒ xiǎng gěi tā mǎi diǎnr diǎnxin shénme de.

大卫： 没什么好点心。还是买些罐头和水果吧。
Dàwèi: Méi shénme hǎo diǎnxin. Háishi mǎi xiē guàntou hé shuǐguǒ ba.

玛丽： 去小卖部看看，什么好就买什么。
Mǎlì: Qù xiǎomàibù kànkan, shénme hǎo jiù mǎi shénme.

刘京： 这两天医院前边修路，汽车到不了医院门口。
Liú Jīng: Zhè liǎng tiān yīyuàn qiánbiān xiū lù, qìchē dào bu liǎo yīyuàn ménkǒu.

玛丽： 那怎么办？
Mǎlì: Nà zěnme bàn?

大卫： 我们在前一站下车，从那儿走着去很近。
Dàwèi: Wǒmen zài qián yí zhàn xià chē, cóng nàr zǒu zhe qù hěn jìn.

* * *

玛丽： 王兰，你好点儿了吗？
Mǎlì: Wáng Lán, nǐ hǎo diǎnr le ma?

刘京： 看样子，你好多了。
Liú Jīng: Kàn yàngzi, nǐ hǎoduō le.

王兰： 我觉得一天比一天好。谢谢你们来看我。
Wáng Lán: Wǒ juéde yì tiān bǐ yì tiān hǎo. Xièxie nǐme lái kàn wǒ.

大卫： 我们给你带来一些吃的。
Dàwèi： Wǒme gěi nǐ dàilai yìxiē chī de.

王兰： 你们太客气了，真不好意思。我好
WángLán： Nǐmen tài kèqi le, zhēn bùhǎoyìsi. Wǒ hǎo
几天没上课了。眼镜也摔坏了。
jǐ tiān méi shàng kè le. Yǎnjìng yě shuāihuài le.

刘京： 你别着急，老师让我告诉你，以后
LiúJīng： Nǐ bié zháojí, lǎoshī ràng wǒ gàosu nǐ, yǐhòu
给你补课。
gěi nǐ bǔ kè.

玛丽： 我给你带来了收录机，你可以听听
Mǎlì： Wǒ gěi nǐ dàilaile shōulùjī, nǐ kěyǐ tīngting
英语广播。
Yīngyǔ guǎngbō.

王兰： 多谢你们了。
WángLán： Duō xiè nǐmen le.

大卫： 你好好休息，下次我们再来看你。
Dàwèi： Nǐ hǎohāo xiūxi, xià cì wǒmen zài lái kàn nǐ.

王兰： 再见！
WángLán： Zàijiàn!

三人 再见！
sān rén Zàijiàn!

注释 Notes

"我觉得一天比一天好。"

"一天比一天"作状语，表示随着时间的推移，事物变化的程度递增或递减。也可以说"一年比一年""一次比一次"等。

"一天比一天"as an adverbial, means that things are changing for the better or worse as time goes on. One may also say"一年比一年"and "一次比一次"。

三、替换与扩展　Substitution and Extension

1. 买点儿点心什么的。

| 带 | 花， | 听 | 音乐 |
| 吃 | 面条，买 | 面包 |

2. 没什么好点心，还是买几个罐头吧。

节目	听音乐
糖	买水果
电视	看录相
杂志	看画报

3. 我们给你带来一些吃的。

| 弄 | 感冒药，借 | 录相带 |
| 拿 | 英语书，买 | 磁带 |

* * *

1. 天 很 黑，看 样子 要 下 雨 了。
   Tiān hěn hēi, kàn yàngzi yào xià yǔ le.
2. 人民 的 生活 一 年 比 一 年 幸福。
   Rénmín de shēnghuó yì nián bǐ yì nián xìngfú.
3. 那 个 戴 眼镜 的 人 是 谁？
   Nà ge dài yǎnjìng de rén shì shuí?

四、生词　New Words

1　点心　（名）　diǎnxin　refreshments, pastry

2	小卖部	（名）	xiǎomàibù	store, shop
3	了	（动）	liǎo	to know, to understand, finish, end
4	门口	（名）	ménkǒu	entrance, doorway
5	看样子		kàn yàngzi	It seems…, one looks…
6	病人	（名）	bìngrén	patient
7	罐头	（名）	guàntou	canned food
8	眼镜	（名）	yǎnjìng	glasses
9	着急	（形）	zháojí	uneasy
10	补	（动）	bǔ	to repair
11	广播	（名、动）	guǎngbō	to broadcast
12	面条	（名）	miàntiáo	noodles
13	面包	（名）	miànbāo	bread
14	节目	（名）	jiémù	program
15	糖	（名）	táng	sweets
16	杂志	（名）	zázhì	magazine
17	画报	（名）	huàbào	pictorial
18	录相带	（名）	lùxiàngdài	video tapes
19	磁带	（名）	cídài	tapes
20	黑	（形）	hēi	black
21	戴	（动）	dài	to wear, to put on

五、语法 Grammar

1. 疑问代词"什么" The interrogative pronoun "什么"

疑问代词"什么"除了在疑问句中表示疑问以外,还有以下几种用法:

The interogative pronoun "什么" inquires about something, when it is used in an interrogative sentence. Besides, it has the following other uses.

a "什么"加"的",用在一个成分或几个并列成分之后,表示"等等"或"…之类"的意思。例如:

When "什么" takes "的" and is placed after an element or several paralell elements, it denotes "等等" (and so forth) or "…之类" (and things), e. g.

(1)我们带着一些水果、罐头什么的,去看王兰。
(2)跑步、打球、游泳什么的,他都喜欢。

b 指代不肯定的事物和人,把"什么"去掉后,意思不变,只是语气比较直率。例如:

It refers to an indefinite thing or person. In a more straightforward style, "什么" can be omitted without affecting the meaning of the sentence, e. g.

(3)没什么好点心。
(4)你去上海,我没什么不放心的。

c "什么"表示任指,用在"都、也"前,表示在所说的范围内没有例外。例如:

When "什么" is used before "都" or "也", it refers to anything that has been mentioned so far, E. g.

(5)王兰病了,什么都不想吃。
(6)我什么也不知道。

d 有时有两个"什么"前后照应,表示前者决定后者。例如:
At times when there are two occurrences of "什么" in a sentence, it is generally the case that the former controls the latter, E. g.

(7)什么好就买什么。
(8)什么最好吃,我就吃什么。

2. **动词"了"作可能补语** The verb "了" as a potential complement

动词"了"表示"完毕""结束"的意思。常用在动词后,构成可能补语,表示对行为实现的可能性作出估计。例如:

The verb "了" means "finish", "complete". It is often put after the verb to form a potential complement. Such a construction makes assessment of the possible execution of an action. E. g.

(1)明天你去得了公园吗?
(2)他病了,今天上不了课了。

有时作可能补语仍旧表示"完结"的意思。例如:
Though used as a potential complement, sometimes it still means "completion". E. g.

(3)这么多菜,我一个人吃不了。
(4)做这点儿练习,用不了半个小时。

六、练习 Exercises

1. **把下面句子改成用"什么"的问句** Change the following sentences into questions with "什么":

(1)我们学习外语。
(2)我喜欢红颜色的毛衣。
(3)他昨天晚上开始嗓子疼的。
(4)他要去桂林旅行。

2. **仿照例子,用"什么"改写句子** Rewrite the sentences with "什么" by following the model.

   例:水果好就买水果,罐头好就买罐头。
   ⟶什么好就买什么。

   (1)京剧好就看京剧,杂技好就看杂技。
   (2)杂志容易懂就看杂志,报容易懂就看报。
   (3)烤鸭好吃就吃烤鸭,饺子好吃就吃饺子。
   (4)喜欢红的就买红的,喜欢黑的就买黑的。

3. **完成对话** Complete the conversations
   (1)用上"什么" by using "什么"

   A:＿＿＿＿＿＿＿＿＿＿?

   B:我喜欢游泳,可是游得不好。

   A:＿＿＿＿＿＿＿＿＿＿?

   B:去年夏天才开始学。

   (2)用上"什么…什么…" by using "什么…什么…"
   A:你要买什么颜色的衬衫?

   B:＿＿＿＿＿＿＿＿＿＿。

   A:你什么时候去?

   B:＿＿＿＿＿＿＿＿＿＿＿＿＿＿。(有空儿)

   (3)A:前边怎么有那么多人,那么多车?

B:＿＿＿＿＿＿＿＿＿＿＿＿＿＿＿＿。(看样子 事故)

A：要等多长时间才能过去？

B：＿＿＿＿＿＿＿＿＿＿＿＿＿＿＿＿。(看样子)

4. **会话** Talk about the following topics

去医院看病人。与病人一起谈话。

提示：医院生活怎么样，病(的)情(况)怎么样，要什么东西等

You went to a hospital to visit a patient and had a chat with him (or her).

Suggested points：What is your life like in the hospital? How about your illness? What do you need?

5. **听述** Listen and retell

小王住院了，上星期六我们去看她了。她住的病房有四张病床。有一张是空的，三张病床都有人。我们去看她的时候，她正躺着看书呢。看见我们她高兴极了。她说想出院，我们劝(quàn persuade)她不要着急，出院后我们帮她补英语，想吃什么就给她送去。她很高兴，不再说出院的事了。

6. **语音练习** Phonetic exercises

(1) 常用音节练习　Drill on the frequently used syllables

ba { bā ge　　(八个)
　　 zǒu ba　　(走吧)
　　 bàba　　　(爸爸)

fa { chūfā　　(出发)
　　 fāng fǎ　　(方法)
　　 fā shāo　　(发烧)

(2) 朗读会话　Read aloud the conversation

A：Qǐngwèn, Wáng Lán zhùzài jǐ hào bìngfáng?

B：Tā zài wǔ hào dì-yī chuáng, kěshi jīntiān bù néng kàn

351

bìngrén.

A: Wǒ yǒudiǎnr jǐ shì, ràng wǒ jìnqu ba.

B: Shénme shì?

A: Tā xiǎng chī bīngjīlíng, xiànzài bú sòngqu jiù děi hē bīng shuǐ le.

B: Méi guānxi, wǒ kěyǐ gěi tā fàngzài bīngxiāng li.

复习（七） Review Ⅶ

一、会话　Conversation

A：你去过四川(Sìchuān Sichuan)吗？看过乐山大佛(Lèshān Dàfó the Budda at Leshan)吗？

B：我去过四川，可是没看过乐山大佛。

A：没看过？那你一定要去看看这尊(zūn a measure word)有名的大佛！

B：乐山大佛有多大？

A：他坐着从头到脚(jiǎo foot)就有71米(mǐ metre)。他的头有14米长，耳朵(ěrduo ear)7米长。

B：啊，真大啊！他的耳朵有7米长，那他的脚一定更长了。

A：那当然。大佛的脚有多长，我记不清楚了。不过可以这样说，他的一只脚上可以停五辆大汽车。

B：真了不起(liǎo bu qǐ extraordinary)！这尊大佛是什么时候修建(xiūjiàn build)的？

A：唐代(Tángdài Tang Dynasty)就修建了，大佛在那儿已经坐了一千(qiān thousand)多年了。你看，这些照片都是在那儿照的。

B：照得不错。那儿的风景也很美。你是什么时候去的？

A：1986年9月坐船去的。我还想再去一次呢。

B：听了你的介绍，我一定去看看大佛。要是你有时间我们一起去，就可以请你当导游了。

A：没问题。

二、语法 Grammar

几种补语 Some kinds of complements

1. **程度补语** The complement of degree

程度补语一般由形容词充任,动词短语、副词等也可作程度补语。大部分程度补语必须带"得",也有一类不带"得"的。例如:

A complement of degree is usually made up of an adjective. But a verb phrase or an adverb can also be used as a complement of result. Most complements of degree must be preceded by "得", with only one exception, e. g.

(1)老师说得很慢。
(2)他高兴得不知道说什么好。
(3)这儿比那儿冷得多。
(4)那只小狗可爱极了。(不带"得"的程度补语)

2. **结果补语** The complement of result

(1)你看见和子了吗?
(2)你慢点儿说,我能听懂。
(3)玛丽住在九楼。
(4)我把啤酒放在冰箱里了。

3. **趋向补语** The directional complement

(1)王老师从楼上下来了。
(2)玛丽进大厅去了。
(3)他买回来很多水果。
(4)那个包你放进衣柜里去吧。

4. **可能补语** The potential complement

结果补语、简单或复合趋向补语前加"得"或"不",都可构成可能补语。例如:

Either a complement of result, or a simple or complex directional complement, if preceded by "得"or "不", can constitute a potential complement, E. g.

(1)练习不太多,今天晚上我做得完。
(2)我听不懂你说的话。
(3)现在去长城,下午两点回得来回不来?
(4)衣柜很小,这个包放不进去。

5. **数量补语**　The complement of quantity
   (1)姐姐比妹妹大三岁。
   (2)大卫比我高一点儿。
   (3)那本词典比这本便宜两块多钱。

6. **动量补语**　The complement of verbal measurement
   (1)来北京以后,他只去过一次动物园。
   (2)我去找了他两次。

7. **时量补语**　The complement of time measurement
   (1)我们休息了二十分钟。
   (2)他只学了半年汉语
   (3)大卫做练习做了一个小时。
   (4)小王已经毕业两年了。

结构助词"的"、"得"、"地"　The Structural particles "的","得" and "地"

"的"用在定语和中心语之间。例如:

"的" is used between an attributive and a head noun. E. g.
(1)穿白衣服的同学是他的朋友。
(2)那儿有个很大的商店。

"得"用在谓语动词和补语之间。例如：
"得" is put between a verbal predieate and a complement. E. g.
(3)我的朋友在北京过得很愉快。
(4)这些东西你拿得了拿不了？

"地"用在状语和谓语动词之间。例如：
"地" is inserted between an adverbial adjunct and a verbal predicalte. E. g.
(5)小刘高兴地说："我今天收到三封信。"
(6)中国朋友热情地欢迎我们。

三、练习　Exercises

1. **按照实际情况说话**　Talk about the following topics according to real situations

    (1)说说你的宿舍是怎么布置的？（用上"着"）
    (2)说说你一天的生活。（用上趋向补语"来""去"）
    (3)介绍一次旅游的情况。（买票、找旅馆、参观、游览）

2. **会话**　Conversation

    (1)旅游　travel

    a. 买票　buy a ticket
    到…的票还有吗？
    预订…张…(时间)的票。
    要硬卧(软卧)

    b. 旅馆　hotel
    有空房间吗？
    几个人一个房间？
    有洗澡间吗？

要…次的 住一天多少钱
几点开(起飞)？ 餐厅(舞厅、咖啡厅…)
坐…要坐多长时间？ 在哪儿？

c. 参观游览　visit places of interest
这儿的风景… 顺便到…
有什么名胜古迹？ 跟…一起…
先去…再去… …当导游

(2)看病　see a doctor
你怎么了？ 我不舒服
试试表吧。 头疼
发烧…度。 嗓子疼
感冒了。 咳嗽
吃点儿药 什么病？
一天吃…次。
一天打…针
住(出)院吧。

(3)探望　see a patient
什么时候能看病人？ 谢谢你…来看我。
给他买点儿什么？ (你们)太客气了。
你好点了吗？ 现在好多了。
看样子你…。
别着急,好好休息。
你要什么吗？
医院的生活怎么样？
什么时候出院？

3. **完成对话**　Complete the conversation

   A：玛丽,天津离北京这么近。星期四我们去玩儿玩儿吧。

   B：好,我们可以让＿＿＿＿＿＿＿＿＿＿。

   A：不行,小刘病了。

   B：＿＿＿＿＿＿＿＿＿＿＿＿＿＿？

   A：她发烧、咳嗽。

   B：＿＿＿＿＿＿＿＿＿？我怎么不知道。

   A：昨天晚上才开始的。

   B：＿＿＿＿＿＿＿,我们自己去不方便。

   A：也好,小刘什么时候好了,我们就什么时候去。

4. **语音练习**　Phonetic exercises

   (1) 声调练习： 第1声＋第3声
   Drill on tones: 1st tone＋3nd tone
   Yāoqǐng（邀请）
   Yāoqǐng qīnyǒu（邀请亲友）
   Yāoqǐng qīnyǒu hē jiǔ（邀请亲友喝酒）

   (2) 朗读会话　Read aloud the conversation
   A：Dàifu, wǒ sǎngzi téng.
   B：Yǒudiǎnr hóng, yào duō hē shuǐ.
   A：Wǒ hē de bù shǎo.

B: Bié chī de tài xián。
A: Wǒ zhīdao.
B: Xiànzài nǐ qù ná yào, yàoshi bù hǎo, zài lái kàn.
A: Hǎo, xièxie. Zàijiàn!

告别
gàobié
DEPARTURE

第三十六课 Lesson 36
我要回国了
I'll return home.

一、句子　Sentences

261　好久不见了。
　　　Hǎo jiǔ bú jiàn le.
　　　I haven't seen you for ages.

262　你今天怎么有空儿来了？
　　　Nǐ jīntiān zěnme yǒu kòngr lái le?
　　　What brings you there today?

263　我来向你告别。
　　　Wǒ lái xiàng nǐ gàobié.
　　　I've come to say good-bye to you.

264　我常来打扰你，很过意不去。
　　　Wǒ cháng lái dǎrǎo nǐ, hěn guòyìbúqù.
　　　I am sorry to trouble you so often.

265　你那么忙，不用送我
　　　Nǐ nàme máng, búyòng sòng wǒ
　　　Don't bother to see me off. You are so busy.

了。
le.

266 我一边学习,
Wǒ yìbiān xuéxí,
一边工作。
yìbiān gōngzuò.

I study while I work.

267 朋友们有的
Péngyoumen yǒude
知道,有的不
zhīdao, yǒude bù
知道。
zhīdao.

Some friends know this, but others don't.

268 趁这两天有
Chèn zhè liǎng tiān yǒu
空儿,我去向
kòngr, wǒ qù xiàng
他们告别。
tāmen gàobié.

I'll go and say good-bye to them, as I am free in the next few days.

二、会话 Conversation

玛丽:你好,王先生!
Mǎlì: Nǐ hǎo, Wáng xiānsheng!

王: 玛丽小姐,好久不见了。今天怎么有
Wáng: Mǎlì xiǎojie, hǎo jiǔ bú jiàn le. Jīntiān zěnme yǒu
空儿来了?
kòngr lái le?

玛丽：我来向你告别。
Mǎlì： Wǒ lái xiàng nǐ gàobié.

王： 你要去哪儿？
Wáng： Nǐ yào qù nǎr?

玛丽：我要回国了。
Mǎlì： Wǒ yào huí guó le.

王： 日子过得真快，你来北京已经一年了。
Wáng： Rìzi guò de zhēn kuài, nǐ lái Běijīng yǐjing yì nián le.

玛丽：常来打扰你，很过意不去。
Mǎlì： Cháng lái dǎrǎo nǐ, hěn guòyìbúqù.

王： 哪儿的话，因为忙，对你的照顾很不够。
Wáng： Nǎr de huà, yīnwéi máng, duì nǐ de zhàogù hěn bú gòu.

玛丽：你太客气了。
Mǎlì： Nǐ tài kèqi le.

王： 哪天走？我去送你。
Wáng： Nǎ tiān zǒu? wǒ qù sòng nǐ.

玛丽：你那么忙，不用送了。
Mǎlì： Nǐ nàme máng, búyong sòng le.

* * *

刘京：这次回国，你准备工作还是继续
LiúJīng： Zhè cì huí guó, nǐ zhǔnbèi gōngzuò háishi jìxù

学习？
xuéxí?

大卫：我 打算 考 研究生，一边 学习，一边
Dàwèi：Wǒ dǎsuàn kǎo yánjiūshēng, yìbiān xuéxí, yìbiān
工作。
gōngzuò.

刘京：那 很 辛苦 啊。
LiúJīng：Nà hěn xīnkǔ a.

大卫：没 什么，我们 那儿 很 多 人 都 这样。
Dàwèi：Méi shénme, wǒmen nàr hěn duō rén dōu zhèyàng.

刘京：你 要 回 国 的 事，朋友们 都 知道 了
LiúJīng：Nǐ yào huí guó de shì, péngyoumen dōu zhīdao le
吗？
ma?

大卫：有的 知道，有的 不 知道。趁 这 两 天
Dàwèi：Yǒude zhīdao, yǒude bù zhīdao. Chèn zhè liǎng tiān
有 空儿，我 去 向 他们 告别。
yǒu kòngr, wǒ qù xiàng tāmen gàobié.

注释 Notes

"哪儿的话。"

用在答话里表示否定。这是受到对方称赞时常用的客气话。

"哪儿的话"has a negative connotation and is a common polite reply to somebody's praise.

三、替换与扩展　Substitution and Extension

1. <u>你</u> 来北京已经<u>一年</u>了。

他	离开上海	两年
我	起床	一刻钟
小王	去日本	三个月

2. 一边<u>学习</u>，一边<u>工作</u>。

| 抽烟 | 谈话， | 跳舞 | 唱歌 |
| 喝茶 | 讨论， | 散步 | 聊天 |

3. <u>朋友</u>们有的<u>知道</u>，有的<u>不知道</u>。

| 同学 | 来 | 不来 |
| 老师 | 参加 | 不参加 |

　　　　　＊　　　＊　　　＊

1. 这 两 天 我 得 去 办 各 种 手续，没 时间
   Zhè liǎng tiān wǒ děi qù bàn gè zhǒng shǒuxù, méi shíjiān
   去 向 你 告别 了。请 原谅。
   qù xiàng nǐ gàobié le. Qǐng yuánliàng.

2. 有 几 位 老 朋友 好 久 不 见 了，趁 出 差
   Yǒu jǐ wèi lǎo péngyou hǎo jiǔ bú jiàn le, chèn chū chāi
   的 机会 去 看看 他们。
   de jīhuì qù kànkan tāmen.

四、生词　New Words

1　向　　（介）　xiàng　　to, towards
2　告别　（动）　gàobié　to depart, to say good-bye to
3　打扰　（动）　dǎrǎo　to trouble, to bother

4	过意不去		guòyibúqù	to be sorry
5	那么	(代)	nàme	in this way, like that
6	一边…一边…		yìbiān … yìbiān …	at the same time,
7	们	(尾)	men	plural suffix
8	趁	(动)	chèn	to take the advantage of
9	日子	(名)	rìzi	time, days
10	已经	(副)	yǐjing	already
11	因为	(连)	yīnwéi	because
12	照顾	(动)	zhàogù	to take care of
13	够	(动)	gòu	to be enough
14	准备	(动)	zhǔnbèi	to prepare
15	继续	(动)	jìxù	to continue
16	打算	(动、名)	dǎsuàn	to plan, to want; intention
17	研究生	(名)	yánjiūshēng	post-graduate
18	聊天		liáo tiān	to chat
19	离开	(动)	líkāi	to leave
20	老	(形)	lǎo	old, veteran
21	出差		chū chāi	to go on an errand
22	机会	(名)	jīhuì	chance, opportunity

五、语法 Grammar

1. 时量补语(三) The Complement of time measurement(3)

有些动作,如"来、去、到、下(课)、离开"等是不能持续的,如要表示这类动作从发生到某时(或说话时)的一段时间,也可用时量补语。动词后有宾语时,时量补语要放在宾语之后。例如:

Some actions, e. g. "来、去、到、下(课)、离开", are not durational. If one wants to indicate the period from the time an action occurs to a later specific point of time (or the time of speaking), one may use a complement of time measurement. When an object follows a verb, the complement of time measurement is put after the object. E. g.

(1)他来北京已经一年了。
(2)下课十五分钟了。

2. "有的…有的…" "some of…and the others…"

代词"有的"作定语时,常指它所修饰的名词的一部分,可以单用,也可以两三个连用。例如:

When "有的" is used as an attributive, it modifies the noun, usually referring to some of the entities denoted by that noun. It can occur once, twice or thrice in a sentence. E. g.

(1)有的话我没听懂。
(2)我们班有的喜欢看电影,有的喜欢听音乐,有的喜欢看小说。

如果所修饰的名词前面已出现过,也可以省略。例如:
If the noun it modifies has appeared before, it can be omitted. E. g.
(3)他的书很多,有的(书)是中文的,有的(书)是英文的。

六、练习　Exercises

1. 熟读下列词组并造句: Read until fluent the following phrases

and make sentences

(1) 趁 { 放假的时候 / 天气好 / 这几天不忙 }　　(2) 向 { 他告别 / 小王　学习 / 前　看 }

(3) 准备 { 回国 / 结婚 / 得怎么样了 / 生日礼物 }　　(4) 好 { 多 / 几个星期 / 累 }

(5) 已经 { 毕业了 / 出院了 / 修好了 / 十二点了 }

2. **选择适当的词语完成句子**　Complete the sentences with proper words and phrases.

有的、继续、研究、老、出差、够

(1) 你的病还没好,应该＿＿＿＿＿＿＿。

(2) 买两本书得十五块钱,我带的＿＿＿＿＿＿,买一本吧。

(3) 他已经五十岁了,可是看样子＿＿＿＿＿＿。

(4) 他＿＿＿＿＿＿＿,很少在家。

(5) 他是中文系的研究生,他想＿＿＿＿＿＿。

(6) 我有很多中国的朋友＿＿＿＿＿＿＿＿＿。

3. **按照实际情况回答问题**　Answer the questions according to actual situations

(1) 你来北京多长时间了?

(2)你什么时候中学毕业的？毕业多长时间了？
(3)你现在穿的这件衣服,买了多长时间了？
(4)你离开你们的国家多长时间了？

4. **完成对话** Complete the conversation

   A：小王,我要回国了。

   B：_____?

   A：二十号晚上走。

   B：_____?

   A：准备得差不多了。

   B：_____?

   A：不用帮忙,我自己可以。

   B：_____。

   A：你很忙,不用送我了。

5. **会话** Talk about the following topic

   你来中国的时候向朋友告别。

   提示：朋友问你学什么,学习多长时间；你问他们有没有要办
   　　　的事等。

   You bid farewell to your friends when you left for China.
   Suggested points: Your friends asked what you would study and
   　　　　　　　　　how long you would study the subject(s). You
   　　　　　　　　　asked what you could do for them.

6. **听述** Listen and retell

   明天我要去旅行。这次去的时间比较长,得去向朋友告别一

下,可是老张住院了。

  在北京的这些日子里,老张象家里人一样照顾我,我也常去打扰他,我觉得很过意不去。今天不能去跟他告别,我就给他写一封信去,问他好吧。希望(xīwàng hope)我回来的时候他已经出院了。

7. **语音练习** Phonetic exercises

(1) 常用音节练习 Drill on the frequently used syllables

fu { dàifu （大夫） / fùqin （父亲） / fūren （夫人） } jing { yǐjing （已经） / ānjìng （安静） / jǐngchá （警察） }

(2) 朗读会话 Read aloud the conversation

A: Xiǎo Wáng. wǒ xiàng nǐ gàobié lái le.

B: Zhēnqiǎo, wǒ zhèng yào qù kàn nǐ ne. Qǐng jìn.

A: Nǐ nàme máng, hái chángcháng zhàogù wǒ, wǒ fēicháng gǎnxiè.

B: Nǎr de huà, zhàogù de hěn bú gòu.

饯行
jiànxíng
TO GIVE A FAREWELL DINNER

第三十七课　Lesson 37
真舍不得你们走
We are sorry to let you go.

一、句子　Sentences

269　回国的日子越
　　　Huí guó de rìzi yuè
　　　来越近了。
　　　lái yuè jìn le.
　　　The day of returning home is drawing near.

270　虽然时间不
　　　Suīrán shíjiān bù
　　　长，但是我们
　　　cháng, dànshi wǒmen
　　　的友谊很深。
　　　de yǒuyì hěn shēn.
　　　We haven't stayed together for long, but we have already built up profound friendship.

271　我们把地址写
　　　Wǒmen bǎ dìzhǐ xiě-
　　　在本子上了。
　　　zài běnzi shang le.
　　　We've already written down the address in our notebooks.

272　让我们一起
　　　Ràng wǒmen yìqǐ
　　　照张相吧！
　　　zhào zhāng xiàng ba!
　　　Let's have a photo taken together.

273　除了去实习的
　　　Chúle qù shíxí de
　　　Except those who have gone to do field practice, everybody is here.

以外 都 来 了。
yǐwài, dōu lái le.

274 你 用 汉语 唱 　　Please sing us a Chinese song.
　　Nǐ yòng Hànyǔ chàng
　　个 歌 吧。
　　ge gē ba.

275 我 唱完 就 该 　　I've finished singing. It is your
　　Wǒ chàngwán jiù gāi 　turn now.
　　你们 了。
　　nǐmen le.

276 真 不知道 说 　　I really don't know what to say.
　　Zhēn bù zhīdao shuō
　　什么 好。
　　shénme hǎo.

二、会话 Conversation

和子： 回国 的 日子 越 来 越 近 了。
Hézǐ： Huí guó de rìzi yuè lái yuè jìn le.

王兰： 真 舍不得 你们 走。
WángLán： Zhēn shěbude nǐmen zǒu.

大卫： 是 啊，虽然 时间 不 长，但是 我们 的
Dàwèi： Shì a, suīrán shíjiān bù cháng, dànshi wǒmen de
　　　 友谊 很 深。
　　　 yǒuyì hěn shēn.

玛丽： 我们 把 地址 写在 本子 上 了，以后
Mǎlì： Wǒmen bǎ dìzhǐ xiězài běnzi shang le, yǐhòu

常常 写信。
chángcháng xiě xìn.

刘京: 我想 你们还是有机会来的。
LiúJīng: Wǒ xiǎng nǐmen háishi yǒu jīhuì lái de.

和子: 要是来北京，一定来看你们。
Hézǐ: Yàoshi lái Běijīng, yídìng lái kàn nǐmen.

大卫: 让我们一起照张相吧!
Dàwèi: Ràng wǒmen yìqǐ zhào zhāng xiàng ba!

玛丽: 好,多照几张,留作纪念。
Mǎlì: Hǎo, duō zhào jǐ zhāng, liúzuò jìniàn.

* * *

玛丽: 参加欢送会的人真多。
Mǎlì: Cānjiā huānsòng huì de rén zhēn duō.

刘京: 除了去实习的以外,都来了。
LiúJīng: Chúle qù shíxí de yǐwài, dōu lái le.

和子: 开始演节目了。
Hézǐ: Kāishǐ yǎn jiémù le.

大卫: 玛丽,你用汉语唱个歌吧。
Dàwèi: Mǎlì, Nǐ yòng Hànyǔ chàng ge gē ba.

玛丽: 我唱完,就该你们了。
Mǎlì: Wǒ chàngwán, jiù gāi nǐmen le.

王兰: 各班的节目很多,很精彩。
WángLán: Gè bān de jiémù hěn duō, hěn jīngcǎi.

和子: 同学和老师这么热情地欢送
Hézǐ: Tóngxué hé lǎoshī zhème rèqíng de huānsòng

我们，真 不 知道 说 什么 好。
wǒmen, zhēn bu zhīdao shuō shénme hǎo.

刘京： 祝贺 你们 取得了 好 成绩。
LúJīng： Zhùhè nǐmen qǔdéle hǎo chéngjī.

王兰： 祝 你们 更 快 地 提高 中文 水平。
WángLán： Zhù nǐmen gèng kuài de tígāo Zhōngwén shuǐpíng.

三、替换与扩展 Substitution and Extension

1. <u>回国的日子越来越近了。</u>

| 他的发音 | 好，旅游的人 | 多 |
| 他的技术水平 | 高，北京的天气 | 暖和 |

2. <u>虽然时间不长</u>，但是我们<u>的友谊很深</u>。

年纪很大	身体很好
路比较远	交通比较方便
学习的时间很短	提高得很快

3. 我们把地址写在<u>本子上</u>了。

| 字 写 黑板上，自行车 放 礼堂右边 |
| 地图 挂 墙上， 通知 贴 黑板左边 |

*　　　*　　　*

1. 他 除了 英语 以外 都 不 会，从 这 个 月
   Tā chúle Yīngyǔ yǐwài dōu bú huì, cóng zhè ge yuè
   开始 学习 汉语。
   kāishǐ xuéxí Hànyǔ.

2. 这 次 篮球 赛 非常 精彩，你 没 去 看，真
   Zhè cì lánqiú sài fēicháng jīngcǎi, nǐ méi qù kàn, zhēn

遗憾。
yíhàn.

四、生词　New Words

1	越来越…		yuèláiyuè…	more and more
2	虽然…但是…		suīrán…dànshì…	though…
3	深	（形）	shēn	deep, profound
4	地址	（名）	dìzhǐ	address
5	实习	（动）	shíxí	to do field practice; to practise
6	用	（动）	yòng	to use, to apply
7	该	（动、能愿）	gāi	should, must
8	舍不得		shébude	to hate to part with…
9	留	（动）	liú	to stay
10	欢送会	（名）	huānsònghuì	farewell party
11	精彩	（形）	jīngcǎi	excellent, brilliant
12	热情	（形）	rèqíng	enthusiastic, warm
13	欢送	（动）	huānsòng	to send off, to see off
14	取得	（动）	qǔdé	to achieve
15	旅游	（动）	lǚyóu	to travel
16	年纪	（名）	niánjì	age
17	水平	（名）	shuǐpíng	level
18	黑板	（名）	hēibǎn	blackboard

19	右边	(名)	yòubiān	the right side
20	地图	(名)	dìtú	map
21	墙	(名)	qiáng	wall
22	贴	(动)	tiē	to stick
23	左边	(名)	zuǒbiān	the left side

五、语法 Grammar

1. "虽然…但是…"复句 The Complex sentence with "虽然…但是…"

关联词"虽然"和"但是(或"可是")"可以构成表示转折关系的复句。"虽然"放在第一分句的主语前或主语后;"但是"(或用"可是")放在第二分句句首。例如:

The conjunctions "虽然" and "但是" (or "可是") may be used to form a complex sentence denoting a transitional relationship. "虽然" is put before or after the subject in the first clause, while "但是" (or "可是") is placed at the beginning of the second clause.

(1) 虽然下雪,但是天气不太冷。
(2) 今天我虽然很累,但是玩得很高兴。
(3) 虽然他没来过北京,可是对北京的情况知道得很多。

2. "把"字句(二) The Sentence with "把"(2)

如果要说明受处置的事物或人通过动作处于某处时,必须用"把"字句。例如:

The sentence with "把" is used if one wants to show the place in which a thing or a person is disposed through the action denoted by the verb. E. g.

(1)我们把地址写在本子上了。
(2)我把啤酒放进冰箱里了。
(3)他把汽车开到学校门口了。

说明受处置的事物通过动作交给某一对象时,在一定条件下也要用"把"字句。例如:

In some circumstances, the sentence with "把" should also be used, if one wants to show the change of hands of something from one person to another. E. g.

(4)我把钱交给那个售货员了。
(5)把这些饺子留给大卫吃。

六、练习 Exercices

1. **选词填空** Fill in the blanks with the given words
   舍不得 精彩 该 机会 留 热情

   (1)昨天的游泳比赛很_____,运动员的水平很高。

   (2)离上课的时间不多了,我们_____进教室去了。

   (3)来中国学习是很好的_____,我一定好好学习。

   (4)我的地址_____给你了吧?

   (5)那个饭店的服务员很_____,我们高兴极了。

   (6)这块蛋糕她_____吃,因为妹妹喜欢吃,她要留给妹妹。

2. **仿照例子,用"越来越…"改写句子** Rewrite the following sentences with "越来越…" by following the model

例：刚才雪很大,现在更大。

——→雪越来越大了。

或：雪下得越来越大了。

(1)冬天快过去了,天气慢慢地暖和了。
(2)他的汉语比刚来的时候好了。
(3)张老师的小女儿一年比一年漂亮了。
(4)参加欢送会的人比刚开始的时候多了。
(5)大家讨论以后,这个问题比以前清楚了。

3. **用所给的词语造"把"字句** Make sentences with "把" by using the given words

例：汽车　停　九楼前边

——→把汽车停在九楼前边了。

(1)名字　写　本子上
(2)词典　放　桌子上
(3)钱包　忘　小卖部
(4)衬衫　挂　衣柜里

4. **完成对话** Complete the conversation

A：小张,你这次去法国留学,祝你顺利!

B：祝你_____!

C：谢谢大家,为_____干杯!

A：_____。

C：我一到那儿就来信。

B：_____。

C：我一定注意身体。谢谢!

5. 说话 Talk about the following topic

说说开茶话会欢送朋友回国的情况

提示：一边喝茶一边谈话，你对朋友说些什么，朋友说些什么。

Say something about the tea party held to give a send-off to your friend going back to his country.

Suggested points: You had a chat over a cup of tea. What did you say to your friend? What did he say to you in return?

6. 听述 Listen and retell

我在这儿学了三个月汉语，下星期一要回国了。虽然我在中国的时间不长，可是认识了不少中国朋友和别的国家的朋友。我们的友谊越来越深。我真舍不得离开他们。要是以后有机会，我一定再来中国。

7. 语音练习 Phonetic exercises

(1) 常用音节练习 Drill on the frequently used syllables

yuan { yuánlái （原来） yuànyì （愿意） xuéyuàn （学院） }

yan { yǎnjìng （眼镜） chōu yān （抽烟） yánjiū （研究） }

(2) 朗读会话 Read aloud the conversation

A: Míngtiān wǒmen gěi Lǐ Hóng kāi ge huānsònghuì ba.

B: Duì, tā chū guó liúxué shíjiān bǐjiào cháng.

C: Děi zhǔnbèi yì xiē shuǐguǒ hé lěngyǐn.

A: Bié wàng le zhàoxiàng.

B: Zhè cì xiān jiǎnchá yíxiàr jiāojuǎnr shànghǎo le méiyǒu.

托运
tuōyùn
SHIPMENT

第三十八课 Lesson 38
这儿托运行李吗?
Is this the place for checking the luggage?

一、句子 Sentences

277 我 打听 一下儿,这儿 托运 行李 吗?
Wǒ dǎting yíxiàr, zhèr tuōyùn xíngli ma?

Can you tell me if we can check our luggage here.

278 邮局 寄 不但 太 贵,而且 这么 大 的 行李 也 不 能 寄。
Yóujú jì búdàn tài guì, érqiě zhème dà de xíngli yě bù néng jì.

On the one hand it is very expensive to send something by post and on the other it is simply impossible to mail such a big piece of luggage.

279 我 记 不 清楚 了。
Wǒ jì bu qīngchu le.

I can't remember it clearly.

280 我 想 起来 了。
Wǒ xiǎng qǐlai le.

Now I can remember it.

281 运费怎么算？ How do you calculate the cost of transportation?
Yùn fèi zěnme suàn?

282 按照这个价目表收费。 You should pay according to this price list.
Ànzhào zhè ge jiàmùbiǎo shōu fèi.

283 你可以把东西运来。 You may bring your luggage here.
Nǐ kěyǐ bǎ dōngxi yùn lai.

284 我的行李很大，一个人搬不动。 My luggage is so big that I can't carry it myself.
Wǒ de xíngli hěn dà, yí ge rén bān bu dòng.

二、会话 Conversation

刘京： 你这么多行李，坐飞机的话，一定超重。
LiúJīng： Nǐ zhème duō xíngli, zuò fēijī de huà, yídìng chāozhòng.

和子： 那怎么办？
Hézǐ： Nà zěnmebàn?

王兰： 邮局寄不但太贵，而且这么大的行李也不能寄。
WángLán: Yóujú jì búdàn tài guì, érqiě zhème dà de xíngli yě bù néng jì.

刘京： 可以海运。
LiúJīng: Kěyǐ hǎiyùn.

和子： 海运要多长时间？
Hézǐ: Hǎiyùn yào duō cháng shíjiān?

刘京： 我记不清楚了，我们可以去托运公司问问。
LiúJīng: Wǒ jì bu qīngchu le, wǒmen kěyǐ qù tuōyùn gōngsī wènwen.

王兰： 啊！我想起来了去年大平也托运过。
WángLán: À! wǒ xiǎng qǐlai le, qùnián Dàpíng yě tuōyùnguo.

和子： 那好，明天我去问一下儿。
Hézǐ: Nà hǎo, míngtiān wǒ qù wèn yíxiàr.

    ＊ ＊ ＊

和子： 我打听一下儿，这儿托运行李吗？
Hézǐ: Wǒ dǎting yíxiar, zhèr tuōyùn xíngli ma?

服务员： 托运。你要运到哪儿？
fúwùyuán: Tuōyùn. Nǐ yào yùndào nǎr?

和子： 日本。要多长时间？
Hézǐ: Rìběn. Yào duō cháng shíjiān?

381

服务员： 大概一个多月。
fúwùyuán： Dàgài yí ge duō yuè.

和子： 运费怎么算？
Hézǐ： Yùnfèi zěnme suàn?

服务员： 按照这个价目表收费。你可以把
fúwùyuán： Ànzhào zhè ge jiàmùbiǎo shōu fèi. Nǐ kěyǐ bǎ
东西运来。
dōngxi yùn lai.

和子： 我的行李很大，一个人搬不动。
Hézǐ： Wǒ de xíngli hěn dà, yí ge rén bān bu dòng.

服务员： 没关系，为了方便顾客，我们也
fúwùyuán： Méi guānxi, wèile fāngbiàn gùkè, wǒmen yě
可以去取。
kěyǐ qù qǔ.

和子： 那太麻烦你们了。
Hézǐ： Nà tài máfan nǐmen le.

注释 Notes

"我想起来了。"

遗忘的事通过回忆而在脑子中浮现出来。

It means "to call back to one's mind the memory of something."

三、替换与扩展　Substitution and Extension

1. 坐飞机的话,你的行李一定超重。

开车	你们	要注意安全
坐软卧	我们	觉得很舒服
寄包裹	你	要包好
放假	他们	去旅行

2. 我记不清楚了

做	完,洗	干净
搬	动	去了

3. 你可以把东西运来。

王大夫	请来
这个包	带去
修好的手表	取来

*　　　*　　　*

1. 一个月 的 水费、电费、房费 不 少。
   Yí ge yuè de shuǐfèi、diànfèi、fángfèi bù shǎo.

2. 我 想 起来了,这个人是大平,以前我
   Wǒ xiǎng qǐlai le, zhè ge rén shì Dàpíng, yǐqián wǒ
   在 东京 见过他。
   zài Dōngjīng jiànguo tā.

3. 我 打听 一下儿,星期六 大使馆 办公 不
   Wǒ dǎting yíxiàr, xīngqīliù dàshǐguǎn bàn gōng bú
   办公?
   bàn gōng

四、生词 New Words

1	打听	(动)	dǎting	to inquire about
2	托运	(动)	tuōyùn	to consign for transportation
3	不但…而且…		búdàn…érqiě…	not only…but also…
4	运	(名)	yùn	transportation
5	费	(名、动)	fèi	cost; to cost
6	算	(动)	suàn	to calculate
7	按照	(介)	ànzhào	by, according to
8	价目表	(名)	jiàmùbiǎo	price list
9	搬	(动)	bān	to remove, to move, to carry
10	动	(动)	dòng	to move
11	的话	(助)	dehuà	(structural particle)
12	超重		chāo zhòng	overweight
13	海运	(动)	hǎiyùn	sea transportation
14	为了	(介)	wèile	for, in order to
15	顾客	(名)	gùkè	customer, shopper, patron
16	取	(动)	qǔ	to get, to claim
17	包裹	(名)	bāoguǒ	parcel
18	手表	(名)	shǒubiǎo	watch
19	电	(名)	diàn	electricity

20	大使馆 (名)	dàshǐguǎn	embassy
21	办公	bàn gōng	to handle official buziness

专名 Proper Names

大平　Dàpíng　name of a person

五、语法　Grammar

1. **"不但…而且…"复句**　The complex sentence with "不但…而且…"

"不但…而且…"表示递进关系。两个复句的主语相同,"不但"放在第一分句的主语之后,如果两个分句的主语不同,"不但"放在第一分句的主语之前。例如:

"不但…而且…"denotes a correlation. If the two clauses have the same subject, "不但" is put after the subject of the first clause; if they have different subjects, "不但" is put before the subject of the first clause. E. g.

(1)他不但是我的老师,而且也是我的朋友。
(2)这个行李不但大,而且很重。
(3)不但他会英语,而且小王和小李也会英语。

2. **"动"作可能补语**　The verb "动" as a potential complement

动词"动"作可能补语,表示有力量做某事。例如:

The verb "动" as a potential complement denotes that one is capable of doing something. E. g.

(1)这只箱子不重,我拿得动。
(2)走了很多路,我现在走不动了。
(3)这个行李太重了,一个人搬不动。

3. **能愿动词在"把"字句中的位置**　The position of a modal verb in the "把" sentence

能愿动词都在介词"把"的前边。例如：

As a rule, modal verbs precede the preposition "把". E.g.

(1)我可以把收录机带来。

(2)晚上有大风，应该把窗户关好。

六、练习　Exercises

1. **用动词加可能补语填空**　Fill in the blanks with verbs and their complements

(1)天太黑，我＿＿＿＿＿＿＿黑板上的字。

(2)这张桌子很重，我一个人＿＿＿＿＿＿＿。

(3)我的中文水平不高，还＿＿＿＿＿＿＿中文报。

(4)从这儿海运到东京，一个月＿＿＿＿＿＿＿吗？

(5)这本小说，你一个星期＿＿＿＿＿＿＿吗？

(6)今天的天气，照相＿＿＿＿＿＿＿吗？

2. **用"不但…而且…"完成句子**　Complete the sentences with "不但…而且…":

(1)那儿不但名胜古迹很多＿＿＿＿＿＿＿。

(2)抽烟＿＿＿＿＿＿＿，而且对别人的身体也不好。

(3)他不但会说汉语＿＿＿＿＿＿＿。

(4)昨天在欢送会上不但＿＿＿＿＿＿＿，而且别的班同学也都演了节目。

3. 用"为了"完成句子　Complete the sentences with "为了"：

(1) _____，我要去旅行。

(2) _____，我们要多听多说。

(3) _____，你别骑快车了。

(4) _____，我买了一张画儿。

4. 完成对话　Complete the conversation

　　A：_____？

　　B：我去托运行李。

　　A：_____？

　　B：运到上海。

　　A：_____？

　　B：七、八天。

　　A：运费贵吗？

　　B：_____。

　　A：你拿得动吗？要不要我帮忙？

　　B：_____。

5. 会话　Talk about the following topic

　　去邮局寄包裹。与营业员对话

　　提示：东西是不是超重、邮费多少、多长时间能到。

　　You went to a post office to send a parcel to somebody and had a conversation with a post-office employee.

　　Suggested points: You asked if your parcel was overweight, what the postage was and how long it would take to get there.

6. **听述** Listen and retell

小刘要去日本,他不知道可以托运多少行李。小王去过法国,去法国和去日本一样,可以托运二十公斤(gōngjīn Kilo)还可以带一个五公斤的小包。小刘东西比较多,从邮局寄太贵。小张让他海运,海运可以寄很多,而且比较便宜。小刘觉得这是个好主意(zhǔyi idea)。

7. **语音练习** Phonetic exercises

(1) 常用音节练习 Drill on the frequently used syllables

yuan { huāyuán （花园）
       yuánzhūbǐ （圆珠笔）
       yuànyì （愿意）

me { shénme （什么）
     zěnmeyàng （怎么样）
     zhème （这么）

(2) 朗读会话 Read aloud the conversation

A: Tóngzhì, wǒ yào jì shū, hǎiyùn.

B: Wǒ kànkan, a, chāo zhòng le.

A: Yì bāo kěyǐ jì duōshao?

B: Wǔ gōngjīn.

A: Wǒ náchū jǐ běn lái ba.

B: Hǎo.

送行 (一)
Sòngxíng
TO SEE SB. off
(1)

第三十九课 Lesson 39
不能送你去机场了
I can't go to the airport to see you off.

一、句子 Sentences

285　你 准备 得 怎么样 了？
　　　Nǐ zhǔnbèi de zěnmeyàng le?
　　　Are you ready?

286　你 还 有 什么 没 办 的 事，我 可以 替 你 办。
　　　Nǐ hái yǒu shénme méi bàn de shì, wǒ kěyǐ tì nǐ bàn.
　　　If you have anything to attend to, I can take care.

287　我 冲 洗了 两 个 胶卷儿，来 不 及 去 取 了。
　　　Wǒ chōng xǐle liǎng ge jiāojuǎnr, lái bu jí qù qǔ le.
　　　I have got two reels of film developed, but I have got no time to fetch them.

288　我 正 等着 你 呢！
　　　Wǒ zhèng děngzhe nǐ ne!
　　　I am just waiting for you.

289 你的东西收拾好了吗？
Nǐ de dōngxi shōushihǎo le ma?
Have you got your things ready?

290 出门跟在家不一样，麻烦事就是多。
Chū mén gēn zài jiā bù yíyàng, máfan shì jiù shì duō.
Going on a trip is not like staying at home, you'll certainly have more problems to solve.

291 四个小包不如两个大包好。
Sì ge xiǎo bāo bùrú liǎng ge dà bāo hǎo.
Four small parcels are not as convenient as two big parcels.

292 又给你添麻烦了。
Yòu gěi nǐ tiān máfan le.
I am sorry to trouble you again.

二、会话 Conversation

王兰： 准备 得怎么样 了？
WángLán: Zhǔnbèi de zěnmeyàng le?

玛丽： 我正 收拾东西呢。你看，多乱 啊！
Mǎlì: Wǒ zhèng shōushi dōngxi ne. Nǐ kàn, duō luàn a!

王兰： 路上要用的东西放在手提包里,
WángLán: Lù shang yào yòng de dōngxi fàngzài shǒutíbāo li,
这样用起来方便。
zhèyàng yòng qǐlai fāngbiàn.

玛丽： 对。我随身带的东西不太多,两个
Mǎlì: Duì. wó suíshēn dài de dōngxi bú tài duō, liǎng ge
箱子都已经托运了。
xiāngzi dōu yǐjing tuōyùn le.

王兰： 真抱歉,我不能送你去机场了。
WángLán: Zhēn bàoqiàn, wǒ bù néng sòng nǐ qù jīchǎng le.

玛丽： 没关系,你忙吧。
Mǎlì: Méi guānxi, Nǐ máng ba.

王兰： 你还有什么没办的事,我可以替
WángLán: Nǐ hái yǒu shénme méi bàn de shì, wǒ kěyǐ tì
你办。
nǐ bàn.

玛丽： 我冲洗了两个胶卷儿,来不及去取
Mǎlì: Wǒ chōngxǐle liǎng ge jiāojuǎnr, lái bu jí qù qǔ
了。
le.

王兰： 星期六或者星期天我替你去取,
WángLán: Xīngqīliù huòzhě xīngqītiān wǒ tì nǐ qù qǔ,
然后寄给你。
ránhòu jìgěi nǐ.

* * *

大卫：你来了，我正等着你呢！
Dàwèi: Nǐ lái le, wǒ zhèng děngzhe nǐ ne!

刘京：你的东西收拾好了吗？
LiúJīng: Nǐ de dōngxi shōushihǎo le ma?

大卫：马马虎虎这次又坐火车又坐飞机，
Dàwèi: Mámahūhū zhè cì yòu zuò huǒchē yòu zuò fēijī,

特别麻烦。
tèbié máfan.

刘京：是啊，出门跟在家不一样，麻烦事
LiúJīng: Shì a, chū mén gēn zài jiā bù yíyàng, máfan shì

就是多。这几个包都是要带走的
jiù shì duō. Zhè jǐ ge bāo dōu shì yào dàizǒu de

吗？
ma?

大卫：是的。都很轻。
Dàwèi: Shì de. Dōu hěn qīng.

刘京：四个小包不如两个大包好。
LiúJīng: Sì ge xiǎo bāo bùrú liǎng ge dà bāo hǎo.

大卫：好主意！
Dàwèi: Hǎo zhǔyi!

刘京：我帮你重新弄弄吧。
LiúJīng: Wǒ bāng nǐ chóngxīn nòngnong ba.

大卫：又给你添麻烦了。
Dàwèi: Yòu gěi nǐ tiān máfan le.

刘京：哪儿的话。
LiúJīng: Nǎr dehuà.

大卫：另外，要是有我的信，请你转给
Dàwèi： Lìngwài, yàoshi yǒu wǒ de xìn, qǐng nǐ zhuǎngěi
我。
wǒ.

刘京：没问题。
LiúJīng： Méi wèntí.

注释 Notes

① "这样用起来方便。"
"用起来"的意思是"用的时候"。
"用起来" means "用的时候".

② "出门跟在家不一样"
这里的"出门"是指离家远行。
"出门" here means that one stays far away from home.

三、替换与扩展 Substitution and Extension

1. 星期六或者星期天我<u>替</u><u>你</u>去<u>取胶卷</u>。

哥哥	我	报名
我	妈妈	接人
我朋友	我	交电费
我	大卫	取照片

2. <u>四个小包</u>不如<u>两个大包</u><u>好</u>。

这种鞋	那种鞋	结实
这条街	那条街	安静
这种茶	那种茶	好喝

3. 你还有什么没办的事，我可以替你办。

不了解的情况	给你介绍
不懂的词	帮你翻译
没买的东西	帮你买

* * *

1. 我 走进 病房 看他的时候，他 正 安静
   Wǒ zǒujìn bìngfáng kàn tā de shíhou, tā zhèng ānjìng
   地 躺着 呢。
   de tǎngzhe ne.

2. 离 开 车 还有 二十 分钟，我 来 不 及 回
   Lí kāi chē hái yǒu èrshí fēnzhōng, wǒ lái bu jí huí
   去 关 窗户 了，麻烦 你 替 我 关 一下。
   qu guān chuānghu le, máfan nǐ tì wǒ guān yíxiàr.

四、生词 New Words

1	替	(动、介)	tì	to do sth. for sb., for
2	冲洗	(动)	chōngxǐ	to develop
3	正	(副)	zhèng	just, right
4	不如	(动)	bùrú	not as good as, can't compare with
5	添	(动)	tiān	to add
6	乱	(形)	luàn	disorder, chaotic
7	手提包	(名)	shǒutíbāo	handbag
8	随身		suíshēn	to carry on one's person
9	机场	(名)	jīchǎng	airport

10	或者	(连、副)	huòzhě	or
11	特别	(形、副)	tèbié	special; especially
12	轻	(形)	qīng	light
13	主意	(名)	zhǔyi	idea
14	重新	(副)	chóngxīn	again
15	另外	(形、副)	lìngwài	moveover, besides, additional
16	报名		bào míng	to report, to register
17	鞋	(名)	xié	shoes
18	结实	(形)	jiēshi	solid, durable
19	街	(名)	jiē	street
20	安静	(形)	ānjìng	quiet
21	了解	(动)	liǎojiě	to know, to understand
22	病房	(名)	bìngfáng	ward of a hospital

五、语法 Grammar

1. **动作的持续与进行** The Continuation and progression of an action

动作的持续一般也就意味着动作正在进行，所以"着"常和"正在、正、在、呢"等词连用。例如

The Continuation of an action normally means that the action is going on right now. Therefore, "着" is usually used together with such words as "正在、正、在、呢", E. g.

(1)我正等着你呢。

395

(2)外边下着雨呢。

(3)我去的时候,他正躺着看杂志呢。

2. **用"不如"表示比较** The use of "不如" for comparison

"A 不如 B"的意思,即"A 没有 B 好"。例如:

"A 不如 B" means "A 没有 B 好". E. g.

(1)我的汉语水平不如他高。

(2)这个房间不如那个房间干净。

六、练习 Exercises

1. **用"还是"或"或者"填空** Fill in the blanks with "还是"or"或者"

(1)你这星期走＿＿＿＿＿下星期走?

(2)你坐飞机去＿＿＿＿＿坐火车去?

(3)今天＿＿＿＿＿明天,我去看你。

(4)这次旅行,我们先去上海＿＿＿＿＿先去桂林?

(5)我们走着去＿＿＿＿＿骑自行车去,别坐公共汽车,公共汽车太挤(jǐ crowded)。

(6)现在我们收拾行李,＿＿＿＿＿去和同学们告别?

2. **用"不如"改写下面的句子** Rewrite the following sentences with "不如":

(1)他的手提包比我的漂亮。

(2)北京的春天冷,我们那儿的春天暖和。

(3)那个公园的人太多,这个公园安静。

(4)你的主意好,小王的主意不太好。

3. 用"替"完成句子　Complete the sentences with "替"

(1) 今天有我一个包裹,可是现在我有事,你去邮局的话,请_____,好吗?

(2) 我也喜欢这种糖,你去买东西的时候,_____。

(3) 现在我出去一下,要是有电话来_____。

(4) 我头疼,不去上课了,你看见老师的时候,_____。

4. 完成对话　Complete the conversation

A:小刘,你去广州参加排球赛,祝你们_____!

B:广州现在很热,你要_____!

C:谢谢大家,你们有什么事没有?

A:听说_____。

C:是的,广州的衣服不错,你要什么样的?

B:不是他要,是给他女朋友。

C:_____。

5. 会话　Talk about the following topic

你的中国朋友要去你们国家留学,你去宿舍看他,两人会话。
提示:准备的情况怎样,需要什么帮助,介绍那儿的一些情况。
Your Chinese friend is going to study in your country. You called on him in the dormitory and had a conversation with him.
　　Suggested points: You asked him if he had got everything ready and what kind of help he might need. You also

told him something about your country.

6. **听述** Listen and retell

尼娜今天要回国,我们去她的宿舍给她送行。她把行李都收拾好了,正等出租汽车呢。我看见墙上还挂着她的大衣,问她是不是忘了,她说不是,走的时候再穿。问她没用完的人民币(Rénmínbì Chinese currency)换了没有,她说到机场能换。这样我们就放心了。出租汽车一到,我们就帮她拿行李,送她上车,跟她告别了。

7. **语音练习** Phonetic exercises

(1) 常用音节练习 Drill on the frequently used syllables

dong ┃ dōngxi　（东西）　　　　tong ┃ tōngzhī　（通知）
　　 ┃ dǒng le　（懂了）　　　　　　 ┃ tóngxué　（同学）
　　 ┃ yùndòng　（运动）　　　　　　 ┃ chuántǒng（传统）

(2) 朗读会话 Read aloud the conversation

A：À, nǐmen dōu zài zhèr ne!

B：Wǒmen yě shì gāng lái.

C：Nǐmen dōu lái gěi wǒ sòngxíng, zhēn guòyibúqu.

B：Lǎo péngyou bù néng bú sòng.

A：Shì a, zhēn shěbude ne.

C：Xièxie péngyoumen.

A、B：Zhù nǐ yílù—píng'ān!

送行 （二）
Sòngxíng
TO SEE SB. OFF.
(2)

第四十课　Lesson 40
祝你一路平安
Have a pleasant journey

一、句子　Sentences

293　离起飞还早着呢。
　　　Lí qǐfēi hái zǎozhe ne.
　　　There is a plenty of time before the take-off.

294　你快坐下，喝点儿冷饮吧。
　　　Nǐ kuài zuòxia, hē diǎnr lěngyǐn ba.
　　　Please sit down and have a cold drink.

295　你没把护照放在箱子里吧？
　　　Nǐ méi bǎ hùzhào fàngzài xiāngzi li ba?
　　　You didn't put your passpoorr in the trunk, did you?

296　一会儿还要办出境手续呢。
　　　Yíhuìr hái yào bàn chū jìng shǒuxù ne.
　　　In a moment I'll go through exit formalities.

297　一路上多
　　　Yílùshang duō
　　　Take good care of yourself on the trip.

保重。
bǎozhòng.

298 希望你常来信。 I hope you write us often.
Xīwàng nǐ cháng lái xìn.

299 你可别把我们忘了。 Never forget us,
Nǐ kě bié bǎ wǒmen wàng le.

300 我到了那儿，就给你们写信。 I'll write you as soon as I get there.
Wǒ dàole nàr, jiù gěi nǐmen xiě xìn.

301 祝你一路平安！ I wish you a pleasant journey.
Zhù nǐ yílù-píng'ān!

二、会话 Conversation

刘京： 离起飞还早着呢。
LiúJīng： Lí qǐfēi hái zǎozhe ne.

玛丽： 我们去候机室坐一会儿。
Mǎlì： Wǒmen qù hòujīshì zuò yíhuìr.

李红： 张丽英还没来。
LǐHóng： Zhāng Lìyīng hái méi lái.

刘京： 你看，她跑来了。
LiúJīng： Nǐ kàn, tā pǎolai le.

张： 车太挤，耽误了时间，我来晚了。
Zhāng: Chē tài jǐ, dānwù le shíjiān, wǒ láiwǎn le.

刘京： 不晚，你来得正合适。
Liú Jīng: Bù wǎn, nǐ lái de zhèng héshì.

李红： 哎呀，你跑得都出汗了。
Lǐ Hóng: Āiyā, nǐ pǎo de dōu chū hàn le.

玛丽： 快坐下喝点儿冷饮吧。
Mǎlì: Kuài zuòxia, hē diǎnr lěngyǐn ba.

刘京： 你没把护照放在箱子里吧？
Liú Jīng: Nǐ méi bǎ hùzhào fàngzài xiāngzi li ba?

玛丽： 我随身带着呢。
Mǎlì: Wǒ suíshēn dàizhe ne.

李红： 你该进去了。
Lǐ Hóng: Nǐ gāi jìnqu le.

张： 一会儿还要办出境手续呢。
Zhāng: Yíhuìr hái yào bàn chū jìng shǒuxù ne.

* * *

李红： 给你行李，拿好。准备海关检查。
Lǐ Hóng: Gěi nǐ xíngli, náhǎo. Zhǔnbèi hǎiguān jiǎnchá.

张： 一路上多保重。
Zhāng: Yílùshang duō bǎozhòng.

刘京： 希望你常来信。
Liú Jīng: Xīwàng nǐ cháng lái xìn.

李红： 你可别把我们忘了。
Lǐ Hóng: Nǐ kě bié bǎ wǒmen wàng le.

玛丽：不会的。我到了那儿，就给你们写信。
Mǎlì: Bú huì de. Wǒ dàole nàr, jiù gěi nǐmen xiě xìn.

刘京：问候你全家人！
LiúJīng: Wènhòu nǐ quán jiā rén!

李红：问安妮小姐好！
LǐHong: Wèn Ānní xiǎojie hǎo!

大家：祝你一路平安！
dàjiā: Zhù nǐ yílù-píng'ān!

玛丽：再见了！
Mǎlì: Zàijiàn le!

大家：再见！
dàjiā: Zàijiàn!

三、替换与扩展　Substitution and Extension

1. 你没把护照 放在箱子里吧？

帽子	忘	汽车上
钥匙	锁	房间里
牛奶	放	冰箱里

2. 你可别把我们 忘了。

这件事	耽误
这支笔	丢
那句话	忘

3. 希望你常来信。

| 认真学习　好好考虑 |
| 继续进步　努力工作 |

*　　*　　*

1. 今天我们下了班就去看展览了。
   Jīntiān wǒmen xiàle bān jiù qù kàn zhǎnlǎn le.
2. 昨天我没上班，我去接朋友了。我
   Zuótiān wǒ méi shàng bān, wǒ qù jiē péngyou le. Wǒ
   去的时候，他正在办入境手续。
   qù de shíhou, tā zhèngzài bàn rùjìng shǒuxù.

四、生词 New Words

1	冷饮	（名）	lěngyǐn	cold drinks
2	出境		chū jìng	to leave the country
3	保重	（动）	bǎozhòng	to take care
4	希望	（动、名）	xīwàng	to hope, to wish
5	可	（副）	kě	may, can
6	平安	（形）	píng'ān	safe
7	候机室	（名）	hòujīshì	airport lounge
8	挤	（动、形）	jǐ	to squeeze, crowded, jammed
9	耽误	（动）	dānwù	to delay
10	合适	（形）	héshì	proper
11	汗	（名）	hàn	sweat
12	海关	（名）	hǎiguān	customs

13	问候	(动)	wènhòu	to greet, to ask after
14	帽子	(名)	màozi	cap, hat
15	牛奶	(名)	niúnǎi	milk
16	认真	(形)	rènzhēn	careful, conscientious, earnest
17	考虑	(动、名)	kǎolǜ	to think, to consider
18	进步	(形)	jìnbù	progressive
19	努力	(形)	nǔlì	to make an effort
20	下班		xià bān	come or go off work
21	展览	(动、名)	zhǎnlǎn	exhibition
22	上班		shàng bān	to go to work
23	入境		rù jìng	to enter a country

专名 Proper Names

安妮　　Ānní　　Anne

五、语法　Grammar

1. "把"字句(三)　The Sentence with "把"(3)

"把"字句的否定形式是在"把"之前加否定副词"不"或"没"。例如：

The negative sentence with "把" is formed by putting the negative adverb "不" or "没" before "把". E. g.

(1) 安娜没把这课练习作完。

(2) 他没把那件事告诉小张。

(3)今天晚上不把这本小说看完,就不休息。
(4)你不把书带来怎么上课?

如有时间状语也必须放在"把"之前。例如:

If an adverbial of time is needed, it should also be placed before "把", E.g.

(5)他明天一定把照片带来。
(6)小王昨天没把开会的时间通知大家。

2. "…了,…就…"

No sooner……than……

表示一个动作完成紧接着发生第二个动作。例如:

It indicates that one action takes place immediately after another. E.g.

(1)昨天我们下了课就去参观了。
(2)他吃了饭就去外边散步了。

六、练习 Exercises

1. **熟读下列词组并选择造句** Read until fluent the following words and make sentences with some of them.

耽误学习	耽误时间	耽误了两天课
进步很大	有进步	学习进步
很合适	不合适	合适的时间
努力工作	很努力	继续努力

2. **用"希望"完成句子** Complete the sentences with "希望"

(1)这次考试_____。

(2)你回国以后_____。

(3)你在医院要听大夫的话,好好休息

　　　_____。

(4)每个爸爸、妈妈都_____。

(5)我第一次来中国,_____。

(6)这次旅行_____。

3. **选择适当的词语填空** Fill in the blanks with proper words

　平安　特别　一边…一边…　演　替　为　希望　要…了

　　尼娜____回国____,我们____她开了一个欢送会。那天____热闹,同学们____谈话____喝茶,还____了不少节目。我们说____她回国以后常来信,而且____我们问候她全家,祝她一路_____。

4. **完成对话** Complete the conversation

A:小李,你这次出差去多长时间?

B:_____。

A:出差很累,你要_____。

B:谢谢,我一定注意。你要买什么东西吗?

A:不买,太麻烦了。

B:_____,我可以顺便给你带回来。

A:不用了。祝你_____!

B：谢谢！

5. **说话**　Talk about the following topic

 谈谈你来中国的时候朋友或家里人给你送行的情况。

 Say something about the send-off your friends or family gave you when you were leaving for China.

6. **听述**　Listen and retell

 妹妹第一次出远门，要到中国去留学。我们全家送她到机场。她有两件行李，我和爸爸替她拿。妈妈很不放心，让她路上要注意安全，别感冒，到了中国就来信，把那儿的情况告诉我们。爸爸说妈妈说得太多了，妹妹已经不是小孩子了。应该让她到外边锻炼锻炼。妈妈说："中国有句话说，'儿行千里母担忧(ér xíng qiān lǐ mǔ dān yōu)'意思是，孩子到很远的地方去，妈妈不放心。我怎么能不说呢？"。

7. **语音练习**　Phonetic excercises

 (1) 常用音节练习　Drill on the frequently used syllables

 shu ⎰ shūjià　　（书架）
 　　⎨ shǔ yi shǔ　（数一数）
 　　⎱ dà shù　　　（大树）

 jiao ⎰ jiàoshì　　（教室）
 　　⎨ jiāo qián　（交钱）
 　　⎱ shuìjiào　（睡觉）

 (2) 朗读会话　Read aloud the conversation

 A：Qǐng kàn yíxiǎr nín de hùzhào hé jīpiào.

 B：Zěnme tuōyùn xíngli?

 A：Nín xiān tián yíxiàr zhè zhāng biǎo.

 B：Tiánwán le.

 A：Gěi nín hùzhào hé jīpiào, nín kěyǐ qù tuōyùn xíngli le.

 B：Hǎo, xièxie!

复习 （八） Review Ⅷ

一、会话 Conversation

〔汉斯(Hànsī Hans)和小王是好朋友。现在汉斯要回国了，小王送他到火车站〕

王：　　我们进站去吧。
汉斯：　你就送到这儿，回去吧。
王：　　不，我已经买了站台(zhàntái platform)票了。来，你把箱子给我，我帮你拿。
汉斯：　我拿得动。
王：　　你拿手提包，我拿箱子。别客气。你看，这就是国际列车(guójì lièchē international train)。
汉斯：　我在9号车厢(chēxiāng railway carriage)。
王：　　前面(qiánmiàn in front of)的车厢就是。

*　　　*　　　*

王：　　汉斯，箱子放在行李架(xínglijià luggage rack)上。
汉斯：　这个手提包也要放在行李架上吗？
王：　　这个包放在座位下边，拿东西方便一些。
汉斯：　现在离开车还早着呢，你坐一会儿吧。
王：　　你的护照放在身边没有？
汉斯：　哟(yāo)！我的护照怎么没有了？
王：　　别着急，好好想想，不会丢了吧？
汉斯：　对了！放在手提包里了。你看，我的记性(jìxing memory)真坏。
王：　　马上就要开车了，我下去了。你到了那儿就来信啊！

汉斯： 一定。
王： 问你家里人好！祝你一路平安！
汉斯： 谢谢！再见！

二、语法 Grammar

动词的态 Aspects of the verb

1. 动作即将发生,可以用"要…了"、"快要…了"或"就要…了"来表示。例如:

"要…了"、"快要…了" or "就要…了" can be used to indicate that an action is going to happen immediately. E. g.

(1)飞机就要起飞了。
(2)快要到北京了。
(3)明天就要放假了。
(4)他要考大学了。

2. 动作的进行,可用"正在"、"正"、"在"、"呢"或"(正)在…呢"等表示。例如:

"正在","正","正","呢" or "(正)在…呢" can be used to indicate an on-going action. E. g.

(1)我正在看报呢。
(2)他在跳舞呢
(3)你在写毛笔字吗?
——我没写毛笔字,我正画画儿呢。

3. 动作或状态的持续,可用"着"表示,否定形式用"没有…着"。例如:

"着" may be used to indicate the continuation of an action or a

409

state. Its negative form is "没有…着"。E.g.

(1)墙上挂着几张照片。
(2)桌子上放着花儿,花儿旁边放着几本书。
(3)他一边唱着歌,一边洗着衣服。
(4)通知上没写着他的名字。

4. 动作的完成,可以用动态助词"了"表示。否定形式用"没有"。例如:

The perfective-aspect particle "了" may be used to indicate the completion of an action. Its negative form is "没有"。E.g.

(1)你看了那个电影吗?
(2)我买了两支铅笔。
(3)今天的练习我已经做了。

5. 过去的经历用"过"表示,否定式是"没有…过"。例如:

"过" is used to indicate a past experience. Its negative form is "没有…过"。E.g.

(1)我去过上海。
(2)他以前学过汉语。
(3)他还没吃过烤鸭呢。

几种特殊的动词谓语句 Some kinds of sentences with special verbal predicates

1. "是"字句 The "是" sentence
(1)他是我的同学。
(2)前边是一个中学,不是大学。
(3)那个收录机是新的。

2. "有"字句 The "有" sentence

(1)我有汉语书,没有法语书。
(2)我有哥哥,没有妹妹。
(3)书架上有很多小说和杂志。

3. **用"是…的"强调动作的时间、地点或方式等的句子。例如:**
The sentence with the "是…的" construetion is to stress when, where or how the action occurred. E.g.
(1)他是从东京来的。
(2)我是坐飞机去上海的。
(3)他妹妹是昨天到这儿的。
(4)那本杂志是从李红那儿借来的。

4. **存现句** The sentence expressing existence, appearance, or disappearance
(1)床旁边放着一个衣柜。
(2)那边走过来一个人。
(3)我们班走了两个日本同学。

5. **连动句** Sentences with verbal constructions in series
(1)我去商店买东西。
(2)我有一个问题要问你。
(3)我没有钱花了。
(4)他们去医院看一个病人。

6. **兼语句** The pivotal sentence
(1)老师让我们听录音。
(2)他请我吃饭。
(3)外边有人找你

7. **"把"字句** The sentence with "把"
   (1)他把信给玛丽了。
   (2)他想把这件事告诉小王。
   (3)别把东西放在门口。
   (4)他没把那本小说还给小刘。
   (5)我们把他送到飞机场了。

三、练习 Exercises

1. **按照实际情况回答问题** Answer the questions according to actual situations

   (1)你回国的时候,怎么向中国朋友、中国老师告别?
     提示:在中国学习、生活觉得怎么样,怎么感谢他们的帮助等等。
   How did you bid farewell to your Chinese friends and teachers on returning home?
   Suggested points: What did you think of study and life in China? How did you thank them for their help?

   (2)你参加过什么样的告别活动?
     提示:欢送会、吃饭、照相、演节目等等。
   What farewell parties have taken part in?
   Suggested points: send-off party, dinner, picture-taking, performances and so on.

2. **会话** Conversation
   (1)告别 farewell
   我来向你告别。   日子过得真快。

我要…了。
谢谢对我的照顾。
给你们添了不少麻烦。
不用送。

哪天走？
真舍不得啊！
对你的照顾很不够。
你太客气了。
哪儿的话！
没什么。
不用谢。
准备得怎么样了？
…都收拾好了吗？
我帮你…

(2) 送行　send-off
　祝你一路平安！
　路上多保重。
　问…好！
　请问候…
　希望你常来信。

(3) 托运　Consign something for shipment
　这儿能托运吗？　　运什么？
　可以海运吗？　　　运到哪儿？
　要多长时间？　　　您的地址、姓名？
　运费怎么算？　　　请填一下表。
　　　　　　　　　　按照…收费。

3. **完成对话**　Complete the conversation
　A：你什么时候走？

B:＿＿＿＿＿＿＿＿＿＿＿＿。

A:＿＿＿＿＿＿＿＿＿＿＿＿？

B:都托运了。谢谢你的照顾。

A:＿＿＿＿＿＿＿＿，照顾得很不够。

B:＿＿＿＿＿＿＿＿。

A:我一定转告。请问候你们全家。

B:＿＿＿＿＿＿＿＿，我也一定转告。

A:祝你＿＿＿＿＿＿＿＿！再见！

B:＿＿＿＿＿＿＿＿＿＿＿＿。

4. **语音练习** Phonetic exercises

(1)声调练习： 第1声＋第4声
Drill on tones: 1st tone＋4th tone
bāngzhù （帮助）
xiānghù bāngzhù （相互帮助）
xīwàng xiānghù bāngzhù （希望相互帮助）

(2)朗读会话： Read aloud the conversation
A:Wǒ kuài huí guó le, jīntiān lái xiàng nǐ gàobié.
B:Shíjiān guò de zhēn kuài, shénme shíhou zǒu?
A:Hòutiān xiàwǔ liǎng diǎn bàn.
B:Xīwàng wǒmen yǐhòu hái néng jiàn miàn.
A:Xièxie nǐ hé dàjiā duì wǒ de zhàogù.
B:Nǎr de huà, nǐ tài kèqi le. Hòutiān wǒ qù sòng nǐ.

A：Búyòng sòng le.
B：Bié kèqi.

四、阅读短文　Read the passage

今天晚上有中美两国的排球赛。这两个国家的女排都打得很好。我很想看，可是买不到票，只能在电视室看电视了。

这个比赛非常精彩。两局(jú set)的结果(jiéguǒ score)是1比1。现在是第三局，已经打到了12比12了；很快就能知道结果了。正在这时候，王兰走到我身边，告诉我有两个美国人在宿舍等我。他们是刚从美国来的。我不能看排球赛了，真可惜！

我一边走一边想，这两个人是谁呢？对了，上星期我姐姐来信说，她有两个朋友要来北京，问我要带什么东西。很可能就是我姐姐的朋友来了。

我开门走进房间一看，啊！是我姐姐和她的爱人。我高兴极了。马上又问她："你们来，为什么不告诉我？"他们两个都笑(xiào smile)了，她说："要是先告诉你，就没有意思了。"

词汇表
Vocabulary

A

啊	（叹、助）	a	(interjection)	17
哎呀	（叹）	āiyā	(interjection)	22
爱人	（名）	àiren	wife, hushand	7
安静	（形）	ānjìng	quiet	39
安全	（形）	ānquán	safe	27
按照	（介）	ànzhào	by, according to	38

B

八	（数）	bā	eight	2
把	（介）	bǎ	(preposition)	34
吧	（助）	ba	(structural particle)	8
爸爸	（名）	bàba	father, dad	1
白	（形）	bái	white	24
白天	（名）	báitiān	day time	32
百	（数）	bǎi	hundred	14
班	（名）	bān	class	26
搬	（动）	bān	to remove, to move, to carry	38
办	（动）	bàn	to do, to make	31

办法	(名)	bànfǎ	measure	32
办公		bàn gōng	to handle official buziness	38
半	(数)	bàn	half	8
帮	(动)	bāng	to help	15
帮忙		bāng máng	to help	32
帮助	(动、名)	bāngzhù	to help, help	21
包	(名、动、量)	bāo	bag, wrap, pack	33
包裹	(名)	bāoguǒ	bag, parcel	38
包子	(名)	bāozi	steamed stuffed bun	30
饱	(形)	bǎo	to be full	20
保重	(动)	bǎozhòng	to take care	40
报	(名)	bào	to register, to report	21
报名		bào míng	to report, to register	39
抱歉	(形)	bàoqiàn	sorry	23
本	(量)	běn	(measure word)	13
本子	(名)	běnzi	note book	13
比	(介、动)	bǐ	than, compare	28
比较	(副、动)	bǐjiào	to compare	30
比赛	(动、名)	bǐsài	to match, to contest, to compete, match, competition	29
笔	(名)	bǐ	pencil, pen	19
笔试	(名)	bǐshì	written examination	26

417

毕业		bì yè	graduation	18
表	（名）	biǎo	watch	34
别	（副）	bié	do not…, not to…	19
别的	（代）	biéde	anything else, other	11
冰	（名）	bīng	ice	28
冰箱	（名）	bīngxiāng	refrigerator	30
病	（名、动）	bìng	illness, to fall ill	27
病房	（名）	bìngfáng	ward of a hospital	38
病人	（名）	bìngrén	patient	35
不错	（形）	búcuò	not bad	20
不但…而且…		búdàn…érqiě…	not only…but also…	38
不用		búyòng	don't bother	19
补	（动）	bǔ	to repair	35
不	（副）	bù	not, no	3
不好意思		bùhǎoyìsi	embarrassed	19
不如	（动）	bùrú	not as good as, can't compare with	39
布置	（动）	bùzhì	to decorate	25

C

猜	（动）	cāi	to guess	26
才	（副）	cái	(adverbial adjunct)	32
菜	（名）	cài	dish	16

参观	(动)	cānguān	to visit	21
参加	(名)	cānjiā	to participate	21
餐厅	(名)	cāntīng	dining hall	33
层	(量)	céng	floor	9
茶	(名)	chá	tea	16
查	(动)	chá	to check	24
差	(动)	chà	to lack, to be short of	8
长	(形)	cháng	long	12
尝	(动)	cháng	to taste	11
常	(副)	cháng	often, usually	9
唱	(动)	chàng	to sing	21
超重		chāo zhòng	overweight	38
车	(名)	chē	car, bus, train	13
衬衫	(名)	chènshān	shirt, blouse	33
趁	(动)	chèn	while, to take the advantage of	36
成绩	(名)	chéngjī	result, achievement	26
城市	(名)	chéngshì	city	31
吃	(动)	chī	to eat	8
冲洗	(动)	chōngxǐ	to develop	39
重新	(副)	chóngxīn	again	39
出	(动)	chū	to issue, to publish to get out	15、17
出差		chū chāi	to go on an errand	36
出境		chū jìng	to leave the country	40
出院		chū yuàn	to leave hospital	34

出租汽车	（名）	chūzū qìchē	taxi	18
除了…以外		chúle…yǐwài	besides, in addition to	30
穿	（动）	chuān	to wear, to put on	12
船	（名）	chuán	boat	17
窗户	（名）	chuānghu	window	26
窗口	（名）	chuāngkǒu	window	32
床	（名）	chuáng	bed	8
抽	（动）	chōu	to smoke	27
春天	（名）	chūntiān	spring	28
磁带	（名）	cídài	tape	35
词典	（名）	cídiǎn	dictionary	16
次	（量）	cì	(measure word)	19
从	（介）	cóng	from	18

D

打	（动）	dǎ	to make (a call), to play	15、26、29
打扰	（动）	dǎrǎo	to trouble, to bother	36
打算	（动、名）	dǎsuàn	to plan, to want, intention	36
打听	（动）	dǎting	to inquire about	38
打针		dǎ zhēn	to give an injection	34
大	（形）	dà	big, large	12

大概	(副)	dàgài	around, about	18
大家	(代)	dàjiā	everybody	24
大使馆	(名)	dàshǐguǎn	embassy	38
大厅	(名)	dàtīng	hall	32
大学	(名)	dàxué	university	7
大夫	(名)	dàifu	doctor	4
带	(动)	dài	to take, to bring	14
戴	(动)	dài	to wear, to put on	35
耽误	(动)	dānwù	to delay	40
蛋糕	(名)	dàngāo	cake	26
当	(动)	dāng	to serve as	30
当然	(副、形)	dāngrán	of course, certainly	16
导游	(名)	dǎoyóu	travel guide	30
倒	(动)	dǎo	to slip, to fall down	34
到	(动)	dào	to reach, to get to	13
的	(助)	de	(structural particle)	5
的话	(助)	dehuà	(structural particle)	38
得	(助)	de	(structural particle)	20
地	(助)	de	(structural particle)	33
得	(能愿)	děi	must, have to, need	27
灯	(名)	dēng	light	34
等	(动)	děng	to wait	14
第	(头)	dì	(prefix to an ordinary number)	19

弟弟	（名）	dìdi	younger brother	3
地方	（名）	dìfang	place, region	10
地图	（名）	dìtú	map	37
地址	（名）	dìzhǐ	address	37
点	（量）	diǎn	o'clock, hour	8
点心	（名）	diǎnxin	refreshments, pastry	35
电	（名）	diàn	electricity	38
电话	（名）	diànhuà	telephone	14
电视	（名）	diànshì	television	6
电影	（名）	diànyǐng	film	8
电影院	（名）	diànyǐngyuàn	cinema	23
丢	（动）	diū	to lose, to miss	24
冬天	（名）	dōngtiān	winter	28
东西	（名）	dōngxi	things, goods	6
懂	（动）	dǒng	to understand	13
动	（动）	dòng	to move	38
动物园	（名）	dòngwùyuán	zoo	17
都	（副）	dōu	all	1
度	（量）	dù	degree	28
短	（形）	duǎn	short	12
锻炼	（动）	duànliàn	to do physical training	34
对	（形、介、动）	duì	right, opposite	9
对不起		duìbuqǐ	I'm sorry	23
队	（名）	duì	team	29
多	（形、副、数）	duō	much, many	12

多少	(代)		duōshao	how many, how much	9

E

饿	(形、动)		è	hungry, to starve	33
二	(数)		èr	two	2

F

发烧			fā shāo	to run a fever	34
发音			fā yīn	pronunciation	30
翻译	(名、动)		fānyì	translation; to translate	19
饭	(名)		fàn	meal, rice (cooked)	8
饭店	(名)		fàndiàn	hotel	14
方便	(形)		fāngbiàn	convenient, easy	25
房间	(名)		fángjiān	room	9
放	(动)		fàng	to put, to place	25
放假			fàng jià	to be on vocation	29
放心			fàng xīn	set one's mind at rest, feel relieved	30
飞机	(名)		fēijī	airplane	18
非常	(形、副)		fēicháng	very, most	31
费	(名、动)		fèi	cost, to cost	38

分	(名、量)	fēn	minute, smallest unit of Chinese currency	8、11、26
分机	(名)	fēnjī	extension	21
风	(名)	fēng	wind	28
风景	(名)	fēngjǐng	scenery	31
封	(量)	fēng	(measure word)	22
服务员	(名)	fúwùyuán	assistant	18
父亲	(名)	fùqin	father	30
复习	(动)	fùxí	review	22

G

该	(动、能愿)	gāi	should, must	37
干净	(形)	gānjìng	clean	20
感冒	(动、名)	gǎnmào	to catch cold, cold	27
感谢	(动)	gǎnxiè	to thank	18
刚	(副)	gāng	just now	22
刚才	(名)	gāngcái	just now	21
高	(形)	gāo	tall, high	22
高兴	(形)	gāoxìng	glad	4
告别	(动)	gàobié	to depart, to say good-bye	36
告诉	(动)	gàosu	to tell, to inform	16
歌	(名)	gē	song	21
哥哥	(名)	gēge	elder brother	3
个	(量)	gè	(measure word)	4

各	(代)	gè	every, each	31
给	(动、介)	gěi	to give, for	13
跟	(介)	gēn	and, with	17
更	(副)	gèng	more, even more	25
工业	(名)	gōngyè	industry	31
工作	(动、名)	gōngzuò	to work, work	3
公司	(名)	gōngsī	company	18
公园	(名)	gōngyuán	park	25
狗	(名)	gǒu	dog	26
够	(动)	gòu	to be enough	36
顾客	(名)	gùkè	costomer, shopper, patron	38
刮	(动)	guā	to blow	28
挂	(动)	guà	to hang	32
关	(动)	guān	to close	34
罐头	(名)	guàntou	canned food	35
广播	(动、名)	guǎngbō	to broadcast, broadcast	31、35
贵	(形)	guì	honoured	4
国	(名)	guó	nation	13
国际	(名)	guójì	international	15
过	(动)	guò	to spend, to pass	20
过意不去		guòyìbúqù	to be sorry	36
过	(助)	guo	(structural particle)	16

H

还	(副)	hái	still	11
还是	(连)	háishi	or	17
孩子	(名)	háizi	child, children	7
海关	(名)	hǎiguān	customs	40
海运	(动)	hǎiyùn	to consign for shipment	38
汉语	(名)	Hànyǔ	chinese	7
汉字	(名)	Hànzì	chinese character	14
汗	(名)	hàn	sweat	40
好	(形)	hǎo	good, nice	1
好	(副)	hǎo	very well, alright	22
好吃	(形)	hǎochī	delicious	20
好看	(形)	hǎokàn	good-looking, nice	15
号(日)	(名)	hào(rì)	date	2
号码	(名)	hàomǎ	telephone number	14
喝	(动)	hē	to drink	11
和	(连)	hé	and, as well as	7
盒子	(名)	hézi	box	26
合适	(形)	héshì	proper	40
黑	(形)	hēi	black	35
黑板	(名)	hēibǎn	blackboard	37
很	(副)	hěn	very	1
红	(形)	hóng	red	24
后天	(名)	hòutiān	the day after tomorrow	24

候机室	(名)	hòujīshì	airport lounge	40
护照	(名)	hùzhào	passport	32
花	(动)	huā	to spend	14
花	(名)	huār	flower	17
划	(动)	huá	to row	17
滑	(动)	huá	to skate	28
画	(动)	huà	to draw	25
画报	(名)	huàbào	pictorial	35
画儿	(名)	huàr	painting, drawing	25
画展	(名)	huà-zhǎn	exhibition of painting	22
话	(名)	huà	speech	26
话剧	(名)	huàjù	play	22
坏	(形)	huài	bad	23
欢迎	(动)	huānyíng	to welcome	9
欢送	(动)	huānsòng	farewell	37
欢送会	(名)	huānsòng huì	farewell party	37
还	(动)	huán	to return	23
换	(动)	huàn	to change	13
黄	(形)	huáng	yellow	24
回	(动)	huí	to come back, to return	5
回答	(动)	huídá	to reply	24
会	(动、能愿)	huì	can, be able to	13
会	(名)	huì	meeting	22
火车	(名)	huǒchē	train	18
或者	(连、副)	huòzhě	or	39

J

机场	（名）	jīchǎng	airfield	17
机会	（名）	jīhuì	chance, opportunity	36
极了		jí le	extremely, very	12
急	（形）	jí	urgent	24
几	（数）	jǐ	what, how many	6
挤	（动、形）	jǐ	to squeeze crowded, jammed	40
记	（动）	jì	to write down	30
寄	（动）	jì	to mail	15
计划	（动、名）	jìhuà	to plan, plan	31
纪念	（动、名）	jìniàn	to commemorate, commemoration	15
技术	（名）	jìshù	technique	27
继续	（动）	jìxù	to continue	36
家	（名）	jiā	home	5
价目表	（名）	jiàmùbiǎo	price list	38
检查	（动）	jiǎnchá	to inspect, to examine	24
见	（动）	jiàn	to see	24
见面		jiàn miàn	to meet, to see	22
件	（量）	jiàn	piece (measure word)	12
健康	（形）	jiànkāng	health, in good health	20

交	（动）	jiāo	to pay	15
交通	（名）	jiāotōng	traffic	27
胶卷	（名）	jiāojuǎnr	film, reel of film	24
教	（动）	jiāo	to teach, to instruct	29
饺子	（名）	jiǎozi	dumpling	20
叫	（动）	jiào	to call, to be known as…	4
教室	（名）	jiàoshì	classroom	5
接	（动）	jiē	to answer (the call)	15
结实	（形）	jiēshi	solid, durable	39
街	（名）	jiē	street	39
结婚		jié hūn	marriage	7
节目	（名）	jiémù	program	35
姐姐	（名）	jiějie	elder sister	3
介绍	（动）	jièshào	to introduce	5
借	（动）	jiè	to borrow	23
斤	（量）	jīn	(unit of weight)	11
今年	（名）	jīnnián	this year	3
今天	（名）	jīntiān	today	2
近	（形）	jìn	near	10
进	（动）	jìn	to come in, to enter	5
进步	（形、动）	jìnbù	progressive, to make progress	40
精彩	（形）	jīngcǎi	excellent, brillant	37
京剧	（名）	jīngjù	Beijing opera	16
经理	（名）	jīnglǐ	manager	19
九	（数）	jiǔ	nine	2

久	(形)	jiǔ	a long time	23
酒	(名)	jiǔ	wine	16
旧	(形)	jiù	old	28
就	(副)	jiù	right	10
桔子	(名)	júzi	orange	11
句	(量)	jù	measure word	19
句子	(名)	jùzi	sentence	22
觉得	(动)	juéde	to feel, to think	24

K

咖啡	(名)	kāfēi	coffee	16
开	(动)	kāi	to drive	18、21、26
开始	(动)	kāishǐ	to begin	34
看	(动)	kàn	to look, to watch	5
看样子		kàn yàngzi	It seems… It looks…	35
考	(动)	kǎo	to exam, to pass an exam	26
考虑	(动)	kǎolǜ	to think, to consider	40
考试	(动、名)	kǎoshì	examination	17
烤鸭	(名)	kǎoyā	roast duck	16
咳嗽	(动)	késou	to cough	27
可	(副)	kě	may, can	40

可爱	(形)	kě'ài	lovely	26
可能	(形、名、能愿)	kěnéng	possible, possibility, can, may	23
可是	(连)	kěshì	however, but	22
可惜	(形)	kěxī	pity, regret	24
可以	(能愿)	kěyǐ	can, may	12
渴	(形)	kě	thirsty	33
刻	(量)	kè	quarter	8
课	(名)	kè	class	7
客气	(形)	kèqi	polite	19
客人	(名)	kèren	guest	33
空	(形)	kōng	vacant	33
空儿	(形)	kòngr	free, to have time	22
口	(量)	kǒu	(measure word)	7
口试	(名)	kǒushì	oral exam	26
裤子	(名)	kùzi	trousers, pentallon	33
块(元)	(量)	kuài (yuán)	(unit of currency)	11
快	(形)	kuài	quick, rapid	14

L

来	(动)	lái	to come	1
来不及		lái bu jí	late, to have no time to···	31
来得及		lái de jí	in time to do	31
篮球	(名)	lánqiú	basketball	29
老	(形、副)	lǎo	old, veteran	36

老师	（名）	lǎoshī	teacher	2
了	（助）	le	(structural particle)	7
累	（形）	lèi	tired, worn out	3
冷	（形）	lěng	cold	12
冷饮	（名）	lěngyǐn	cold drinks	40
另外	（形、副）	lìngwài	moreover, besides	39
离	（介）	lí	away from	10
离开	（动）	líkāi	to leave	36
里	（名）	lǐ	inside	14
里边	（名）	lǐbiān	inside	21
礼堂	（名）	lǐtáng	auditorium	32
礼物	（名）	lǐwù	gift, present	26
练	（动）	liàn	to practise	29
练习	（动、名）	liànxí	exercise, to practise	12
凉快	（形）	liángkuai	cool	28
两	（数）	liǎng	(numeral)	8
辆	（量）	liàng	(measure word)	20
聊天	（动）	liáo tiān	to chat	36
了	（动）	liǎo	to know, to understand, to finish, to end	35
了解	（动）	liǎojiě	to know, to understand	39
零(0)	（数）	líng	zero	3
留	（动）	liú	to stay	37
留学生	（名）	liúxuéshēng	foreign student	4
六	（数）	liù	six	2

楼	（名）	lóu	building	9
录音		lù yīn	recording	11
录相		lù xiàng	video film	30
录相带	（名）	lùxiàngdài	video tape	35
路	（名）	lù	road	9
乱	（形）	luàn	disorder, chaotic	39
旅馆	（名）	lǚguǎn	hotel	33
旅行	（动）	lǚxíng	to travel	29
旅游	（动）	lǚyóu	to travel	37

M

妈妈	（名）	māma	mother, mum	1
麻烦	（形、动、名）	máfan	troublesome, to trouble, trouble	19
马虎	（形）	mǎhu	careless	25
马路	（名）	mǎlù	street, road	27
马上	（副）	mǎshàng	at once, immediately	24
吗	（助）	ma	(structural word)	1
嘛	（助）	ma	modal particle	25
买	（动）	mǎi	to buy	6
卖	（动）	mài	to sell	32
满	（形）	mǎn	occupied, full	33
慢	（形）	màn	slow	19
忙	（形）	máng	busy	3
毛(角)	（量）	máo (jiǎo)	(unit of currency)	11

毛笔	（名）	máobǐ	brush	29
毛衣	（名）	máoyī	sweater	12
贸易	（名）	màoyì	trade	18
帽子	（名）	màozi	cap, hat	40
没	（副）	méi	no, not	7
没关系		méi guānxi	It doesn't matter	23
每	（代）	měi	every	27
美	（形）	měi	beautiful, pretty	25
美元	（名）	Měiyuán	American dollar	14
妹妹	（名）	mèimei	younger sister	3
门	（名）	mén	door, gate	26
门口	（名）	ménkǒu	entrance, doorway	35
们	（尾）	men	(plural suffix)	36
面包	（名）	miànbāo	bread	35
面条	（名）	miàntiáo	noodles	35
名菜		míng cài	famous dish	16
名胜古迹	（名）	míngshèng gǔjī	scenic spots and historical sites	31
名字	（名）	míngzì	name	4
明年	（名）	míngnián	next year	3
明天	（名）	míngtiān	tomorrow	3

N

拿	（动）	ná	to take, to bring	15
哪	（代）	nǎ	which	13
哪儿	（代）	nǎr	where	5

那	(代)	nà	that	4
那么	(代)	nàme	in this way, like that	36
那儿	(代)	nàr	there, over there	10
男	(名)	nán	man, male	22
难	(形)	nán	difficult, hard	24
南边	(名)	nánbiān	on the south	32
呢	(助)	ne	(structural particle)	3
能	(能愿)	néng	can, to be able to	14
能力	(名)	nénglì	ability	30
你	(代)	nǐ	you	1
你们	(代)	nǐmen	you (plural)	1
年	(名)	nián	year	3
年纪	(名)	niánjì	age	37
念	(动)	niàn	to read	14
您	(代)	nín	you	2
牛奶	(名)	niúnǎi	milk	40
弄	(动)	nòng	to play with, to ruin	23
努力	(形)	nǔlì	to make an effort	40
暖和	(形)	nuǎnhuo	warm	28
女	(名)	nǚ	woman, female	22

P

爬	(动)	pá	to climb	29

排球	（名）	páiqiú	volley ball	29
旁边	（名）	pángbiān	besides, next to	10
胖	（形）	pàng	fat	28
跑	（动）	pǎo	to run	40
跑步		pǎo bù	to run	29
陪	（动）	péi	to accompany	22
朋友	（名）	péngyou	friend	4
啤酒	（名）	píjiǔ	beer	18
便宜	（形）	piányi	inexpensive, cheap	11
票	（名）	piào	ticket	13
漂亮	（形）	piàoliang	beautiful, pretty	24
瓶	（名）	píng	bottle	11
平安	（形）	píng'ān	safe	40
苹果	（名）	píngguǒ	apple	11
普通话	（名）	pǔtōnghuà	common speech	30

Q

七	（数）	qī	seven	2
骑	（动）	qí	to ride	17
起	（动）	qǐ	to get up	8
起飞	（动）	qǐfēi	to take off	18
汽车	（名）	qìchē	bus, car	10
汽水	（名）	qìshuǐ	soda water	11
气温	（名）	qìwēn	temperature	28
铅笔	（名）	qiānbǐ	pencil	25、34
钱	（名）	qián	money, currency	11

钱包	（名）	qiánbāo	purse, wallet	32
前	（名）	qián	front, before	10
前边	（名）	qiánbiān	in front of	10
墙	（名）	qiáng	wall	37
巧	（形）	qiǎo	fortunately	22
轻	（形）	qīng	light	39
清楚	（形）	qīngchu	clear	30
情况	（名）	qíngkuàng	situation	34
请	（动）	qǐng	to invite, please	5
请问		qǐngwèn	please tell me…	10
秋天	（名）	qiūtiān	autumn	28
取	（动）	qǔ	to get, to claim	38
取得	（动）	qǔdé	to achieve	37
去	（动）	qù	to go	5
去年	（名）	qùnián	last year	17
全	（形、副）	quán	all, every	26
裙子	（名）	qúnzi	skirt	33

R

然后	（副）	ránhòu	then	31
让	（动、介）	ràng	to let	23
热	（形）	rè	hot, warm	19
热闹	（形）	rènao	noisy, lively	31
热情	（形）	rèqíng	enthusiastic, warm	37
人	（名）	rén	person	4
人民	（名）	rénmín	people	20

认识	(动)	rènshi	to know	4
认真	(形)	rènzhēn	careful, conscientious, earnest	40
日语	(名)	Rìyǔ	Japanese	7
日子	(名)	rìzi	time, day	36
容易	(形)	róngyì	easy	24
入境		rù jìng	to enter a country	40
软卧	(名)	ruǎn-wò	soft sleeper	32

S

三	(数)	sān	three	2
散步		sànbù	to take a walk	29
嗓子	(名)	sǎngzi	throat	34
山	(名)	shān	mountain	29
伤	(动、名)	shāng	wound	34
商店	(名)	shāngdiàn	shop	5
上	(动、名)	shàng	to go to, to have on, above, over	7、17
上(班)		shàng(bān)	to go to work	40
上(车)		shàng(chē)	to get (on the bus)	13
上午	(名)	shàngwǔ	morning	6
少	(形)	shǎo	little, few	12
舍不得		shě bu de	to hate to part with…	37
深	(形)	shēn	deep	37
身体	(名)	shēntǐ	health	2

什么	（代）	shénme	what	4
生词	（名）	shēngcí	new word	12
生活	（名、动）	shēnghuó	life, to live	20
生日	（名）	shēngrì	birthday	6
十	（数）	shí	ten	2
时候	（名）	shíhou	time, hour	8
时间	（名）	shíjiān	time	14
食堂	（名）	shítáng	dining-room	8
实习	（动、名）	shíxí	to do field practice, practice	37
市	（名）	shì	city	33
试	（动）	shì	to try on, to test	12
事	（名）	shì	event	16
事故	（名）	shìgù	accident	27
是	（动）	shì	to be	4
收	（动）	shōu	to collect, to gather	16
收录机	（名）	shōulùjī	tape-recorder	23
收拾	（动）	shōushi	to clean, to tidy up	30
手	（名）	shǒu	hand	25
手表	（名）	shǒubiǎo	watch	30
手提包	（名）	shǒutíbāo	handbag	39
手续	（名）	shǒuxù	procedure	31
受	（动）	shòu	to suffer from	34
售货员	（名）	shòuhuòyuán	shop assistant	11
售票员	（名）	shòupiàoyuán	conductor	13
瘦	（形）	shòu	thin	28
书	（名）	shū	book	6
舒服	（形）	shūfu	comfortable	27

数	(动)	shǔ	to count	14
数	(名)	shù	number	14
摔	(动)	shuāi	to fall down	34
谁	(代)	shuí	who	5
水	(名)	shuǐ	water	18
水果	(名)	shuǐguǒ	fruit	31
水平	(名)	shuǐpíng	level	37
睡	(动)	shuì	to sleep	20
睡觉		shuìjiào	to go to sleep	8
顺便	(副)	shùnbiàn	by the way, at one's convenience	31
顺利	(形)	shùnlì	successfully	19
说	(动)	shuō	to speak	13
死	(形、动)	sǐ	dead, to die	33
四	(数)	sì	four	2
送	(动)	sòng	to send	19
宿舍	(名)	sùshè	dormitory	5
算	(动)	suàn	to caculate	38
虽然…但是		suīrán…dànshì	though	37
随身		suí shēn	to carry on one's person	39
岁	(量)	suì	age	6
锁	(名、动)	suǒ	lock, to lock	34

T

她	(代)	tā	she, her	1

他	(代)	tā	he, him	1
他们	(代)	tāmen	they, them	1
太	(副)	tài	very, extremely	3
太极拳	(名)	tàijíquán	Taiji boxing	29
谈	(动)	tán	to talk, to speak	30
糖	(名)	táng	sweets	35
躺	(动)	tǎng	to lie	29
讨论	(动)	tǎolùn	to discuss	32
套	(量)	tào	set	15
特别	(形、副)	tèbié	special, especially	39
疼	(动)	téng	to ache, to pain	27
提高	(动、名)	tígāo	to raise, to improve	30
替	(动、介)	tì	to do sth. for sb, for	39
天	(名)	tiān	weather, sky	12
天气	(名)	tiānqì	weather	17
添	(动)	tiān	to add	39
挑	(动)	tiāo	to choose	15
条	(量)	tiáo	(measure word)	17
跳舞		tiào wǔ	dancing	21
贴	(动)	tiē	to stick	37
听	(动)	tīng	to listen, to hear	5
听说		tīng shuō	It is said, I hear	14
停	(动)	tíng	to stop	32
通	(动)	tōng	to be through	15
通知	(动、名)	tōngzhī	to inform, inform, notice	21
同学	(名)	tóngxué	classmate	22

同志	（名）	tóngzhì	comrade	10
头	（名）	tóu	head	27
图书馆	（名）	túshūguǎn	library	32
托运	（动）	tuōyùn	to consign for transportation	38

W

外边	（名）	wàibiān	outside	19
外汇券	（名）	wàihuìquàn	foreign exchange certificate	14
完	（动）	wán	to finish, to end	30
玩儿	（动）	wánr	to enjoy oneself, to play	9
晚	（形）	wǎn	late	20
晚点		wǎn diǎn	late, behind schedule	18
晚会	（名）	wǎnhuì	evening party	21
晚上	（名）	wǎnshang	evening	6
网球	（名）	wǎngqiú	tennis	29
忘	（动）	wàng	to forget, to leave	32
往	（介）	wàng	to, towards	10
位	（量）	wèi	(measure word)	33
为…干杯		wèi…gānbēi	to have a toast to	20
为了	（介）	wèi le	for, in order to	38
为什么	（代）	wèishénme	why	18
喂	（叹）	wèi	hello	21

问	(动)	wèn	to ask	9
问候	(动)	wènhòu	to greet, to ask after	40
问题	(名)	wèntí	problem, question	24
我	(代)	wǒ	I, me	1
我们	(代)	wǒmen	we, us	1
五	(数)	wǔ	five	2
舞会	(名)	wǔhuì	dance party	21

X

希望	(动、名)	xīwàng	to hope, to wish	40
习惯	(名、动)	xíguàn	habit, used to	27
洗	(动)	xǐ	to wash	20
洗澡		xǐ zǎo	to have a bath	33
喜欢	(动)	xǐhuan	to like, to enjoy	20
系	(名)	xì	department	21
下	(名)	xià	below, under	7
下	(动)	xià	to finish, to be over	17
下(班)		xià(bān)	to finish (work)	40
下(车)		xià(chē)	to get off (the bus)	13
下午	(名)	xiàwǔ	afternoon	6
夏天	(名)	xiàtiān	summer	28
先	(副)	xiān	before hand, in advance	15

先生	（名）	xiānsheng	mister	19
现在	（名）	xiànzài	now, nowadays	8
箱子	（名）	xiāngzi	trunk, suitcase	33
想	（能愿、动）	xiǎng	to feel like, to want	12
向	（介）	xiàng	to, towards	36
象	（动）	xiàng	to resemble	20
小	（形）	xiǎo	small, little	12
小吃	（名）	xiǎochī	refreshments	31
小姐	（名）	xiǎojie	miss, young lady	32
小卖部	（名）	xiǎomàibù	store, shop	35
小时	（名）	xiǎoshí	hour	30
小说	（名）	xiǎoshuō	novel	23
些	（量）	xiē	some	25
鞋	（名）	xié	shoes	39
写	（动）	xiě	to write	6
谢谢	（动）	xièxie	to thank	2
辛苦	（形）	xīnkǔ	tiring	18
新	（形）	xīn	new	15
新年	（名）	xīnnián	New Year	21
信	（名）	xìn	letter	6
星期	（名）	xīngqī	week	6
星期天(日)	（名）	xīngqītiān(rì)	Sunday	6
行	（形、动）	xíng	It's O.K.	16
行李	（名）	xíngli	luggage	32
姓	（动）	xìng	to be called	4
幸福	（形、名）	xìngfú	happy	26
熊猫	（名）	xióngmāo	panda	17
修	（动）	xiū	to fix up, to repair	23

休息	(动)	xiūxi	to have a rest	5
学	(动)	xué	to study	17
学生	(名)	xuésheng	student	2
学习	(动)	xuéxí	to study	7
学校	(名)	xuéxiào	school	9
雪	(名)	xuě	snow	28

Y

烟	(名)	yān	cigarette	27
研究生	(名)	yánjiūshēng	post-graduate	36
颜色	(名)	yánsè	colour	25
演	(动)	yǎn	to put on, to perform	16
眼镜	(名)	yǎnjìng	glasses	35
样	(量、名)	yàng	kind, type	15
样子	(名)	yàngzi	shape, appearance	25
要	(动、能愿)	yào	to want, would like	11
要…了		yào…le	to be about to, to be going to	18
要是	(连)	yàoshi	if	25
药	(名)	yào	medicine	27
钥匙	(名)	yàoshi	key	29
也	(副)	yě	also, too	1
一	(数)	yī	one	2
一…就…		yī…jiù…	no sooner…than	34
衣服	(名)	yīfu	dress, clothes	12

衣柜	（名）	yīguì	wardrobe	25
医院	（名）	yīyuàn	hospital	27
一定	（副）	yídìng	certainly	21
一会儿	（名）	yíhuìr	in a minute	18
一下儿		yíxiàr	a minute, a little while	5
一样	（形）	yíyàng	same, similar	20
遗憾	（形）	yíhàn	sorry	24
已经	（副）	yǐjing	already	36
以后	（名）	yǐhòu	later, afterwards	16
以内	（名）	yǐnèi	within, under	32
以前	（名）	yǐqián	before	19
椅子	（名）	yǐzi	chair	33
一边…一边…		yìbiān…yìbiān…	at the same time	36
一点儿		yìdiǎnr	a bit, a little	13
一起	（副、名）	yìqǐ	together	9
因为	（连）	yīnwéi	because	36
音乐	（名）	yīnyuè	music	6
银行	（名）	yínháng	bank	7
应该	（能愿）	yīnggāi	ought to, should	16
英文	（名）	Yīngwén	English	23
英语	（名）	Yīngyǔ	English	7
营业员	（名）	yíngyèyuán	shop employee	14
硬卧	（名）	yìng-wò	hard sleeper	32
用	（动）	yòng	use	19
邮局	（名）	yóujú	post office	9
邮票	（名）	yóupiào	stamp	9

游	（动）	yóu	to swim	29
游览	（动）	yóulǎn	to go sightseeing	31
游泳	（动）	yóuyǒng	to swim	29
有	（动）	yǒu	there to be, to have	7
有点儿		yǒudiǎnr	a little, slight	27
有名		yǒu míng	famous, well-known	31
有时候		yǒushíhou	sometimes	28
有意思		yǒuyìsi	interesting	16
友谊	（名）	yǒuyì	friendship	20
又	（副）	yòu	also	25
右边	（名）	yòubiān	on the right side	37
鱼	（名）	yú	fish	20
愉快	（形）	yúkuài	enjoyable, happy	20
雨	（名）	yǔ	rain	28
语法	（名）	yǔfǎ	grammar	30
预报	（动）	yùbào	to predict	28
预订	（动）	yùdìng	to book, to reserve	32
预习	（动）	yùxí	to rehearse, to pre-review	30
原谅	（动）	yuánliàng	to apologize	23
圆珠笔	（名）	yuánzhūbǐ	ball-pen	31
远	（形）	yuǎn	far	10
约	（动）	yuē	to arrange	23
约会	（名）	yuēhuì	date, appointement	22
月	（名）	yuè	moon, month	3
越来越		yuèlái yuè	more and more	37
运	（动）	yùn	to transport	38

运动	（名、动）	yùndòng	sports	9

Z

杂技	（名）	zájì	acrobatics	16
杂志	（名）	zázhì	magazine	35
在	（动、介）	zài	to be at(in), in, at	5
再	（副）	zài	again	12
再见	（动）	zàijiàn	to say good-bye	2
再说	（动、连）	zàishuō	put off until some time later	22
脏	（形）	zāng	dirty	23
糟糕	（形）	zāogāo	too bad, how terrible	24
早	（形）	zǎo	early	2
早饭	（名）	zǎofàn	breakfast	8
早上	（名）	zǎoshang	morning	8
展览	（动、名）	zhǎnlǎn	to exhibite, exhibition	40
展览馆	（名）	zhǎnlǎnguǎn	exhibition hall	31
站	（名、动）	zhàn	bus stop, to stand	13
张	（量、动）	zhāng	(measure word), to open	13、34
着	（动）	zháo	to have guessed right	26
着急		zháojí	uneasy	35

找	（动）	zhǎo	to look for, to change	13
照顾	（动）	zhàogù	to take care of	36
照片	（名）	zhàopiàn	photo	20
照相		zhào xiàng	to take a photo	15
照相机	（名）	zhàoxiàngjī	camera	15
这	（代）	zhè	this	4
这么	（代）	zhème	like this, such	25
这儿	（代）	zhèr	here	10
这样	（代）	zhèyàng	in this way, like this	14、27
着	（助）	zhe	(structural particle)	32
真	（形、副）	zhēn	really	19
正	（副）	zhèng	(adverb)	22
正在	（副）	zhèngzài	in the midst of	21
支	（量）	zhī	(measure word)	23
只	（量）	zhī	(measure word)	26
知道	（动）	zhīdao	to know	9
之一		zhī yī	one of…	31
职员	（名）	zhíyuán	employee, clerk	7
只要…就		zhǐyào…jiù…	if…then…	33
钟	（名）	zhōng	clock	19
中文	（名）	Zhōngwén	Chinese	21
中心	（名）	zhōngxīn	downtown area	33
终于	（副）	zhōngyú	at last, finally	33
种	（量）	zhǒng	kind, sort	11
重	（形）	zhòng	serious	34

主意	（名）	zhǔyi	idea	39
住	（动）	zhù	to live	9
住院		zhù yuàn	to be hospitalized	34
祝	（动）	zhù	to congratulate	26
祝贺	（动）	zhùhè	congratulation	26
注意	（动）	zhùyì	to be careful	27
转	（动）	zhuǎn	to pass to	21
转告	（动）	zhuǎngào	to pass on, to tell	21
桌子	（名）	zhuōzi	table	25
准备	（动、名）	zhǔnbèi	to prepare	36
怎么	（代）	zěnme	how	10
怎么样	（代）	zěnmeyàng	how(what)about	12
自己	（代）	zìjǐ	oneself	25
自行车	（名）	zìxíngchē	bicycle	17
走	（动）	zǒu	to go, to walk	10
嘴	（名）	zuǐ	mouth	34
最	（副）	zuì	most	17
昨天	（名）	zuótiān	yesterday	6
左边	（名）	zuǒbiān	on the left side	37
坐	（动）	zuò	to sit, to take a seat	10
作	（动）	zuò	to do, to make	6
做	（动）	zuò	to do, to make	15